Taschenschmöker aus Vergangenheit und Gegenwart

Taschenschmöker aus Vergangenheit und Gegenwart

Neu und wieder aufgelegt

Berlin 2022

Mehr Dramen in der Luft

Eine Anthologie mit Ballon-Geschichten von verschiedenen Autoren

Edition Dornbrunnen

Taschenschmöker aus Vergangenheit und Gegenwart

Die Texte folgen meist alten Originalausgaben und wurden den aktuellen Rechtschreibregeln angepasst. Einige Texte fremdsprachiger Autoren wurden für die vorliegende Veröffentlichung neu ins Deutsche übersetzt.

Korrekturen und Lektorat: Meiko Richert und Dirk Seliger

Die Deutsche Nationalbibliothek verzeichnet diese Publikation in der Deutschen Nationalbibliografie; detaillierte bibliografische Daten sind im Internet über
http://dnb.d-nb.de
abrufbar.

1. Auflage 2022

ISBN 978-3-943275-63-6

Sven-R. Schulz, Dornbrunner Straße 16, 12437 Berlin
www.edition-dornbrunnen.de
Titelgestaltung: Sven-R. Schulz unter Verwendung einer alten Illustration von einem unbekannten Künstler wohl nach Fritz Bergen (1857 – 1941)

Druck und Vertrieb: Books on Demand GmbH, Norderstedt
PNTS34

Inhalt

Widmung

Ich widme – leider postum – diese stark erweiterte
Neuausgabe des Buches

Wolfgang Thadewald,

der mir nach dem Erscheinen der ersten Ausgabe im Jahr 2013 nicht nur wertvolle Tipps und Informationen zu einigen der enthaltenen Geschichten lieferte, sondern mir auch weiteres Material zukommen ließ, sodass schon bald der Entschluss feststand, dass der Band eine erweiterte und aktualisierte Neuausgabe bekommen wird.

Dass dies nun möglich ist, verdanken die Leser zuallererst der Korrespondenz mit Wolfgang Thadewald und einer Reihe von selbstlosen Helfern, die mit mir auf die Suche nach weiteren Geschichten gingen und mich beim Erfassen und der Korrektur derselben tatkräftig unterstützt haben.

Vielen Dank euch allen.

Zum Geleit

Als im Dezember 2013 die Anthologie *Ein Drama in den Lüften* in der Reihe der *Dornbrunnen Taschenschmöker* erschien, war nicht abzusehen, welche interessante Entwicklung das Thema noch nehmen würde. Schon kurz nach dem Erscheinen des Bandes erhielt ich von Wolfgang Thadewald, bekannt durch seine guten Kenntnisse zu Jules Verne und dessen Werk, einige interessante Mitteilungen, die mir bei der ersten Auflage noch nicht vorlagen und einige neue Erkenntnisse zum Thema zutage brachten. Dazu kamen weitere eigene Recherchen und Hinweise anderer Leser, von denen ich hier insbesondere Martin Schulz und Norbert Scholz nennen möchte, die mich auf einige weitere Texte aufmerksam machten.

Ursprünglich, wie dort noch im Nachwort zu lesen, ging ich davon aus, dass sich alle in der ersten Auflage abgedruckten Texte mehr oder weniger an der Erzählung *Ein Drama in den Lüften* von Jules Verne orientierten, doch dem ist nicht so. Der Ursprung des Themas scheint eher in der Erzählung *A Tale of Terror* von Thomas Hood (1799 bis 1845) zu liegen, die bereits 1841 im *New Monthly Magazine* erschienen ist[1] und damit lange vor dem Verne-Text. Aber auch schon davor gab es Texte, in denen sich die Passagiere einer Ballonfahrt als weitaus robuster erwiesen als die Aeronauten selbst.

Am Ende der Sammlung für eine erweiterte Ausgabe der Anthologie stand dann ein vollkommen anderes Buch, sodass sich der Verleger entschloss, anstatt nur eine erweiterte Neuausgabe unter dem alten Titel herauszugeben, den Band als Neuauflage unter einem leicht veränderten Titel zu präsentieren, damit es später nicht zu Verwechselungen führt.

Die meisten Texte der ersten Anthologie sind hier weiterhin zu finden, wurden aber nochmals durchgesehen und teilweise durch ältere, dann auch oft etwas längere Fassungen ergänzt. Dafür wurde dann, wenn vorhanden, auch auf den älteren Titel zurückgegriffen.

---

[1] Thomas Hood, *A Tale of Terror*, in: *The New Monthly Magazine And Humorist*, Henry Colburn, Great Marlborough Street London, 1841, S. 533 f.

Auch der ehemals titelgebende Verne-Text wurde noch einmal gründlich mit dem Original verglichen, wobei die wenigen fehlenden Teile in der alten Übersetzung für die vorliegende Ausgabe ergänzt wurden.

Ich hoffe, das vorliegende Buch wird, wie auch schon die erste Anthologie, ihre Leser finden, und wünsche allen Interessierten, dass sie von der getroffenen Auswahl gut unterhalten werden.

Der Herausgeber

Ein Brief an eine Freundin[1]

Ein Brief von Johann Georg Heinzmann

Paris den 17. Julius 1798

Wer einige Zeit in Paris gelebt hat, trägt eine Art von Heimweh nach dem Landleben. Alle Leute hier, die ich vertraulich sprach, sagten mir, ihr einziger Wunsch gehe dahin, es in ihren Geschäften so weit zu bringen, dass sie sich ein Landhaus kaufen und da ihre Tage beschließen könnten. So kehren wir also alle – nachdem wir den Kreis des Weltgetümmels durchgelaufen, zu der stillen Natur zurück. Man erkennt hieraus, dass dies der eigentliche wahre Stand der menschlichen Natur ist. Was kann uns auch mehr erfreuen, als nahe bei der guten Mutter Natur zu wohnen, in ihren Armen auszuruhen, in frischen kühlen Schatten uns wohlzutun, neue Lebenskraft, neue Stärke, neue Vergnügungen, die alle in der Stadt geschwächt werden, einzuernten? Handelsleute, Magistratspersonen, Männer, die in wichtigen Ämtern stehen, fleißige Hausväter, geschickte Künstler, alle nähren diesen Wunsch; sehen es als die Krone der Belohnung für saure langwierige verdrießliche Geschäfte an; und können sie sich nicht ganz von dem Stadtwesen losmachen, wollen es ihre Familien- und Geschäftsverhältnisse nicht erlauben, so kaufen sie sich oder mieten sich ein Landhaus, wo sie auf 1 und 2 Stunden Entfernung von der Stadt den größten Teil des Sommers mit den Ihrigen zubringen; oder ihre Frau und Kinder wohnen stets darauf, der Mann geht, reitet oder fährt des Abends hinaus und kommt des andern Tages zurück. Wie warm hörte ich manchen sehr eifrigen Beamten und glücklichen Unternehmer so reden: »Ach, wenn ich nur einst in einer stillen Einöde mein Krautgärtchen pflanzen und mein Vieh selbst zur Tränke führen könnte: wie wohl wäre mir, wie gerne wollte ich von allem nichts mehr hören und wissen, was die große Welt angeht!« Ach, wie lieb werden mir die Leute, die so reden, denn es ist

[1] Im Original hat dieser Abschnitt keinen speziellen Titel.

auch mein Wunsch, und stets mein stärkerer Wunsch, je mehr ich sehe und fühle, dass bei den heutigen Geschäften nichts als Verdruss einzuholen ist; Sorgen und Kränkungen unser tägliches Brot sind. Je mehr man mit den Menschen zu tun hat, je weitläufiger unsere Verbindungen sind, je größer und niederschlagender ist auch das Gefühl von unserm Elend. Der Mensch sorgt am besten für seine Ruhe, für seine Freiheit und Unabhängigkeit, der auf das Äußerste seine Verhältnisse mit andern Leuten einschränkt, sich zurückzieht, wo er kann, so einfach wie möglich seine Arbeiten verrichtet, an den meisten Dingen gar keinen Anteil nimmt, wonach bloß die Ehrgeizigen, die Stolzen trachten. Sein Gewissen rein erhalten, ein frohes Herz nähren, das ist die höchste Belohnung, die ein Mensch sich selbst geben kann. Das Landleben hilft vorzüglich dazu. Man muss sich entfernen – aus den Augen der Leute seine Person bringen, von ihrem Urteile sich unabhängig machen; dann genießt man Glückseligkeit, Ruhe des Geistes. Man lebt noch eins so froh, noch einmal seliger stirbt man!

Heute wurde ein achtzehnjähriger Jüngling zum Tode verurteilt, der seine Tante ermordet hatte. Er hat während der Zeit seiner Gefangenschaft sich damit beschäftigt, da er gut zeichnen konnte, seine Geschichte in Bildern darzustellen. Er zeichnete also seine Tante, wie sie vor ihm ist, und er ihr den Todesstich gab; sodann wie sie ermordet vor ihm liegt; dann wie er ins Gefängnis abgeholt wird.

Ein neues Unglück ist eben auch begegnet, ein kaum erst verheirateter junger Mann stürzte sich tot, da er einen Verlust im Spiel hatte, den er nicht zu ersetzen wusste.

Noch muss ich dir von der Luftschifffahrerin etwas melden. Es ist eine Person von einundzwanzig Jahren, schön und geistreich. Sie ist nicht von Paris, sondern kam wenige Tage zuvor hier an. Ihr Name ist Henri[1]. Mehrere junge weibliche Personen, unter andern auch ein Mädchen von siebzehn Jahren meldeten sich, um den Vorzug zu dieser Reise im Ballon zu genießen[2], die der Künstler Garnerin[3] angekündigt hatte, und wobei er versprach, ein junges Frauenzimmer

[1] Die Dame, deren genaue Lebensdaten unbekannt sind, ging als Bürgerin Henri und erste Frau an einer Ballonfahrt teilnahm, in die Geschichte der Ballonfahrt ein. Ihr vollständiger Name lautete Célestine Henri. Allerdings war sie nicht wirklich die erste Frau, die an einer Ballonfahrt teilnahm.

[2] Im Original steht nur »… im Ballon, …«.

[3] André-Jacques Garnerin (1769 bis 1823) war ein französischer Ballonfahrer und der Erfinder des rahmenlosen Fallschirms.

Zeitgenössische Darstellung der geschilderten Ballonfahrt.

mitzunehmen. Die Auffahrt geschah im Beisein von mehr als sechzigtausend Menschen[1]. Als der Ballon angefüllt war und der Augenblick der Abreise heranrückte, glaubte man der jungen Reisegefährtin einige Tropfen geistreichen Getränks zur Bewahrung des Mutes anzubieten. Sie aber verweigerte den Trank und trat mutvoll in das Luftschiff. Ein berühmter Mann (Professor Lalande[2]) gab ihr die Hand beim Einsteigen. Als der Ballon eine gewisse Höhe schon erreicht hatte, machte er einige starke Schwenkungen, die ein weniger furchtloses Geschöpf zum Entsetzen und Geschrei hätten bringen können; aber laut der gedruckten Anzeige blieb sich die junge Heldin stets

[1] Der Aufstieg fand am 8. Juli 1798 im Parc Monceau statt.

[2] Joseph Jérôme Lefrançais de Lalande (1732 bis 1807) war ein französischer Mathematiker und Astronom.

gleich, war freudig und unerschrocken. Als die Reise schon einige Zeit in den höheren Regionen gedauert hatte, frug ihr Begleiter, wie ihr zumute sei. Sie antwortete: »Recht wohl *(fort bien)*.« Mit größtem Wohlgefallen blickte sie über den Wolken erhaben auf die Erde zurück, die ihr oft schon aus dem Gesicht gekommen war, weil sie in dicken Gewölken versteckt schifften. Als sie schon sehr hoch waren, wollte der Künstler allmählich wieder herab segeln, sie aber begehrte noch höher hinauf. Soweit kamen sie endlich, dass es dem Künstler wirklich übel zu werden anfing, er bekam Ohrensausen, Bangigkeit und ward wie ohnmächtig; er nahm einige Tropfen Kölnerwasser und wandte seine letzten Kräfte dazu an, seinen Ballon zuzurichten, dass er schleunig seine Richtung gegen die Erde nahm, wo sie dann ziemlich geschwind, auf zwei und eine halbe Stunde Entfernung, in der Ebene bei Paris, sich niederließen. Die Standhaftigkeit dieser weiblichen Seele ward allgemein bewundert und verdient auch bei anderen bekannt zu werden. Noch eins: Als der höhere Lauf des Ballons immer mehr zunahm, ergötzte sich das Frauenzimmer so sehr, als wenn ihre Seele himmlische Luft eingenommen hätte, sie sang ein Liedchen und sprach selbst ihrem Gefährten und Führer Mut ein. Er, der schwach wurde, hatte da eine unvergleichliche Gefährtin. Man stelle sich die Lage des Mannes vor, wenn er ein minder entschlossenes, kleinmütiges Weib bei sich gehabt hätte! Wie entsetzlich für ihn, wenn sie den Mut verloren oder zu schreien und zu wimmern angefangen hätte! Wie gefährlich für einen Mann, wenn das schwache Geschlecht erwacht, und Schrecken und ängstliche Klagen an die Stelle der Entschlossenheit getreten wären. Mir schaudert vor dem Bilde! Tausend andere ihres Geschlechtes würden so zaudern, zagen und wimmern. Manche hätte vielleicht wohl es gewagt, aber nicht ausführen können. Eine kurze Nutzanwendung kann nicht schaden. Du siehst hier, meine Freundin, ein Frauenzimmer, das sich zu einer gefährlichen Reise freiwillig entschließt, die ihrem Entschluss wirklich Ehre macht, ihn heldenvoll ausführt, ihrem Begleiter in seinen Gefahren noch Mut gibt[1].

Wie manches Frauenzimmer entschließt sich zu der ebenso gefährlichen Reise des Lebens mit einem Manne in der Ehe?[2] Welche

[1] Im Gegensatz zur Schilderung in diesem Brief, verlief die Ballonfahrt der Überlieferung zufolge ohne jede Komplikation, sodass man hier vielleicht schon eine gewisse literarische Ausschmückung durch den Verfasser vermuten kann.

[2] Der Satz klingt in der modernen Sprache ein wenig verwirrend und erscheint un-

Gefahren erwarten sie? Ach, viele und große Erschütterungen setzen auch ihrem Reiseschiff zu. Wellen schlagen an; die Luft verdunkelt sich, sie reisen unter und über den Wolken. Wie glücklich ist dann der Mann, der bei solchen Umständen noch seine treue Gefährtin mit Vergnügen und ruhevoll ansehen kann, die ihm Mut zulächelt, ihm ein Liedchen singt, und wenn sein Schiff scheitern will, noch Kräfte reicht, dass sie beide den sicheren Hafen wieder zu erreichen imstande sind. Aber leider schlagen die meisten Frauenzimmer um, wenn Gefahren und Mühseligkeiten den Mann verfolgen. Die junge Heldin sagte: »Nichts ist so groß, so majestätisch als die Natur, das Anschauen des Erdballs von der unermesslichen Höhe des Firmaments; die Seele tritt wie aus ihrem irdischen Körper heraus und ist ganz Empfindung, ganz Bewunderung.« Nicht bloß Vorwitz trieb die junge Person zu dieser Reise, und so war auch der erste Gedanke, als sie wieder die Erde betrat, dass sie Gottes Wunder mit Entzücken gefühlt habe. Wie wohl wird uns einst sein, wenn wir in diesen lichten Höhen wohnen werden, wohin sich unser Geist bei der irdischen Last so oft wie nach seiner Heimat sehnt! O, meine Freundin, wie wohl tut es dem Herzen, solche Gedanken recht lebhaft bei sich zu unterhalten. Sie entschädigen für unendlich viele Übel, die uns dieses Erdenleben[1] auflegt. Schon in der Vorempfindung sind wir halb selig.

vollständig. Vermutlich will er aber folgende Frage inden Raum stellen: »Wie viele Frauenzimmer entschließen sich zu der ebenso gefährlichen Reise des Lebens mit einem Manne in der Ehe?«

[1] Im Original: Erdeleben; möglicherweise ein Setzfehler; es ist aber nicht vollkommen auszuschließen, dass der Autor genau dieses Wort auch verwenden wollte.

Der Aeronaut

Eine Erzählung von Thomas Hood;
aus dem Englischen von einen unbekannten Übersetzer

Ich wollte in Vauxhall aufsteigen und ein Gentleman namens Mayer hatte sich verpflichtet, meine luftige Exkursion zu teilen. Aber als die Zeit da war, fehlte ihm der Mut und ich suchte umsonst unter den Umstehenden nach einem Menschen, der sich entschließen möchte, den vakanten Platz im Ballon einzunehmen. Schon hatte ich bis zur letzten Minute gewartet und die Menge begann ungeduldig zu werden; ich bereitete daher alles, um allein aufzusteigen. Eben sollte das letzte Seil, das mich an die Erde band, gelöst werden, als plötzlich ein Fremder herbeieilte und sich bereit erklärte, mit mir in die Wolken zu fahren. Er sprach seinen Wunsch mit solchem Eifer aus, dass, nachdem ich durch einige Fragen mich von seiner Ehrbarkeit überzeugt und er mir versprochen hatte, sich ganz meiner Direktion zu unterwerfen, ich einwilligte, ihm den Platz des Ausgebliebenen zu überlassen. Er kletterte sogleich hastig an der Maschine zu mir empor. In der nächsten Minute schon schwebten wir über den Bäumen und um meinem Gefährten Gerechtigkeit widerfahren zu lassen, muss ich gestehen, dass unter allen Personen, mit denen ich aufgestiegen, mir niemals einer vorgekommen war, der beim ersten Mal solche Kaltblütigkeit und Ruhe bewiesen hatte. Das plötzliche Aufsteigen des Ballons, die wirkliche und mögliche Gefahr der Reise, das Schreien der Zuschauer, alles dies ist wohl geeignet, selbst dem Kühnsten ein augenblickliches Bangen und Zagen einzuflößen; der Fremde aber schien so behaglich und komfortable, als hätte er ruhig zu Hause im bequemen Sorgenstuhl gesessen. Ein Vogel hätte nicht fröhlicher oder mehr in seinem Element sein können als dieser Mann, und doch versicherte er mich feierlich, nie zuvor eine ähnliche Reise gemacht zu haben. Statt einiges Erstaunen über die große Höhe zu äußern, in der wir über der Erde schwebten, bezeigte er die lebhafteste Freude, wenn ich einen meiner Sandbeutel leerte, und einige Male bat er mich sogar, mit Auswerfen des Ballastes fortzufahren. Inzwischen

Ich wollte in Vauxhall aufsteigen.

trieb uns der heut sehr leichte Wind langsam in nordöstlicher Richtung weiter, und da der Tag vorzüglich klar und hell war, genossen wir in der Vogelperspektive einen schönen Anblick der großen Metropolis und der Gegend ringsum. Mein Begleiter horchte mit großer Aufmerksamkeit, wie ich ihm die verschiedenen Gegenstände, über die wir dahin fuhren, bezeichnete, bis ich bemerkte, dass wir der Richtung nach ungefähr über Haxton sein müssten. Zum ersten Mal ward er unruhig und fragte mich hastig, ob ich wohl glaubte, dass ihn irgendjemand von da unten gewahren könne in dieser weiten Entfernung von der Erde. Ich sagte ihm, dass es unmöglich sei. Dennoch blieb er unruhig, wiederholte oft: »Ich hoffe, sie sehen mich nicht« und bat mich dringend, mehr Ballast auszuwerfen. Ich vermutete daher, dass sein Entschluss, mit mir aufzusteigen, ein augenblicklicher, unvorbereiteter Einfall gewesen, dass er fürchtete, seine Familie etwas davon wissen zu lassen. Ich fragte ihn daher, ob er in Haxton wohne; er bejahte es und bat mich flehentlich, noch mehr Sandbeutel zu leeren.

Dies aber war wegen der Höhe, in welcher wir schwebten, und bei der Richtung des Windes und der Nähe der Meeresküste unmöglich. Aber mein Kamerad war taub für meine Vorstellungen – er bestand darauf höher zu gehen, und als ich es ihm verweigerte, mehr Ballast auszuwerfen, warf er seinen eigenen Rock, Hut und Weste über Bord.

»Hurra, das macht leichter!«, rief er aus. »Aber es ist noch nicht genug«, und er fing an, seine Krawatte zu lösen.

»Unsinn«, sagte ich, »mein Kamerad, es kann Euch niemand in dieser Entfernung sehen, selbst nicht mit einem Teleskop.«

»Seid nicht so sicher«, erwiderte er ruhig, »sie haben scharfe Augen in Miles.«

»Wo?«

»In Miles Irrenhaus.«

Gerechter Himmel, wie ein Blitz durchfuhr mich in diesem Moment die Wahrheit. Ich saß in dem leichten Wagen eines Ballons, mindestens eine Meile über der Erde mit einem Wahnsinnigen! Für einen Moment beraubte mich das Entsetzen aller Überlegung. Ein augenblickliches Abschweifen seiner Fantasie – eine vorübergehende Wut – der kleinste Schreck konnte uns beide in der Zeit[1] eines Momentes in die Ewigkeit befördern! Inzwischen immer wiederholend: »Höher! Höher! Höher!«, entledigte der Wahnsinnige sich fast aller seiner Kleider und warf sie, eines nach dem andern, in die Luft. Die Furcht, ihn durch Vorstellungen und Demonstrationen, welche überdies nutzlos gewesen waren, zu reizen, machte mich stumm während dieser Operation. Aber wie groß war mein Schrecken, als er, seine Strümpfe über Bord werfend, sagte:

»Wir sind immer noch nicht zehntausend Meilen hoch – einer von uns muss den andern hinauswerfen.«

Was ich bei dieser Rede empfand, lässt sich nicht beschreiben. Nicht allein das Gefährliche meiner Lage, sondern auch die Neuheit derselben machte mich bestürzt, denn sicher, – kein Bild der Fantasie, nein, nicht der wildeste nächtliche Traum – hatte mich jemals in solche verzweiflungsvolle Lage gebracht. Es war schrecklich – schrecklich! Worte, Bitten, Vorstellungen, alles dies hätte zum sichern Untergange geführt. Ich wäre lieber unbewaffnet in einer amerikanischen Wildnis der Gnade der milden Indianer dahingegeben gewesen! Und jetzt nicht wagend, eine Hand zu erheben, sah ich den Verrückten schnell erst den einen, dann den andern Sandbeutel in die Luft ausschütten, und mit sichtbarer Schnelle flogen wir höher. Aufwärts, aufwärts, flogen wir zu einer Höhe, die ich nimmer sonst gewagt hätte, nur zu berechnen, – die Erde verschwand vor meinen Blicken – ihre Wolken schwammen zu unsern Füßen! Die Welt, ich

[1] Im Original steht nur: »… in Zeit …«

fühlte es, war uns für immer verloren! Der Wahnsinnige war aber immer noch nicht zufrieden und murrte halblaut.

»Habt Ihr Weib und Kinder?«, fragte er mich plötzlich.

Einem natürlichen Instinkte folgend und mit einer verzeihlichen Abweichung von der Wahrheit, sagte ich ihm, dass ich verheiratet sei und fünfzehn kleine Kinder habe, die ich alle allein ernähren müsse.

»Ha ha ha«, lachte der Verrückte, die Augen aufreißend, dass mir schauderte, »ich habe dreihundert Frauen und fünftausend Kinder; und wenn der Ballon nicht so schwer wäre, da zwei Personen darin sitzen, so könnte ich jetzt schon bei ihnen sein.«

»Und wo leben sie denn?«, fragte ich, bemüht, Zeit zu gewinnen und ihn durch Fragen auf andere Gedanken zu bringen.

»Im Monde«, antwortete er, »und wenn ich Euch erst werde hinausgeworfen haben, werde ich sogleich bei ihnen sein.«

Ich hörte nichts mehr, denn plötzlich näherte er sich mir, und seine Arme um meinen Leib schlingend – – –

Hier bricht der *Berliner Figaro,* dem wir diesen Artikel entlehnen, plötzlich ab und überlässt den Lesern, sich den Ausgang selbst zu enträtseln. Dass es dem Luftschiffer gelungen sein muss, den Wahnsinnigen auf irgendeine Art zu bewältigen und derselbe wieder wohlbehalten die Erde erreichte, erhellt schon daraus, dass er dieses Abenteuer schriftlich oder mündlich mitgeteilt hat.

Zwischen Himmel und Erde

Ein dramatischer Scherz

Nach dem Französischen, von Ignaz Franz Castelli

Personen:

Robert, ein Luftschiffer – Grell, ein Zimmermaler

(Die Bühne stellt Wolken vor. Bei Eröffnung der Gardine steigt ein Luftballon, dessen oberer Teil sich in die Wolken zu verlieren scheint, langsam auf, und man sieht endlich den Fallschirm, welcher gleich einem Regenschirm geschlossen ist. Der Fallschirm hängt unmittelbar am Ballon. Wie dann der Ballon fortfährt, sich zu erheben, zeigt sich dem Publikum das Schiffchen, in welchem Robert sitzt. Der Ballon ist dann durch die oberen Wolken halb verdeckt. Während des Aufsteigens kann im Orchester eine sanfte Musik gemacht werden, welche endet, wenn Robert zu sprechen anfängt.)

Erste Szene

Robert *(sitzt auf der linken Seite des Schiffchens und sieht mit einem Tubus[1] auf die Erde herab)*. Immer höher und immer höher! Ich höre nichts mehr und die Erde liegt nur mehr unter mir wie eine ungeheure geographische Karte, nicht übel gemalt. Die Donau kommt mir vor wie ein von den Sonnenstrahlen beleuchtetes Spinnengewebe *(er schließt den Tubus und legt ihn neben sich)*. Diese Luftfahrt hat gelungen. Ich erhob mich gleich anfangs so schnell, dass alles Beifall klatschte, und das freut mich; denn Hallberg war mit seiner Tochter dabei gegenwärtig, mit seiner Tochter Sophie, die ich liebe. Man hebt sich so gerne empor in den Augen derjenigen, die man liebt. *(Er nimmt zwei rote Fahnen und schwingt sie zu beiden Seiten.)* Hm! Ich

[1] Hier umgangssprachlich für Fernrohr gebraucht.

habe gut schwingen, das sieht kein Mensch mehr auf der Erde, ich will es sein lassen *(er legt die Fähnchen in das Schiff)* und meinen Gedanken Audienz geben. Es ist doch sonderbar, Sophie hat eine außerordentliche Ähnlichkeit mit einer alten Leidenschaft von mir, mit meiner armen Katharina Spelten, mit der ich verheiratet war, die aber jetzt schon tot ist. *(Er zieht seine Uhr.)* 2 Uhr 35 Minuten. Ich kann mir zwar nicht verhehlen, dass Sophie einen gewissen Grell liebt, aber ich habe schon meine Maßregeln genommen, ich habe entdeckt, dass Grell Schuldscheine ausgestellt und nicht bezahlt hat; diese Scheinchen habe ich nun an mich gebracht, eingeklagt, und heute wird man den Zimmerklekser zwischen vier Mauern stecken. *(Er steht auf.)* Ach, die Luft wird immer dünner, ich atme schon etwas schwerer. Ich will doch einmal versuchen, ob es wahr ist, was ein Physiker behauptet, dass man in dieser Atmosphäre keinen Knall hört, wenn man ein Feuergewehr losschießt. Es ist doch das höchste Vergnügen, sich über das gemeine Pack zu erheben, herum zu schiffen im reinen Äther und *(seine beiden Hände ausbreitend)* allein zu sein, in der ganzen Welt allein –

Zweite Szene

Robert und Grell, der sich aus einem Mantel hervorwindet und plötzlich ihm gegenübersteht.

Grell. Mit mir!

Robert *(zurückweichend und einen Schrei des Schreckens ausstoßend).* Ha! Zu Hilfe! Wie? Was – was machen Sie da? Wo kommen Sie her? Was wollen Sie? *(Er setzt sich wieder zur Linken.)*

Grell. Ärgern Sie sich nicht. Was ich mache? Ich betrachte Sie. Wo ich herkomme? Aus diesem Mantel. Was ich will? Auch ein wenig in der Luft spazieren fahren. *(Er macht eine Bewegung hin und wieder.)*

Robert. Aber, mein Himmel, ich bitte, setzen Sie sich, mein Herr.

Grell. Sie sind gar zu gütig.

Robert. Das ist gar keine Güte. Sie schaukeln mir ja meine Gondel.

Grell. Hm! Die Stricke sind ja gut.

Robert. Nein, einer ist ein schlechter Strick. Setzen Sie sich, sag' ich.

Grell. Wenn Sie durchaus so befehlen *(er setzt sich zur Rechten).* Sie sind wohl überrascht, mich hier zu sehen?

Robert. Allerdings, sehr überrascht, gar sehr. Das ist die 45. Luftfahrt, die ich unternehme, aber heute ist's zum ersten Male, dass ich jemand auf dem Wege begegne. –

Grell. Ich gratuliere Ihnen.

Robert. Ich mir gar nicht. Sie werden mir aber doch sagen, welchem Zufall ich die – Ehre verdanke, Sie hier zu finden?

Grell. Da in Ihrem Kahn?

Robert. In meiner Gondel wollen Sie sagen.

Grell. Einerlei. Herr! Ich habe Unglück gehabt.

Robert. Welches Unglück?

Grell. Ich danke Ihnen für Ihre Teilnahme.

Robert. Ich bitte, es ist keine Klage von meiner Seite, sondern eine Frage: Welches Unglück Sie gehabt haben? –

Grell. Ach, das Gericht ist mir auf den Fersen.

Robert *(für sich erschrocken)*. O Himmel! *(Steht auf und nähert sich Grell, den Hut in den Händen)*. Also hätte ich wohl gar die Ehre, mit einem Diebe oder Mörder zu sprechen?

Grell *(aufsehend und beleidigt)*. Mein Herr!

Robert *(sehr submiss[1])*. Verzeihen. Sie, man kann sich ja irren. Vielleicht sind Sie nur so ein Vagabund.

Grell. Ich dulde diese Beleidigungen nicht.

Robert. Aber Sie sagen mir, dass Ihnen das Gericht auf den Fersen ist. Nun, ich glaube, das Gericht wird Ihnen nicht bloß darum nachstellen, um das Vergnügen zu haben, Sie zu sehen und mit Ihnen ein Glas Wein zu trinken.

Grell. Sie wollen also wissen, wer ich bin?

Robert. Wenn Sie so gütig sein wollten.

Grell. Ich bin *(wichtig und geheimnisvoll)*, ich bin – ein Verliebter.

Robert. Diese Profession ist nicht sehr einträglich.

Grell. Aber meiner Liebe kommt mancherlei in die Quere, ich habe einen Nebenbuhler, einen alten, einen hässlichen, einen dummen Menschen, ja man könnte ihm noch andere Namen geben.

Robert. Da bedauere ich das Mädchen.

Grell. Der Dummkopf glaubt, das Mädchen sei reich, und darum bewirbt er sich um sie; man lässt ihn im Irrtum, denn, sehen Sie, sie ist nicht die Tochter ihres Vaters.

Robert. Wie?

[1] Untertänig.

Abschied von der Erde.

Grell. Er hat sie nur auferzogen, wie – wie man das Kind einer Frau erzieht, die man sehr lieb gehabt hat.

Robert. Aber ich begreife noch immer nicht, wie Ihre Liebe zu diesem Mädchen und Ihre Anwesenheit in meiner Gondel zusammenhängt.

Grell. Ich aber begreife Ihre Perplexität. Sehen Sie, meine Anwesenheit in Ihrem Ballonkorb –

Robert. Gondel –

Grell. Meinetwegen Gondel. Also meine Anwesenheit hier liegt ganz außer den Grenzen der Leidenschaft. Ich war unter der Menge, als Sie die Vorbereitungen zu Ihrer Luftfahrt machten, und ich muss gestehen, Sie haben das alles mit großer Kenntnis getan. *(Robert steht auf und macht Grell eine Verbeugung, dieser erwidert sie, dann setzen sich beide nieder.)* Plötzlich aber erblickte ich nicht weit von mir einige gemeine, fatale Gesichter, und da ich kein anderes Mittel fand, ihnen zu entwischen, so benützte ich einen günstigen Augenblick, und verbarg mich unter dem Mantel in Ihrer Ballonschaukel.

Robert. Gondel, Gondel.

Grell. Meinetwegen Gondel. *(Nach einer Pause.)* Wie weit mögen wir denn schon von der Erde entfernt sein?

Robert. Beiläufig anderthalb Meilen.

Grell *(aufstehend und zu Robert tretend)*. Wir sind außer dem Gesichtskreise aller bösen, zudringlichen Menschen. Darf ich Sie um eine Gefälligkeit bitten? Wenn es nicht sein kann, so sagen Sie mir es ungescheut.

Robert. Reden Sie.

Grell. Ich bitte Sie um gastfreundliche Aufnahme.

Robert. Sonderbare Bitte. Ich möchte wissen, wie ich Ihnen dieselbe verweigern könnte. Bleiben Sie in Gottes Namen da, weil Sie nicht fortgehen können *(setzt sich)*.

Grell. Geben Sie mir Ihre Hand.

Robert. Wozu?

Grell. Dass ich sie schüttle.

Robert. Ei warum nicht gar?

Grell *(sehr heftig)*. Ihre Hand geben Sie mir!

Robert *(etwas eingeschüchtert)*. Da ist sie.

Grell *(schüttelt sie so stark, dass die Gondel zu schwanken anfängt)*. Auf Leben und Tod!

Robert. Ho, ho! Das können Sie mir sagen, ohne dass Sie meine ganze Gondel in Bewegung bringen.

Grell *(nach einer Pause mit schwacher Stimme)*. Ach, ach, mein Herr!

Robert. Was denn schon wieder?

Grell *(taumelnd)*. Gerechter Himmel! Wie ist mir denn?

Robert *(erschrocken)*. Nun?

Grell *(stützt sich auf Robert, welcher aufgestanden ist)*. Eine fürchterliche Beklemmung –

Robert. Sein Sie so gut und bekommen Sie nun auch noch Beklemmungen.

Grell. Ich atme nur mit Mühe.

Robert *(lässt ihn niedersetzen)*. Es ist nichts, halten Sie sich nur ruhig.

Grell *(mit unterdrückter Stimme rufend)*. Halt, Kutscher!

Robert. Er glaubt wahrhaftig, er sitzt in einem Gesellschaftswagen. *(Ihn betrachtend.)* Er wird blass, er lässt den Kopf sinken. *(Rüttelt ihn derb.)* He da! Sein Sie gescheit, es ist ja hier nicht der Ort, um ohnmächtig zu werden.

Grell *(einen tiefen Seufzer ausstoßend)*. Ahhh!

Robert. Es vergehen ihm wirklich die Sinne! Himmel! Was tu' ich? *(Rufend:)* Geschwind einen Arzt, einen Arzt! Was red' ich denn? Ich verliere auch den Kopf! – Macht mir der Esel zu schaffen – aber ich kann doch meinesgleichen nicht unbarmherzig zugrunde gehen lassen. *(Plötzlich eine Idee fassend.)* Ah! *(Er nimmt aus der Gondel ein Fläschchen.)* Da, da, trinken Sie das?

Grell *(nachdem er getrunken)*. Ah!

Robert. Er atmet wieder!

Grell *(nach dem Fläschchen langend)*. Mehr, mehr!

Robert *(gibt ihm zu trinken)*. Lieber Himmel, ich habe diesen Spiritus zu einem Experimente mitgenommen und muss ihn nun in diesen menschlichen Krug hineingießen. *(Zu Grell.)* Es scheint, Sie finden das Getränk gut? –

Grell. Ja! – Mehr!

Robert *(gibt ihm wieder)*. Bedenken Sie, das ist Weingeist von 35 Graden, und mäßigen Sie sich.

Grell. Ich spür's – aber geben Sie nur! *(Trinkt.)*

Robert. Das nenn' ich mir eine Gurgel.

Grell. Ah! Es ist geschehen!

Robert *(hält die Bouteille[1] in die Höhe)*. Freilich, weil nichts mehr drinnen ist.

Grell *(schreit)*. Kutscher!

Robert. Schon wieder!

Grell *(seht lustig, etwas betrunken)*. Kutscher! Weiter fahren! Hinauf! Hinauf!

Robert. Nur langsam!

Grell. Nichts langsam! – Geschwind fahren, ich habe oben was zu tun – ich muss mehr Luft bekommen *(reißt das Halstuch auf)*. Luft! *(Er stampft mit den* Füßen, *wodurch die Gondel sehr in Bewegung kommt.)*

Robert *(sucht ihn zu beruhigen)*. Halten Sie sich nur ruhig, wir sind ja nicht zu ebener Erde.

Grell *(immer betrunkener)*. Mein Kopf brennt!

Robert. Glaub's gerne, der Weingeist tut seine Wirkung.

Grell *(exaltiert)*. Wenn ich den Kerl da hätte, der von mir sein Geld wieder haben will, wenn ich ihn da hätte –

---

[1] Flasche.

Robert. Nun, was würden Sie tun?

Grell *(stößt Robert, und dreht ihn rundum).* Ich schleuderte ihn durch einen Fixstern, dass er in der Sonne kleben bliebe.

Robert. Langsam, langsam, ich verlange ja kein Geld von Ihnen.

Grell. Würde auch vergebens sein, denn ich habe keines. *(Setzt sich wieder.)* Wo sind wir jetzt, Kutscher?

Robert. Der Wind kommt von Norden – wir müssen so beiläufig über den Karpaten sein.

Grell. Karpaten? Was gehn mich die Karpaten an? Führe mich nach Gumpoltskirchen zum Heurigen.

Robert. Jetzt duzt er mich sogar. Mein Plan ist, mich so bald als möglich niederzulassen.

Grell. Was niederlassen? Nichts niederlassen. Ich will höher steigen in den Mond hinein. – Führe mich in den Mond, oder ich zerbreche und zerschlage alles *(er schlägt um sich herum).*

Robert *(im besänftigenden Tone).* Ganz recht, teurer Freund, ich will Sie ja dahin führen, weil Sie dort Geschäfte haben, aber bedenken Sie doch, ich habe in Wien zu tun, ich will mich dort verheiraten.

Grell. Das geht mich nichts an. – Ich will in den Mond. –

Robert *(ganz entmutigt).* Lieber Himmel, was fange ich an? *(Er sieht, dass Grell den Mantel und die Fahnen aus der Gondel wirft.)* Herr, was tun Sie?

Grell. Ich werfe das Ding hinaus, damit wir leichter werden. *(Er wirft auch andere Gegenstände, ungeachtet der Bemühung Roberts, ihn zurückzuhalten, hinaus.)*

Robert. O Himmel! Mein Tubus – mein Kompass! Wir sind verloren.

Grell. Nichts verloren! Leichter, immer leichter, und nicht nur deine Sachen, auch die meinigen *(er zieht seinen Rock aus und wirft ihn hinab).* Bist du nun zufrieden? *(Grell sucht im Schiff herum und wirft noch einiges hinaus.)* Alles muss hinaus, alles! *(Er nimmt den Hut, den Robert auf dem Kopfe hat, und wirft ihn auch hinaus.)* Fort damit!

Robert. Mein Hut!

Grell. Siehst du, wir steigen schon. – Ah! Der Wind ändert sich. – Gut! *(Reibt sich die Hände.)* Zum Henker auch, es wird frisch. – Hm! Mich fängt an, etwas zu frieren. –

Robert. Warum haben Sie Ihren Rock hinausgeworfen – ich habe warm.

Grell. So? Nun, diese Ungerechtigkeit werde ich nicht dulden. Zieh deinen Rock aus.

Robert. Wie, das wäre etwas stark!

Grell *(sehr heftig und die Faust ballend).* Ja, ich bin stark, ich pulverisiere einen Menschen mit einem Faustschlag zu Staub, und wenn man sich mir widersetzt, so kenn' ich mich selbst nicht. Zieh deinen Rock aus, sag' ich.

Robert. Barmherziger Himmel, hilf mir! *(Er zieht den einen Ärmel ab, in welchen Grell sogleich schlief, sodass beide miteinander den Rock anhaben.)*

Grell. *Allons*[1]*!* Den anderen Ärmel auch.

Robert. Aber dann friere ich.

Grell. Du bist ein Luftschiffer, also musst du die Luft schon gewohnt sein.

Robert. Was will ich tun. *(Er zieht den anderen Ärmel auch aus, und Grell bemächtigt sich nun des ganzen Rockes. Robert setzt sich betrübt zur Rechten.)* Der Esel in der Löwenhaut.

Grell *(setzt sich zur Linken).* Ah! Das ist warm. Aber was seh' ich? Der Rock ist am Ärmel zerrissen. Herr! Wie können Sie mir einen zerrissenen Rock anbieten?

Robert. Anbieten? Sie haben mir ihn ja weggenommen.

Grell. Der verfluchte Ballon bleibt wieder stehen, er ist noch zu schwer. – Du bist so schwer, du! *(Er tritt gegen ihn.)*

Robert. Um Himmelswillen! Sie wollen doch nicht meinen Tod? Ich habe keinen Tubus mehr, keinen Kompass, keinen Mantel, keinen Hut, ich habe nichts mehr als mein Jammergeschrei.

Grell. Wirf's auch hinaus, wir brauchen's nicht. *(Er zieht aus der Tasche das Portefeuille*[2] *Roberts und besieht es.)*

Robert. Ah, mein Portefeuille! – Nur das nicht hinauswerfen.

Grell. Ha! Was seh' ich? Ist das dein Name, der auf diesem Portefeuille steht?

Robert. Ja, mein Name, der Name Ihres Wohltäters, der Sie freundschaftlich bei sich aufgenommen.

Grell. Du nennst dich Polycarp Robert?

Robert. Seit meiner Geburt.

Grell. Und du sagst, du seiest mein Wohltäter?

---

[1] Auf geht's.

[2] Brieftasche.

Robert. Allerdings.

Grell *(packt ihn an der Brust)*. Du, mein ärgster Feind!

Robert. Ich?

Grell. Ja, du bist der alte, hässliche, dumme Mensch, von dem ich gesprochen habe.

Robert. Mäßigen Sie Ihre Ausdrücke!

Grell. Du bist mein Nebenbuhler.

Robert. Wie?

Grell. Ja, ich bin der unversöhnliche Grell! Der Himmel ist gerecht, empfiehl deine Seele demjenigen, der ein Recht darauf hat.

Robert. Ich bin verloren! Ich will niedersteigen. *(Er steht auf und will die Stricke der Gondel fassen.)*

Grell. Untersteh' dich, zwischen Himmel und Erde musst du mir Rechenschaft geben. *(Er fasst ihn fest und drückt ihn ins Schiff zurück.)*

Robert. Zu Hilfe!

Grell. Schweige. *(Er bindet ihn an den Boden fest.)*

Robert. Herr! Sie missbrauchen die Gastfreundschaft, das ist kleinlich, das ist abscheulich.

Grell. Nun warte, ich will dich schweigen lehren *(er bindet ihm ein Sacktuch um den Mund)*. Und jetzt sei ruhig, oder ich brauche Gewalt. *(Er drückt ihn noch einmal in den Grund der Gondel, wo er nicht mehr gesehen wird.)*

Dritte Szene

Grell *(allein)*. Abscheulicher Mensch! Hätte ich ihn schalten lassen, er wäre imstande gewesen, Luft auszulassen, und so hinabzusteigen auf eine Erde voll Gläubiger und Häscher. Ich möchte auch nur wissen, was die Kerls davon haben, wenn sie einen Menschen festhalten, der ihnen nicht einmal etwas schuldig ist. Aber was seh' ich, es sammeln sich schwarze, schwere Wolken, der Wind wird stärker. – Wir bekommen ein Gewitter. – Ja, da weiß ich mir nicht zu helfen. *(Er ruft:)* He Luftfahrer! – Schiffer! – Postillion! Es kommt ein Gewitter. – Er antwortet nicht! – Ja richtig, er kann nicht. *(Er bückt sich und bindet ihm das Tuch vom Munde ab.)*

Vierte Szene

Robert. Grell.

Robert. Ah!

Grell. Wir sind in Gefahr, wie ist da zu helfen?

Robert. Ich weiß es nicht!

Grell. Du weißt es, aber du willst nicht. Regiere deine Maschine, oder –

Robert. Ganz recht, aber binde mir die Hände los.

Grell. Das ist in der Ordnung. *(Kaum hat er Robert die Hände losgebunden, als dieser eine Pistole aus dem Gürtel zieht und sie ihm vorhält.)*

Robert. Ha! Nun bin ich Sieger!

Grell *(erschrocken)*. Eine Pistole. *(Er steigt auf die Gondelbank zur Linken und* hält sich an *dem Stricke.)*

Robert *(in der rechten Ecke der Gondel)*. Ich bin nun Wilhelm Tell im engen Passe. Warte, abscheulicher Geßler[1]!

Grell *(kniet sich nieder, und bittend)*. Das ist ein unzeitiger Spaß. Bedenken Sie, ich bin kein Landvogt.

Robert. Aber ich will frei sein von dir.

Grell. Verzeihung.

Robert. Nichts da – Einer von uns beiden muss den Platz räumen. *(Er sucht die Pistole zu laden.)*

Grell *(springt schnell hin, und entreißt ihm die Pistole)*. Du wirst der Eine sein.

Robert. Ach Gott! *(Er steigt auf die Gondelbank zur Linken und erfasst einen Strick, der vom Ballon in das Zentrum der Gondel geht.)*

Grell. Ich will einen Zweikampf auf Tod und Leben!

Robert *(rettet sich zwischen die Taue des Ballons)*. Ich habe keine Waffen! Halt ein!

Grell. Nichts da! *(Er schießt die Pistole los.)*

Robert. Unglücklicher! Du hast den Strick durchschossen. –

Beide *(zugleich)*. Wir sind verloren! *(Der Ballon und die Gondel*

---

[1] Bezieht sich auf den Gründungsmythos der Schweiz. Der Überlieferung zufolge musste jeder Passant den von Hermann Gessler *(Reichsvogt in Schwyz und Uri)* in Altdorf aufgestellten Hut grüßen. Wilhelm Tell weigerte sich, den Hut zu grüßen und erschoss den Beamten daraufhin mit seiner Armbrust (vgl. Friedrich Schiller *Wilhelm Tell*)

trennen sich plötzlich, der Ballon mit Robert steigt empor, die Gondel mit Grell sinkt hinab. Beide verschwinden vor den Augen der Zuseher, aber der Strick, welcher die Gondel festhielt, dehnt sich seiner ganzen Länge nach aus, und Robert erfasst ihn.)

Robert *(außer dem Gesichtskreise).* Ich halte den Strick.

Grell *(ebenso).* Um Gotteswillen, festhalten, nicht nachlassen, sonst stürz ich hinab.

Robert. Ich will anziehen, was ich kann.

Grell. Ja, anziehen, anziehen. *(Beide erscheinen wieder im Angesichte der Zuseher. Das Ende des Strickes, welchen Robert hält, hat sich wieder zu Grell geschwungen, welcher es fasst und alle seine Kräfte anwendet, um die Gondel dem Ballon wieder nahe zu bringen.)* Ah, ich habe den Strick wieder. *(Der Ballon und die Gondel haben sich genähert, aber die Gondel ist in einer anderen Lage als früher, man sieht daher den Fallschirm nicht mehr.)*

Robert *(hat sich in die Gondel geschwungen).* Da bin ich, Gott sei Dank.

Grell. Ach, mein Freund! Das Unglück nähert die Menschen.

Robert. Ruhen wir jetzt ein wenig aus. *(Sie setzen sich, Robert zur Linken, Grell zur Rechten.)*

Robert *(blickt nach einer Pause zum Ballon empor).* Gerechter Himmel, der Ballon ist geborsten! *(Alle beide kauern sich in der Gondel nebeneinander und schreien in der größten Verzweiflung:)* Wir sind verloren! *(Währendem hat sich die Gondel ein wenig hinabgesenkt und schwebt nun auf demselben Punkte, wo sie vor der Trennung von dem Ballon war. Robert blickt hinauf und sieht den Fallschirm, welcher sich durch diese Bewegung der Gondel geöffnet hat und ganz offen erscheint; er schreit im größten Entzücken:)* Der Fallschirm! Der Fallschirm! Wir sind gerettet!

Grell *(außer sich).* Gerettet! Erklären Sie mir doch, aber nein, nichts erklären! – Wir leben, wir fallen nicht ins Bodenlose, wir sterben nicht zwischen Himmel und Erde. *(Beide fallen einander in die Arme.)*

Robert. Ach, mein Freund! Mein teurer Freund! Wie bin ich glücklich, ich komme ganz wieder auf der Erde an und kann meine Sophie heiraten.

Grell. Ihre Sophie mögen Sie heiraten, aber die meinige nicht.

Robert. Ja, meine Sophie, die Tochter des Kaufmanns Hallberg.

Grell. Das ist auch meine Sophie, aber nicht Hallbergs Tochter; er hat das Mädchen nur angenommen, weil ihre Mutter von dem lüderlichen Menschen, ihrem Vater, verlassen wurde und im Elende schmachtete. Sophie ist die Tochter einer gewissen Katharina Spelten!

Robert. Spelten – Spelten sagen Sie?

Grell. Ja.

Robert *(außer sich).* Himmel und Erde! – Tausendmillionen Luftpumpen!

Grell. Was ist Ihnen denn?

Robert. Herr! Sie sehen einen Vater vor sich, der vor Freuden außer sich ist.

Grell. Wie? Sie wären –

Robert *(in höchster Freude).* Ich bin der lüderliche Kerl, der Katharina Spelten verlassen hat, ich bin Sophiens Vater. –

Grell. Sie werden sie also nicht heiraten?

Robert. Freilich nicht. *(Im Entzücken.)* O, mein Himmel! Ich habe eine Tochter, und in der Luft muss ich das erfahren; wenn ich nur wüsste, wie ich es anfangen soll, an diesem Platz ein Monument setzen zu lassen. *(Er ordnet die Fäden des Fallschirmes.)*

Grell *(zieht gelbe Glacéhandschuhe an, tritt zu ihm hin mit feierlichem Tone).* Mein Herr, ich komme, Sie um die Hand Ihrer Tochter zu bitten.

Robert. Ich gebe sie Ihnen.

Grell *(kniet nieder).* Und Ihren Segen!

Robert. Den kann ich jetzt nicht geben, ich muss den Fallschirm dirigieren. Sehen Sie, wir sinken schon *(blickt hinab).* Ha! Erde! Erde!

Grell. O, mein teurer Schwiegervater!

Robert. Land! Land! –

Grell. Und eine Frau. *(Die Gondel sinkt mithilfe des Fallschirms langsam abwärts.)*

Robert *(ans Publikum).*

Die Meisten entzwei'n sich auf Erden,
Und werden erst oben versöhnet werden,
Wir haben uns oben entzweit,
Und unten auf Erden endet der Streit.

Grell *(ans Publikum).*

Wir fürchten nicht, dass jetzt auf Erden
Die Kritiker über uns herfallen werden,
Das wär' ja die umgekehrte Welt,
Dass der Untere auf den Obern fällt.

(Wenn sie dieses gesprochen haben, verschwinden sie vor den Augen der Zuseher, und der Vorhang fällt.)

Der Aeronaut

Eine Erzählung

Aus dem Englischen von Dr. Rödiger

Ich machte vor einiger Zeit eine weite Reise im Postwagen; einen Tag und eine Nacht war das vierrädrige Gefängnis fortgerollt, zwei Tage und eine Nacht musste ich noch darin zubringen, ehe ich den Ort meiner Bestimmung erreichen konnte. Wer je eine so lange Reise im Postwagen gemacht hat, wird das Glück einer geistreichen gebildeten Gesellschaft, welches mir durch eine besondere Gunst des Schicksals zuteil ward, zu schätzen wissen.

Die Unterhaltung kam am zweiten Morgen der langen Fahrt auf die Gefahren, denen ein jeder von uns in diesem Leben ausgesetzt gewesen war. Ein reisender Handlungsdiener hatte an der englischen Küste Schiffbruch gelitten; ein Franzose, der den Feldzug in Algier mitgemacht hatte, war den Feinden in die Hände gefallen, und schon war der Jatagan eines Beduinen über ihn gezuckt, als eine mitleidige französische Kugel dem rachedürstenden Araber den Kopf zerschmetterte. Ein Dritter war bei der Explosion eines amerikanischen Dampfschiffes bis zu einer fast fabelhaften Höhe geschleudert worden.

»Was mich betrifft, meine Herren«, sagte ein blasser, junger Mann, der bis dahin schweigend zugehört hatte, »so habe ich weder Seereisen noch Feldzüge mitgemacht, und dennoch habe ich mich vielleicht in einer bedenklicheren Lage befunden, als irgendeiner von Ihnen. Diese Lage hat wenigstens das Verdienst der Neuheit.

Ich befand mich vor einigen Jahren in Brüssel. Kühn, unternehmend, wie ich war, beschloss ich mit meinem Freunde eine Luftfahrt zu machen. Die Vorkehrungen waren getroffen, aber mein Freund hielt sein Wort nicht. Ich war eben im Begriff, allein aufzusteigen, als ein Unbekannter, aus dem Zuschauerkreise heraustretend, mich dringend bat, ihn mitzunehmen. Ich war anfangs ganz erstaunt über die Bitte eines Unbekannten, da er aber sehr in mich drang und mir feierlich versprach, sich in jeder Beziehung allen meinen Anordnungen fügen zu wollen, so willigte ich ein.

Er sprang mit außerordentlicher Freude in die Gondel. Ich gab sogleich das Zeichen zum Losmachen der Stricke, und in einigen Sekunden schwebten wir schon über den Gipfeln der Bäume.

Mein Gefährte zeigte nicht die mindeste Unruhe; er saß in unserm gebrechlichen Schiffe mit solcher Ruhe und Kaltblütigkeit, als ob er in einem bequemen Lehnstuhl eine Verdauungsstunde hielte. Er schien eine wahre Vogelnatur zu besitzen, so sehr gefiel er sich in seinem luftigen Element. Um das Aufsteigen zu beschleunigen, schüttete ich einen der mitgenommenen Sandsäcke aus. Er schien entzückt darüber zu sein und bat mich, nur allen Ballast wegzuwerfen.

Ich weigerte mich, er bestand aber auf seinem Willen. Ich fragte ihn, warum er denn so hoch steigen wolle. –

›Ich fürchte‹, erwiderte er, ›dass man mich erkenne.‹

Ich glaubte es mit einem Sonderling zu tun zu haben, der diese Luftreise in einer Anwandlung von übermütiger Laune unternommen und jetzt von Verwandten und Freunden erkannt zu werden fürchte. Ich versicherte ihn daher, dass ihn von der Erde niemand erkennen könne.

Er ließ indessen alle meine Gründe unberücksichtigt und forderte von Neuem, ich solle den Ballast wegwerfen. Dies war jedoch unmöglich, denn wir waren sehr hoch gestiegen, der Wind trieb uns dem Meere zu, und ich war nicht ganz ohne Besorgnis. Ich ersuchte ihn also etwas unwillig, sich ruhig zu verhalten. Er murmelte dann einige unverständliche Worte zwischen den Zähnen, dann warf er seinen Hut in die Luft, zog den Rock aus und warf ihn ebenfalls ins Blaue hinein. –

›Gut! Gut!‹, rief er. ›Jetzt sind wir leichter, jetzt geht's besser!‹

Jetzt fing er an, das Halstuch loszuknüpfen.

›Aber was fehlt Ihnen denn?‹, rief ich ärgerlich. ›Man würde Sie selbst mit einem Fernrohr nicht erkennen.‹

›O sagen Sie das nicht!‹, erwiderte er. ›Bei dem Doktor van Espen haben sie gute Augen.‹

Dies war der Name eines Arztes, der eine sehr gut akkreditierte Heilanstalt für Irre hielt.

›Kennen Sie den Doktor van Espen?‹, fragte ich.

›Ob ich ihn kenne! Zwei Jahre lang habe ich bei ihm gegen meinen Willen gewohnt. Man hat mich auf alle mögliche Art malträtiert. Das Blutlassen, Purgieren[1], Baden wollte kein Ende nehmen. Ich konnte

[1] Säubern, reinigen, abführen; hier im Sinne von Abführmittel verabreichen.

nie tun, was ich wollte, ich war wie im Gefängnis. Diesen Morgen bin ich endlich entsprungen, und jetzt bin ich ruhig, da ich weiß, dass man mich nicht wiederfindet.‹

Es war keinem Zweifel unterworfen, ich befand mich in Gesellschaft eines Wahnsinnigen, in einer schwankenden Gondel, mehr als dreitausend Fuß über dem Erdboden! Einen Augenblick war ich starr vor Entsetzen. Wie leicht konnte ihn eine unglückliche Laune anwandeln, wie leicht konnte ein Kampf zwischen uns stattfinden – und dann war es um uns beide geschehen! Er fing sein Geschrei wieder an:

›Höher, höher!‹

Er zog seine Kleider aus und warf sie weg. Ich wagte nicht, ihn dabei zu stören, ich fürchtete, ihn noch zorniger zu machen.

Man denke sich meine Gefühle, als er, nachdem er Stiefel und Strümpfe ausgezogen hatte, sich zu mir wandte, und mit hohler, schrecklicher Stimme sprach:

›Wir haben noch zehntausend Meilen zu machen; einer von uns beiden muss hinaus.‹

Seine Haare sträubten sich, seine Hände ballten sich krampfhaft. Er war übrigens weit stärker als ich, und an Widerstand von meiner Seite war nicht zu denken. Hätte ich eine Pistole, einen Dolch bei mir gehabt, ich würde keinen Augenblick gezögert haben, mich seiner zu entledigen, und ich glaube nicht, dass der strengste Moralist mich hätte tadeln können, aber leider war ich völlig unbewaffnet.

Meine Lage war in der Tat beispiellos. Ich würde mich lieber einem Menschenfresser, einer hungrigen Hyäne gegenüber befunden haben, als in einem Luftschiffe an der Seite eines Wahnsinnigen, bei welchem Bitten, Vernunftgründe, Drohungen gleich fruchtlos waren. Er warf, ohne dass ich es verhindern konnte, die drei Säcke mit Ballast hinaus. Der Ballon stieg mit furchtbarer Schnelligkeit. Die Erde war verschwunden, dichte Wolken wogten unter uns und umgaben uns von allen Seiten. Eine eisige Kälte ergriff uns, und dennoch stiegen wir noch immer fort.

Der Wahnsinnige schien unzufrieden, er redete mit sich selbst.

›Wir kommen nicht weiter!‹, murmelte er grimmig zwischen den Zähnen. ›Sind Sie verheiratet?‹, fragte er dann, sich zu mir wendend.

›Ich habe eine Frau und neun unmündige Kinder, die durch meinen Tod brotlos werden würden‹, erwiderte ich hastig.

›Und ich‹, rief er mit entsetzlichem Hohngelächter, – ›ich habe dreihundert Frauen und fünftausend Kinder. Ich würde schon bei meiner Familie sein, wenn die doppelte Last uns nicht aufhielte.‹

›Alle Wetter!‹, erwiderte ich, um etwas Zeit zu gewinnen und seine Gedanken abzulenken. – ›Das ist eine zahlreiche Familie! Wo wohnt sie denn?‹

›Im Monde, und dahin will ich. – Ich würde schon längst dort sein, wenn ich allein wäre. Jetzt – fort mit dir!‹

Bei diesen Worten stürzte er auf mich los –«

In diesem Augenblicke bekam der Postwagen einen heftigen Stoß; ein Rad war an einem schweren Frachtwagen hängen geblieben – noch eine Sekunde, und der Postwagen lag auf der Seite, wir alle rollten durcheinander und fielen in einen mit Schlamm bedeckten Chausseegraben.

Wir kamen mit leichten Verletzungen davon, bis auf den Aeronauten, welcher im Fallen eine Kopfwunde erhielt und dadurch an der Fortsetzung seiner Erzählung gehindert wurde.

Nach einer mehrstündigen Unterbrechung, welche sowohl zur genauen Untersuchung des Postwagens und zur Ausbesserung einiger leichter Schäden als auch zur Wiedereinsetzung einiger verrenkter Arme und Beine der Reisegesellschaft benützt worden war, fuhr der Aeronaut in seiner Erzählung fort.

»Als das Umwerfen des Postwagens meiner Erzählung so plötzlich ein Ende machte, erzählte ich gerade den grässlichen Moment, wo der Tollhäusler mich umfasst hielt, um mich in den unendlichen Luftraum zu schleudern. Während wir so miteinander kämpften, wurden wir plötzlich durch einen hell leuchtenden Blitz geblendet. Ohne es zu wissen, hatte ich eine mit Elektrizität gefüllte Wolkenmasse durchschifft, und es zeigte sich das imposante Schauspiel eines Gewitters unter unsern Füssen. Dieser Anblick machte selbst auf meinen Begleiter einen heftigen Eindruck; er ward bestürzt und ließ mich los. Ich hatte jetzt meine volle Besonnenheit nötig, um mich aus dieser schrecklichen Lage zu retten, in welche ich mich so unüberlegt gestürzt hatte. Ich suchte also meine Verlegenheit so gut als möglich zu bemeistern und sagte mit feierlichem Tone zu ihm:

›Glaubst du, dass es einem schwachen Sterblichen möglich sei, den unendlichen Luftraum zu durcheilen und den Donner rollen zu lassen, wie ich es soeben tat, um dich zum Gehorsam zurückzurufen? Wisse, dass ich dich der Knechtschaft, worin man dich auf der Erde gefangen hielt, entheben will, um dich deiner zahlreichen Familie zuzuführen. Wenn du aber noch ein Wort sprichst, so sende ich einen Blitz auf dich herab, und du wirst in den Abgrund geschleudert.‹

Diese Worte, welche ich in jeder andern Lage kaum ohne Lachen hätte aussprechen können, schienen einigen Eindruck auf den Tollhäusler zu machen. Sein Blick verlor etwas von dem wilden unheimlichen Ausdruck, er schaute mich verblüfft an; allein ich fürchtete, dass die Wirkung meiner Beredsamkeit nur von kurzer Dauer sein werde, und nahm daher noch zu einem andern etwas prosaischeren Mittel meine Zuflucht.

Ich hatte mich wohlweislich mit einer Flasche Rum versehen, und diese war mir jetzt von unabsehbarem Nutzen. Ich überreichte ihm die Flasche und forderte ihn auf, von dem Himmelsnektar, der ihn völlig wieder zum neuen Menschen machen würde, einen tüchtigen Zug zu tun.

Er griff mit widerwärtiger Gier nach der Flasche und leerte sie auf einen Zug. Die Wirkung dieser starken Libation[1] blieb nicht lange aus, er versank bald in einen tiefen Schlaf. Kaum hatte er die Augen geschlossen, so band ich ihm Hände und Füße, und mittelst anderer Stricke, welche man auf derlei Reisen immer bei sich führt, schnürte ich ihn dergestalt zusammen, dass er sich nicht regen konnte.

Obwohl ich jetzt von diesem überlästigen Begleiter nichts mehr zu fürchten hatte, war meine Unruhe dennoch nicht völlig beschwichtigt, denn ich befand mich bereits in einer unermesslichen Höhe, und da der Ballast hinausgeworfen war, so stieg der Aerostat noch immer fort. Um mir neuen Mut zu verschaffen, aß ich etwas von den mitgenommenen Lebensmitteln, denn die scharfe feine Luft der höheren Luftregionen hatte meinen Appetit bedeutend rege gemacht.

Ich wusste nicht, wie das enden würde, aber ich fand einigen Trost in der Überzeugung, dass mein Tod, welcher mir ziemlich wahrscheinlich zu sein schien, wenigstens einiges Aufsehen machen würde. Dies war allerdings ein leidiger Trost, aber es war in jener kritischen Lage doch besser als gar keiner. Ich dachte an meine Mutter und bat sie im Geiste, mir meine Tollkühnheit und den Kummer, den ich ihr verursachen würde, zu verzeihen. Gleichwohl gab ich die Hoffnung nicht auf, dass ich die Erde wiedersehen würde, und diese Hoffnung täuschte mich nicht.

[1] Trankopfer.

Ich befand mich in einer feuchten nebeligen Luftregion, und es schien mir immer noch, als ob ich stiege; ein Umstand, der übrigens sehr leicht auf einer Täuschung beruhen konnte, da ich gar keinen Vergleichungspunkt in meiner Nähe hatte. Es war jedoch unverkennbar, dass der Ballon seinen Glanz verloren hatte und durch die Berührung mit dem Nebel feucht geworden war. Dieser glückliche Umstand gab mir wieder einige Hoffnung. Das durch diese Feuchtigkeit vermehrte Gewicht des Ballons und der daran hängenden Gegenstände hatte bald ein merkliches Niedersinken zur Folge, und es dauerte nicht lange, so erblickte ich zu meiner großen Freude wieder die Erde. Diese Freude, welche ich empfand, lässt sich nur mit dem Frohlocken vergleichen, womit der Seemann nach einer langen, gefahrvollen Reise das Land begrüßt.

Nach wenigen Augenblicken bemerkte ich eine Stadt unter mir. Es war Löwen. Der Aerostat schwebte in einer Höhe von wenigen hundert Fuß über den Häusern der Stadt, als der Tollhäusler aus seinem Schlaf erwachte und sich sehr wütend gebärdete, dass er sich nicht regen konnte, und vorzüglich, dass er den Mond nicht sah.

›Wo sind meine fünftausend Kinder?‹, fragte er.

›Dort sind sie!‹, erwiderte ich, auf den Marktplatz von Löwen deutend, wo sich eine Menge Neugieriger versammelt hatte.

›Geschwind!‹, rief er hinunterschauend. ›Damit ich sie umarme, die lieben Kleinen, nach so langer Trennung!‹

Ich sehnte mich ebenso sehr wie mein Reisegefährte nach dem Ziel dieser seltsamen Fahrt. Endlich ward mein Wunsch erfüllt; der Aerostat ließ sich sanft und ruhig auf dem großen Hauptplatze der Stadt nieder. Das zahlreich versammelte Volk war weniger erstaunt über den Luftballon, als über meinen an Händen und Füßen gebundenen Begleiter, welcher immerfort nach seinen fünftausend Kindern rief.

Ich begab mich sogleich zum Platzkommandanten und bat ihn, den Narren, der mir einen so üblen Streich gespielt hatte, in einen sicheren Gewahrsam bringen zu lassen.

Seit jener verhängnisvollen Luftreise bin ich fest entschlossen, so oft ich eine Reise zu machen habe, mich nie wieder eines Luftballons als Beförderungsmittel zu bedienen und auch in der Wahl meiner Reisegefährten künftig vorsichtiger zu sein.«

Der Bräutigam aus der Luft

Eine Novelle von Theodor Drobisch

»Ein Dichter hat kein Glück!«, sagt irgendwo ein Schriftsteller, doch wenn unter Glück nur das bloße klingende Metall zu verstehen und der Alltagsmensch keine höheren Interessen damit verknüpft, so hatte die Vorsehung einen jungen Mann namens Erwin gar reichlich damit versehen. Schon früh verwaist, war ihm das bedeutende Erbteil seiner Eltern zugefallen, welches ein Freund des verstorbenen Vaters verwaltete, der zugleich Erwins Vormund gewesen.

Der alte reiche Kaufmann Brockens, er war es, der nach vollendeter Vormundschaft noch über seinen Mündel sich eine gewisse Gewaltherrschaft angemaßt und bei jedwedem Unternehmen um Rat gefragt sein wollte, wobei denn natürlich immer sein eigenes Interesse obwaltete, da fast das ganze Vermögen Erwins sich noch in seinen Händen befand.

Zum tatkräftigen Jüngling herangereift, suchte jedoch Erwin sich nach und nach der Bande[1] zu entledigen, die ihn früher an seinen Vormund gefesselt hielten. Es geschah nur langsam und mit einer Zartheit, deren nur ein fühlendes Herz fähig, das einerseits das Gefühl der Dankbarkeit in sich trug und immer noch eine gewisse Ehrfurcht vor dem Mann empfand, der von dem längst geschiedenen Vater als derjenige bezeichnet worden war, welcher sich der Waise annehmen und gleichsam Vaterstelle vertreten sollte.

Herr Brockens war ein Kaufmann im wahren Sinne des Wortes. Die Börse war seine Kirche, die Strazza[2] sein Gesangbuch und seine Bibel, das Schreibpult sein Altar. Aus diesem Grunde hätte er es gern gesehen, wenn sein Pflegbefohlener sich der Kaufmannschaft gewidmet. Erwins Geist aber fand keine Heimat in der Welt der Zahlen; schon in früher Jugend glühte er für alles Schöne und Edle, und

---

[1] Im Original steht »Banden«.

[2] Ein geschäftliches Notizbuch, in das man ohne Ordnung alle Vorkommnisse des Tages einträgt, um später die relevanten Informationen in die offiziellen Rechnungsbücher einzutragen.

wenn er sich in Gottes freier Natur erging, wenn sein Blick schwelgte an den Schöpfungen jener Kraft, aus der dereinst die Welt entsprossen, da ging ihm das Herz auf, er hätte hinsinken mögen auf seine Knie und ausrufen: »Ich danke dir Gott, dass ich nicht bin wie jene, die nur in dem Marktgewühl des Lebens ihr Heil suchen und nicht ahnen, dass der wahre Friede in der Einsamkeit der Weltbetrachtung zu finden sei und in der Keuschheit der Naturforschung, so wie in der Innigkeit des Aufhorchens auf des Gedankens millionenfache Offenbarung seine Lösung findet.«

Aufgewachsen mit solch schönen heiligen Regungen, bewahrte Erwin diesen süßen Kinderglauben in seinem Herzen. Ergeben den schönen Wissenschaften, erkannte er immer wahrer und inniger die Worte des Plato im »Phädrus[1]«: »Was sich unbedingt als das Trefflichste in der Natur des Menschen zeigt, ist jener unverwüstliche Trieb der Seele zu dichten und zu gestalten, der selbst von dem Missklang und Widerstreit des Weltlaufs nicht überwunden wird.«

Der Kaufmann aber sah mürrisch darein und wollte, dass der junge Mann etwas Praktisches betreibe, worin er nach vieler Ansicht gewiss nicht unrecht hatte. Poesie und Musik war längst seiner Verachtung anheimgefallen und mit kräftigen Worten suchte er eines Tages dies Erwin vorzuhalten, welcher jedoch das Schwert der Rede nicht in der Scheide ließ und ihm bewies: dass der Dichter ein Arzt, zu dem gebrochene Herzen wallfahrten, dass er ein Priester, dessen Segnungen und Weissagungen das Volk harrt und der da predigt[2] durch den Buchstaben von der Herrlichkeit Gottes und seiner Werke jeglichen Völkern, dass der Poet ein Richter und Gesetzgeber, der da zeigt, dass der Könige Nachruhm in seiner Macht und die Verherrlichung einer edlen Tat erst durch seine Feder geweiht werde.

Ein Lächeln zog sich um die Lippen des Handelsherrn, der zwar hier nichts weiter entgegnete, damit er seinen jungen Freund, wie er ihn immer nannte, nicht erzürne, denn das hübsche Vermögen, welches Erwin besaß, sollte ferner noch seinen Plänen dienen, zu welchem Zweck er eine Nichte ausersehen, die er mit seinem frühem Pflegbefohlenen zu vereinigen gedachte, obgleich weder Charakter noch Jahre harmonierten.

---

[1] Ein in Dialogform verfasstes antikes Werk des Platon, in dem er ein fiktives Gespräch zwischen seinem Lehrer Sokrates mit seinem Freund Phädrus oder Phaidros wiedergibt.

[2] Im Original steht »... und da predigt ...«.

Schon wollte er den wahrhaft schönen und blühenden Jüngling ins Garn locken, als ihm ein Geheimnis kund ward, von dem er bis jetzt keine Ahnung; ein Geheimnis, welches jetzt den Gang unserer Geschichte eröffnet und die ersten Szenen zu dem Drama entrollt.

Erwin liebte mit aller Glut und der Leidenschaft erster Liebe ein junges, schönes Mädchen; arm an irdischen Gütern, aber reich an Tugend, reich an jenen unverwüstlichen Schätzen, welche der Himmel in die Schächte der menschlichen Herzen gesenkt. Maria, ein blühendes Mädchen von neunzehn Jahren, sie war es, an welche Erwin seine Seele gekettet; jeder Stern, jede Sonne war ihm ein Abglanz der Geliebten, vor welchem er all die Heiligenbilder seiner Ideale zertrümmerte.

Maria war arm, war eine Waise. Doch, fragt die Liebe nach Geburt und Stand? Nein, im engsten Raum der Hütte findet sie ihre Seligkeit, und wie sich die Tropfen in der Flut vermählen, so auch verketten sich die Herzen, wenn sie anweht der mächtige Hauch, der da ausgeht, wo die Heerscharen der Engel.

Ihr fragt vielleicht: »Woher diese Liebe?« Doch, wo ist der Mensch, der ihre geheimnisvolle Tiefe ergründet? Zwei Seelen gehen aneinander vorüber und – wie das stille Geheimnis eines Telegrafen über unseren Häuptern, geht durch die Brust ein Schweigen, welches doch so mächtig dem Herzen seine Stimme verkündigt.

So die Verkettung dieser beiden reinen Seelen, ungesehen vor der Welt, denn die Liebe ist ja eine Blume, die im Stillen aufkeimt und knospet und blüht, wie es der Wille des Himmels. Keine Macht ist vorhanden, welche sie herrisch zwingt, damit sie blühe und gedeihe. Tief in der innersten Seele herrscht der eigene Wille des Menschen, außerhalb regiert eine höhere Hand.

Maria hätte es der ganzen Welt zujauchzen mögen, dass sie geliebt werde, doch, die wahre Liebe, ist sie nicht verschlossen, findet sie nicht in der Bewahrung ihres Geheimnisses die Wonne ihres Daseins und Fortbestehens?

Scheuen Schrittes ging daher oft Erwin nach dem kleinen Hause; doch wenn er in das nette reinliche Stübchen seiner Maria trat, welche mit pochendem Herzen durch die Blumen am Fenster seiner Ankunft entgegengelauscht, da ging ihm das Herz auf und bei der Seligkeit ihres Kusses, da vergaß er, dass Neid und Scheelsucht auf der Erde.

Und warum, warum sollten denn ihre Herzen nicht freudig schlagen? Gibt es denn etwas Schöneres und Herrlicheres[1] auf der Welt, als Freundschaft und Liebe in frischer, frommer Jugendzeit? Nein! Es kann nichts Höheres geben, denn selbst die Träume gestalten sich da zur Wahrheit. Schön, wie Anadyomene[2], steigt die Welt empor und Jubellieder dringen hinein in das Allerheiligste, wo die Zeit und der Mensch wandeln[3] im göttlichen Frieden der Natur.

Dem Herrn Brockens blieb diese Herzensangelegenheit kein Geheimnis, nur zu bald erhielt er davon Kunde. Sein erster Gedanke war: Zerstörung, Auflösung dieses Bündnisses, welches sich seinen Plänen hemmend in den Weg stellte. Wohl kennend das weiche Herz des jungen Mannes, der nur zu oft noch seinen Ratschlägen Gehör lieh, versuchte er erst das gütliche Wort, wobei er sich den Anschein zu geben wusste, als wenn er es für eine heilige Pflicht erachte, ihn abzulenken von dem Wege, auf welchen er sich in jugendlicher Übereilung verirrt.

Zum ersten Mal fühlte jetzt Erwin, dass man eingreife in die Rechte seines Herzens und Widerstand von seiner Seite unbedingte Pflicht sei.

»Ich soll entsagen meiner Liebe?«, entgegnete er dem starren Manne, der die Liebe nie gekannt. »Fordern Sie alles, nur dies nicht. Wie die Sonne um die Erde sich schwingt, nach den ewigen Gesetzen der Natur, wie das Blatt der Rose im Wind erzittert, so muss ich lieben die wahrhaft reine und glückliche Seele, in der ich erschaue so Gegenwart als Zukunft. Nennen Sie es nicht flüchtigen Sinnenrausch, ich habe geprüft und keine irdische Macht ist vermögend, meinen Sinn zu ändern.«

Herr Brockens ließ erst seinen Blick auf dem Jüngling ruhen und sprach dann: »Am Sterbebett Ihres Vaters habe ich mit Wort und Hand versprechen müssen, stets für Ihr Bestes zu sorgen. Ich habe es getan bis zu dieser Stunde und stets geneigtes Ohr gefunden. Ist jetzt der Scheideweg gekommen? Soll jetzt dem letzten Willen des verklärten Vaters Hohn und Verachtung entgegentreten?«

»Wo ist Hohn und Verachtung?« entgegnete ihm aufgeregt Erwin. »Mildern Sie Ihre Worte, jetzt, wo vielleicht der Geist meines verklärten Vaters über uns schwebt und jedes Ihrer Worte vernimmt. Erblicken Sie vielleicht darin ein Vergehen, dass ich ein Mädchen liebe,

---

[1] Im Original steht »Herrliches«.
[2] Beiname der Venus in der Bedeutung: Die aus dem Meer Geborene.
[3] Im Original steht »wandelt«.

welches arm ist? O, dann klagen Sie nur auch getrost meinen seligen Vater eines gleichen Verbrechens an, der einst meine Mutter zu sich erhob, die da weilte, wo die Dürftigkeit ihre einzige Umgebung war. Ich weiß es wohl, Ihre Handlungen, Ihre Unternehmungen leitet der Geist des Kaufmanns und der Spekulation, aber Dank dem Himmel, dass er nicht diesen Trieb in meine Seele gepflanzt; ich will die Welt und das Leben mit andern Augen betrachten und das Gut, welches mir geworden, will ich teilen mit einem Herzen, welches teilt den kleinsten meiner Gedanken und fähig ist, sich mir zu opfern in jeglicher Stunde des Lebens.«

Mit diesen Worten schied der begeisterte Jüngling von dem Mann, der jetzt die Fäden des Netzes vernichtet sah, worin er einen Menschen fangen wollte, dessen Geschick, wie er wähnte, in seine Hand gegeben war. »Unbändiger Trotzkopf!«, murmelte er still und mit Ingrimm. »Du wagst es mich zu meistern, mich, der ich die Welt und Menschen studiert. Du hoffst das Ziel zu erreichen, mitnichten! Er darf das Mädchen nicht nehmen, unter keiner Bedingung, wer weiß, wie sie ihn gefangen und betört. Da könnte jede lose Dirne herkommen und hier die Söhne reicher Eltern wegfischen. Überhaupt eine Zeit, wo das Proletariat sich aufbäumt, um die Reichen und Wohlhabenden zu knechten. Sonst hätten sich die Patrizier-Söhne unserer Stadt geschämt, eine Verbindung einzugehen, die nicht ebenbürtig. Welt des Unsinns und der Verwirrung. Sei wie dem wolle, die Nähtermamsell[1] wollen wir ihm schon entreißen, da gibt es ja noch Mittel und Wege genug.«

Während er so grübelnd mit großen Schritten im Zimmer auf- und abging, wurde es außen auf der Treppe und im Vorzimmer ungemein rege. Die Klingeln an den Türen erschollen, ein Diener trat herein und verkündigte ihm die Ankunft von Fräulein Gabriele, der Nichte des Handelsherrn, welche auf seinen Befehl von weiter Ferne in sein Haus gekommen. Eilig ging er ihr entgegen und schloss sie in seine Arme.

O Natur! Wie ungleich verteilst du deine Gaben. Welch ein Unterschied zwischen Gabriele und der lieblichen Maria. Dort ein nahender Herbst, verweht der Blütenstaub, ein Herbst mit seinen trüben Wettern. Hier ein schwellender Frühling mit seinem Waldbachrauschen, mit seinen Knospen und Blumen, mit seinem heiteren Himmel.

[1] Näherin.

Gabriele, eine Brust, wo so manche Hoffnung ihr Grab gefunden, wo eingesargt so mancher Wunsch des Lebens; Gabriele, die blasse hagere Jungfrau, sie war nach dem Plane des Handelsherrn für den Mann bestimmt, vor welchem die Welt und das Leben lachend zu Füßen lag und der sich im Besitz[1] einer reinen unverfälschten Liebe ein Gott dünkte in der weiten unermesslichen Schöpfung.

Während in dem vornehmen Hause sich die Prunkgemächer öffneten und alles aufgeboten wurde, der Dame das Leben so reizend als möglich zu gestalten, weilte Erwin im kleinen traulichen Zimmer seiner Maria. Ach! Die Liebe bedarf ja so wenig, um reich und glücklich zu sein; doch auch dies Wenige suchte man den Glücklichen zu entreißen, denn der alte Brockens sann jetzt Tag und Nacht, wie er das Mädchen aus der Stadt schaffen könne.

Sie war eine Waise, die sich treu und ehrlich ihren Unterhalt erwarb, mithilfe der Behörde konnte hier nichts unternommen werden, weshalb man auf ein anderes Mittel sann – die List.

Herr Brockens hatte einen jungen Aventurier[2] in seinen Diensten, den er nicht undeutlich merken ließ, wie sehr er das Verhältnis Erwins zu dem »blutarmen Mädchen«, missbillige. Mit voller Überzeugung stimmte der wüste Fremdling ein, in welchem sich schon längst der Neid geregt, wenn er gedachte, dass sich Erwin der Liebe dieses schönen Mädchens erfreue.

Jetzt galt es, sich die Erkenntlichkeit seines Herrn zu verschaffen, wenn es ihm gelingen sollte, die Wünsche desselben mit zum Ziele zu leiten. Je fester Erwin das Band der Liebe knüpfte, desto mehr wurde auf der andern Seite an dessen Auflösung gedacht, zumal eines Tages Erwin dem Kaufherrn ein Kapital kündigte, was vermuten ließ, dass eine Veränderung eintreten und vielleicht wohl gar baldigst die Vermählung stattfinden werde. Jetzt musste eingegriffen werden; Roderich, so hieß Brockens Vertrauter, ward abermals und dringend angegangen, ob nicht ein Mittel vorhanden sei, das Ganze rückgängig zu machen, oder durch einen Gewaltstreich zu zerstören. Mit Erwin noch einmal gütliche Worte zu wechseln, schien nicht ratsam, da solcher nur zu deutlich gemerkt, welchen Plan Herr Brockens mit ihm vorhatte.

Roderich spionierte und hinterbrachte eines Tages seinem Gebie-

[1] Im Original steht »… und sich im Besitz …«.

[2] Abenteurer, Glücksritter.

ter die Nachricht: dass Erwin ernstliche Anstalt treffe, sich den völligen Besitz seiner Maria zu sichern und solche in einigen Tagen eine Reise nach ihrer entfernten Heimat unternehme, um sich dort vielleicht der nötigen Papiere von ihrer Ortsobrigkeit zu versichern.

Die erste Frage war: wird Erwin sie begleiten? Bald war die Lösung gefunden; Maria unternahm die Reise allein, es zog sie mit unwiderstehlicher Sehnsucht nach der stillen trauten Heimat, nach dem kleinen friedlichen Städtchen, nach der Grabstätte ihrer geliebten Eltern, welche da ruhten auf dem einsamen Friedhof. Hier, an der geliebten Stätte, wollte sie noch einmal sich ausweinen, wollte Abschied nehmen, um dann mit dem Mann ihrer Seele durch Priesters Hand das Band zu knüpfen, das sich längst um Herz und Seele geschlungen.

Schon nahte der Tag, welcher die Liebenden auf einige Wochen trennen sollte; von Stunde zu Stunde klopfte beiden hörbarer das Herz. In einem langen Kusse nahmen die in der Stille Verlobten Abschied. »Leb' wohl, mein Erwin!«, rief Maria, als sie mit einer Welt der seligsten Gefühle an seinem Halse hing. »Leb' wohl! Auf Wiedersehen! Dort, wo ich meine Jugend verträumt, dort will ich an dich denken zu jeder Stunde; dort, an der Stätte der Vergangenheit, will ich träumen von der Zukunft!«

Erwin begleitete sie an den Postwagen; der letzte Gruß, der letzte Blick.

Gedankenvoll und langsamen Schrittes ging er zurück. Die Sonne schien so freundlich herab und lockte die Menschen aus ihren düsteren Behausungen ins Freie.

Auf diesem Wege begegnete ihm Herr Brockens, dessen Nichte stumm und lautlos nebenher schritt. Zum ersten Mal sah sie den jungen Mann, von welchem ihr Onkel so viel gesprochen. Nur zu deutlich bemerkte der Alte, welch ein Kampf jetzt im Innern des Mädchens entstand, über deren Zukunft seine Hand verfügen wollte.

»Er wendet trotzig sein Angesicht!«, murmelte der Kaufmann. »Ein kalter Gruß, verworren die Gedanken, o, ich weiß nur zu gut, wo sie verweilen. Vielleicht ist es noch Zeit, das Gewebe zu zerreißen. Ich sehe, meine Pläne, meine Wünsche stranden, aber – noch ist er nicht angelangt am Ziel, noch nennt er sie nicht die Seinige; ein günstiger Moment kann uns die Waffe reichen, um das Band zu trennen, welches nur blöder Wahnsinn knüpfen konnte.«

So dachte das versteinerte Herz des Mannes, dessen Brust die Liebe nie gekannt, während Erwins Gedanken sich nur mit seiner Marie beschäftigten. Im Geiste zog er mit ihr ein in die Vaterstadt, lustwandelte mit ihr durch die einsame Linden- und Pappel-Allee, welche sich an der alten verfallenen Stadtmauer hinstreckte und die Marie ihm so oft geschildert[1].

So mochte schon mehr als eine Woche verflossen sein, als eines Morgens Roderich zu Herrn Brockens kam und ihm die Mitteilung machte, dass Erwin gestern einen Brief empfangen, welcher ihm die Nachricht gebracht, dass seine Marie in ihrer Heimat von dem dort herrschenden Typhus befallen und äußerst krank darniederliege. Er habe dies durch die dritte Hand erfahren, der Liebeskranke sei ganz darnieder geschlagen und bis spät in die Nacht habe er auf seinem Zimmer Licht gehabt. Heute Nachmittag erfahre er noch mehr[2].

»Der Typhus – er ist tödlich!«, murmelte der Kaufherr, als Roderich ihn verlassen. »Erwünscht, wenn der Himmel trennte, was er unmöglich billigen kann.«

Der Späher hielt Wort und brachte den Nachmittag neue Nachricht. Erwin sei entschlossen gewesen, gleich selbst an Ort und Stelle zu reisen, die unerwartete Kunde habe ihn aber so ergriffen, dass ihn ein Frost und dann Fieberhitze überfallen, jetzt – müsse er das Bett hüten.

Für Roderich wurde diese Angelegenheit jetzt ein Gegenstand, der seine ganze Aufmerksamkeit in Anspruch nahm. Nicht allein der Gedanke: seinem Chef dienstbar zu sein, nein! Seine eigene niedere Seele war es, die hier Nahrung bekam. Das stille ungetrübte Glück eines Menschen war ihm ein Dorn im Auge. Heimlich brütete er am Werke der Zerstörung, und als er vernahm, dass Erwin immer kranker geworden, da drang er in Herrn Brockens, dem Kranken einen Besuch abzustatten, um sich erstens von der Wahrheit zu überzeugen und sich bei dem jungen Mann den Schein zu geben, dass er innigen Anteil an seinem Geschick nehme. Wenn dies geschehen, lasse sich bestimmter und sicherer arbeiten, denn man gewinne damit ein Feld, wo die Tätigkeit freien Spielraum und jedwede Schranke zu überspringen sei.

Der Kaufmann fügte sich seinem Willen und stattete dem Kranken einen Besuch ab. Letzterer erhob sich, ein Strahl der Freude drang aus dem matten Auge, denn Brockens Besuch gab ihm einen Beweis,

[1] Im Original steht »… und Marie ihm so oft geschildert«.

[2] Im Original steht »… erfahre ich noch mehr«; die Schilderung selbst ist allerdings in der 3. Person gehalten.

dass der gereifte strenge Mann die Worte vergessen wollte, die ihm ein Jüngling im Augenblick der Aufwallung entgegengeworfen; er wähnte den alten Freund seines verstorbenen Vaters als Freund und Berater an seinem Lager, der da gekommen zu trösten und zu sühnen.

O Glaube der Menschheit, wie irrig sind deine Pfade.

Jedes Tier erkennt seinen Feind, nur – der Mensch nicht. Was Erwin für Treue und Wahrheit hinnahm, war Verblendung und Trug; hinter der Maske wahrer Freundschaft und inniger Teilnahme grinste Tücke und Verrat.

Noch in selbiger Stunde unterrichtete Brockens seinen Vertrauten von dem Stand der Dinge. »Jetzt«, rief Roderich, »ist es Zeit zur Tat. Sie waren einst Vormund, jetzt väterlicher Freund Erwins, so und nicht anders weiß es die Welt; wir müssen die Briefe in unsere Hand zu bekommen suchen, die Erwin jetzt von dem Mädchen durch die Post empfängt. Sie kennen den Postboten, ihm einen Wink, einen Befehl, dass jede Aufregung des Kranken vermieden werden müsse und nach Befehl des Arztes nur Zuschriften in seine Hand gelangen sollten, von denen zu erwarten, dass sie keines beunruhigenden und aufregenden Inhaltes.«

Der Postbote empfing von Herrn Brockens diese Weisung und selbiger verfehlte nicht, zu gehorchen, da er hierin nur eine weise Vorsicht zum Heil eines Kranken erblickte und durchaus nicht wider seine Dienstpflicht zu handeln glaubte.

Schon den folgenden Tag legte er einen an Erwin gerichteten Brief von Marias Hand auf dem Kontor[1] nieder. Schon wollte Herr Brockens ihn erbrechen, als der Gedanke in ihm aufschlug, dass er fremdes Eigentum in der Hand, dass er in Geheimnisse dringe, wozu er kein Recht und sein Gewissen mit einer Schuld belaste. Fürwahr, seine Hand zitterte und schon wollte er den Brief beiseitelegen, als Roderich langsam herbeischlich. »Ich ahne«, flüsterte derselbe, »ein Brief, lassen Sie uns nicht zögern, dieses Papier zu eröffnen. Ist es ja doch nur die Handschrift einer Person, die uns wenig oder gar keinen Respekt abzwingen kann. Geben Sie mir den Brief, ich will das Siegel unbemerkt lösen.«

Noch war der Kaufherr unschlüssig, er zögerte, doch der Gedanke, dass man nicht auf halbem Wege stehen bleiben müsse, er schlug auf

[1] Büro.

zur Flamme und – so übergab er den Brief dem Menschen, der als sein Mephisto[1] ihm zur Seite stand und vor Freude über den ersten errungenen Sieg sich jetzt lächelnd beiseite begab.

Schändliches Bubenstück! Jener Brief, geschrieben mit dem Blute des Herzens, benetzt mit heiligen Tränen, von ungeweihter Hand wurde er erbrochen. Marias Schriftzüge, bestimmt für das reine seelenvolle Auge ihres Geliebten, sie überflog das unlautere Feuer habgieriger teuflischer Blicke. Jede Zeile ein lebensvoller warmer Hauch hoher Begeisterung, jedes Wort, jeder Buchstabe ein glühender Funke von dem Herde, wo die Allgewalt der Liebe ihre Opfer gezündet. O, hohes, heiliges Geheimnis der Liebe in der reinen unentweihten Brust eines Jünglings oder eines Mädchens, nicht trachte der Mensch danach, dich zu ziehen an das Geräusch der Alltagswelt. Und wenn, wenn es geschieht, dann beuge in Demut dein Haupt, denn auf vor deinen Blicken steigt das Göttliche, welches da schmückt die Stiftshütte des menschlichen Lebens und sich herniederlässt in die Brust des Menschen wie das Amen eines frommen Gebetes.

Aus jener Zuschrift war zu ersehen, wie Marias Zustand sich merklich gebessert und sie von Tag zu Tag der Genesung entgegengehe, während Erwin immer mehr von dem Trübsinn ergriffen wurde, der nur zu oft da Raum gewinnt, wenn Zögern und Ungewissheit über gewisse Lagen des Lebens vorherrschen und Blendung in der Hoffnung Licht uns die Ferne verdunkeln. Jener Brief wäre heilsame Arznei gewesen für das Leiden der Seele und ruchlose Hand entriss solchen durch List in dem so günstigen Augenblick.

Nicht konnte sich Erwin das Zögern erklären, denn wenn Maria unfähig gewesen, die Feder zu ergreifen, so hätte dies sicher die Hand der Freundschaft getan. Aber nicht genug, dass jener Betrüger sich Marias Briefe zu verschaffen wusste, sein schlau angelegter Plan erstreckte sich auch noch dahin, die Korrespondenz von Seiten Erwins aufzuheben. Er kannte den Diener desselben, ein Mensch, der von dem jungen Mann so manche Wohltat empfangen, aber bei seinem Leichtsinn solche vergessen konnte, wenn es seinen Vorteil galt. Diesen wusste Roderich mit wenigem Gelde zu gewinnen und so wanderten die Briefe an Maria anstatt auf die Post in seine Hände.

Nach Verlauf von vierzehn Tagen war nach Roderichs Ansicht die Sache reif zum entscheidenden Schlag. »Jetzt als Sieger auf den Kampf-

[1] Name des Teufels in der Faustlegende.

platz!«, sagte er mit höhnischem Lächeln still für sich, indem er einen Bogen Briefpapier ergriff und im Namen einer Verwandten von Marien einen Brief an Erwin richtete. Verschweigen wir jetzt den Inhalt, nur zu bald werden wir erfahren, wie heimtückisch der Boshafte zu Werke ging. Damit alles den rechten Gang gehe, schickte Roderich den Brief an einen Bekannten in der Stadt, wo sich Maria aufhielt und ersuchte solchen, selbigen dort auf die Post zu geben, indem mit einem Freunde ein kleiner Scherz veranstaltet werden sollte.

Erwin, der unterdessen völlig genesen, war entschlossen, seine geliebte Maria mit einem Besuch zu überraschen und hatte bereits dazu alle Anstalten getroffen. Er wollte Gewissheit haben, was der Grund des Schweigens, denn eine bange Ahnung durchzog oft seine Brust und die aufgeregte Fantasie gaukelte ihm böse Träume vor. »Sei wie dem wolle!«, rief er aus. »Ich muss Gewissheit haben, hin, zu ihr, die mein Leben und ohne welche keine Seligkeit auf dieser Erde. Maria! Ahnest du meine Nähe? Ja! Du musst sie ahnen, denn unsere Seelen sind ja verkettet und meine Gedanken auch die deinen.«

Schon schlug die Stunde, in welcher seine Abreise bestimmt, da kam der Brief an, den man dort unbesorgt und nichts von alldem wissend der Post übergeben.

Die Aufschrift war nicht von Marias Feder, vor Erwartung zitterte Erwins Hand, schnell, zur Erbrechung des Siegels, da – heiliger Gott! Was ist dies? Ein schwarzes Siegel! Das Kuvert flog beiseite, ein Blick und – ein Schrei des Entsetzens.

Maria, seine heißgeliebte Maria war tot; gestorben nach langen Leiden und heftigem Kampf in der letzten Stunde des Lebens, – so stand es in dem Briefe.

Erwin, hingesunken auf einen Stuhl, raffte sich empor. »Tot, tot, meine Maria! Nein! Ich kann es nicht glauben!« Und wiederum starrte sein Blick auf das Papier, da stand es geschrieben, klar und deutlich bis auf die kleinsten Umstände, ja, es wurden sogar die Briefe und Inhalt derselben erwähnt, welche er kurz zuvor abgesendet und die nach dem Wunsch[1] der Sterbenden man ihr mit in den Sarg gegeben.

Bis jetzt war Erwin keiner Träne fähig, noch hielt er es für einen Traum, als er aber den Inhalt noch einmal überflogen, da löste sich der heilige Quell der Tränen in seiner ganzen Flut.

---

[1] Im Original steht »... und nach dem Wunsch ...«.

»War dies dein Wille, dein Ratschluss, o ewige gerechte Gottheit!«, rief er unter den höchsten Erregungen aller Gefühle. »Warum, du heiliger dreieiniger Gott, entnahmst du sie so früh dieser Erde, auf welcher sie mich träumen ließ von deinem Himmel? Geist meiner verklärten Maria! Umschwebe mich in dieser Stunde, dass sich Trost herniedersenke auf mein gebeugtes Haupt. Welche Prüfung im Frühling meines Lebens, der erste Ring zur Kette eines unsäglichen Leides, aufgenagelt die Pforte für Tage des Trübsals und namenlosen Kummers.«

So schwanden ihm die Stunden des Tages, der ruhige Abend kehrte ein mit seiner Kühle, ein rotgeweintes Augenlid starrte in die Nacht und blickte auf nach der Sternenburg des Himmels.

Wunderbares Rätsel, dass der Blick des Menschen sich nach dem Tode eines Lieben nach den Höhen richtet, wo das Heer der Sterne seine Bahnen wallt, dass der Mensch in Nöten unwillkürlich emporschaut nach dem Himmel.

Wehe der irdischen Gewalt, die da spielt mit Menschenherzen, denn jedes hat einen unsichtbaren Rächer, welcher früh oder später vergilt nach den Gesetzen, welche Gottes Finger geschrieben.

Wenden wir uns jetzt ab von dem Schwergeprüften, lassen wir ihn allein mit dem Leid der Seele; der Gang unserer Geschichte führt uns jetzt wieder nach dem Hause, wo dieser schwarze Plan entstanden und zur Ausführung gediehen. Jener Verworfene, der das Werkzeug der Rache, er hatte bis jetzt sein Werk nur halb vollendet. Jetzt galt es, das Mädchen zu täuschen, das mit banger Sehnsucht einer Kunde von ihrem Geliebten entgegen harrte. Was ist leichter zu täuschen als ein Mädchen, zumal wenn es liebt? Mit wenigen Schriftzügen war es getan. Armes, getäuschtes Kind! Du glaubtest an den Himmel ohne das Fegefeuer der Reinigung, ahntest nicht, dass der Pulsschlag liebeseliger Herzen den Neid wachruft und ihn anstachelt zu unseligen Taten.

Mitten in ihren Träumen von dem Glück ihrer Liebe, umwogt von dem Meer der Gedanken, wo ein jeder den Namen Erwin umfasste, den Blick versenkt in das Kommen der Tage, da öffnete sich die Tür, sie flog auf und eilte dem Postboten entgegen, ein Brief von – nein! Das sind nicht die Züge seiner Hand, das ist eine fremde Schrift, sie zerbrach mit banger Erwartung das Siegel, um den Inhalt zu erfahren.

Was ist's, dass das Auge mit Begier jeder Zeile folgt? Das Papier zittert in ihrer Hand, die Lippen beben und Leichenblässe tritt auf

Marias Wangen. Sie naht dem Ende der Zuschrift, die Ballen ihrer weißen weichen Hände auf das Auge gedrückt, sinkt sie fast ohnmächtig zusammen.

Unglückselige Botschaft! Jeder Buchstabe ein Dolchstich in ihr Herz.

Werfen wir einen Blick in den Brief, er lautete nach gemessenen Worten der Titulatur und Datum wie folgt: »Eine Träne des Mitleids für Ihren Bräutigam, eine Träne des Mitleids für meinen innig geliebten Freund! Während ich dies schreibe, hat er die Grenzen Deutschlands hinter sich, schaut nicht mehr das teure Vaterland. Erwin, begeistert für Freiheit und Vaterland, hat schon früher und vorzüglich in letzterer Zeit mit Wort und Schrift gegen die Unterdrückung gekämpft und wider aller Erwarten mit politischen Vereinen korrespondiert, deren Tun und Treiben nicht ohne Grund den Verdacht der Polizei erregt. Verrat! Verrat! Nur die eiligste Flucht konnte retten, denn hier hätte ihn nur der Kerker erwartet. Auf meinem Zimmer schrieb er noch in der Nacht einige Zeilen, einen Abschied an Sie, an seine so heißgeliebte Braut. Mit Tränen im Auge küsste er die von Ihnen empfangenen Briefe und beschwor mich, jene Zeilen an Sie zu befördern. Unglückseliges Verhängnis! Ich bin nicht mehr in ihrem Besitz. Am folgenden Morgen durchsuchte die Polizei auch meine Papiere und nahm das Blatt, welches für Sie bestimmt. Nur zwei Ihrer letzten Briefe, welche Erwin bei der Eile der Flucht auf meinem Tische liegen ließ, füge ich hier bei. Erwin ist nach Amerika gegangen; das Dampfschiff *Hekla* in einem der Nordseehäfen hat ihn aufgenommen; jetzt, wo ich dies schreibe, schwimmt er bereits auf dem Ozean. Gott schenke ihm eine glückliche Fahrt und Ihnen Trost in so schwerem Geschick. Als Freund rate ich Ihnen: vermeiden Sie hier diese Stadt, Sie würden als Vertraute und Braut des schwer gravierten Flüchtlings mit der Polizei nur in argen Konflikt geraten.«

Die Namensunterschrift war unleserlich, doch, wer sollte an der Wahrheit des Ganzen zweifeln? Es lagen ja Marias letzte an Erwin gerichtete und eröffnete[1] Briefe bei.

Starr und stumm wie ein Steinbild saß Maria da, als sie den Brief gelesen. Getrennt von dem Mann, den sie so unaussprechlich liebte; Erwin ein Flüchtling, preisgegeben dem wilden Element; entsagt der Heimat und den Blick hinüber gewendet nach der neuen Welt.

[1] Im Original steht: »... an Erwin gerichtete und eröffneten Briefe bei.«

Zerstört all die schönen Träume und sie, eine Waise, hinausgestoßen in die Welt, die ihr bisher nur wenige der Freuden gespendet. Tausende von Tränen weinte sie ihm nach, ihm, dessen Herz und Seele sie geweiht für hier und dort, wo die Heimat der Seelen. Wenn sich die stille lautlose Nacht herniedersenkte und längst alles zur Ruh gegangen war, dann saß Maria noch allein. Wo, wo mag er jetzt verweilen? Dies waren die Worte, welche still über ihre Lippen gingen. Und ehe sie die Augen schloss, eh' der Schlaf sie umfing, da betete sie zu Gott, dass er schützen und seine gnadenreiche Hand ausbreiten möge über den Geliebten. Ja, im Gebet fand sie Trost und Hoffnung, an ihr hielt sie fest, da in ihrer Brust der Glaube waltete, dass sie Erwin nicht verlassen werde, denn er hatte ihr ja ewige Liebe und Treue geschworen.

Glücklich noch im Schmerz, denn ihr war ja noch eines geblieben – die Hoffnung. »Trennen uns auch Länder und Meer«, rief sie aus, »die Herzen sind es nicht. Mein wird er gedenken zu jeder Stunde, meiner in der deutschen Heimat. Ja! Sein Ruf, er wird erschallen, ich folge ihm nach und wären es tausende der Meilen. Nicht scheuen will ich Gefahr und Tod, denn ohne ihn ist mir ja das Leben kein Leben mehr!«

O, ihr Opfer der List und des Hasses. Maria wähnte den Trauten ihres Herzens in der neuen Welt; Erwin seine Geliebte in jener Welt, deren Dasein wir hoffen.

Trennung durch die Macht der Kabale[1], es war erreicht, die Bosheit feierte ihren Triumph. Wie und auf welche Art das ganze Bubenstück zur Ausführung gediehen, suchte Roderich anfänglich dem alten Brockens zu verschweigen, bis er so nach und nach das Gemälde entrollte, das unter seiner Hand entstanden. Der Kaufherr war überrascht, er fühlte trotz seines versteinerten Herzens dennoch das Tückische dieser Tat, aber es war ja nach seinem Willen geschehen und was fragt so ein Shylockherz[2] nach den Mitteln, wenn nur damit der Zweck erreicht wird. Dass durch diesen Streich zwei Herzen gebrochen und zahllose Tränen ins Auge gelockt, dies vermochte er jetzt nicht zu fassen, denn das Bewusstsein, dass es außer dem Erwerb von Geld und Gut noch höhere, edlere Dinge auf der Erde gäbe, dies Bewusstsein war längst in ihm erstorben. Sein Streben war

---

[1] Intrige.

[2] Anspielung auf den Schurken Shylock in William Shakespeares Komödie *Der Kaufmann von Venedig*.

darauf gerichtet, das Vermögen Erwins in seinem Kreise zu erhalten, deshalb setzte er die Hebel in Bewegung und nannte Wahnsinn das, was sich als höchste Liebe erwies. Hass deshalb, weil Maria arm und mittellos war, Neid und Scheelsucht, weil ihr ein Glück teilhaftig werden sollte, welches man zwingen wollte, sich anderswo niederzulassen.

Wer aber kann der Liebe gebieten, dass sie horste, wo ihr großer gewaltiger Flügelschlag nicht Raum? Wer kann dem Herzen gebieten, da seine Opfer zu zünden, wo jeder Nerv erzittert und dem Raume zu entfliehen sucht, wo es sich nicht heimisch fühlt? O, über die Welt, die solches alles schon tausendfach erlebt und immer wieder aufs Neue zu gebären sucht. Doch, was geschehen, es besteht und die Saat des Bösen wuchert auf, reift empor unter Gottes Sonne, in deren Strahl Melonen reifen und sich ausbrüten die Eier der Krokodile.

Furchtbar reifte jene Saat auf.

Erwin war nicht mehr der feurige glutvolle Jüngling, wie ihn die Welt gesehen. Seit jenem Tage, wo er die Trauerbotschaft empfing, da zog gleich dem Herbst mit seinen trüben Wettern eine Schwermut in seine Seele, welche jede Freude im Keim vernichtete. Der Glanz seines Auges erlosch, eine Blässe umzog die sonst so blühenden vollen Wangen. Mit Wehmut betrachteten ihn seine früheren Freunde und Jugendgenossen, wir sagen: seine früheren Freunde; denn als er Maria kennenlernte, als sie es war, welche sein Leben und seine Welt umfasste, da wich die Freundschaft vor der Allgewalt der Liebe. Er trauerte nicht äußerlich, aber tief, tief im Herzen, wo so manche schöne Erinnerung begraben und ein großes gewaltiges Drama mit seinen erschütternden Monologen sich zur Szene erkoren.

Erwin, mit irdischem Gut gesegnet, das Erbteil braver guter Eltern, er war jetzt ein armer, ein bejammernswerter Mann. Gebeugt jede Tatkraft, ging er still einher, verschloss sich oft tagelang in sein Zimmer, und wenn er seine Schritte ins Freie lenkte, so wandelte er auf einsamen Feldrainen oder lagerte sich im Schatten des düsteren Waldes. Fand man ihn nicht auf diesen Wegen, so weilte er nicht selten an dem Orte, wo – für die Ewigkeit gesät wird, auf dem Friedhofe.

An der Pforte desselben begegnete ihm eines Tages der alte Brockens, welcher, von seiner Nichte begleitet, des Weges daherkam.

Der Anblick Erwins übte einen schauerlichen Eindruck auf sein Inneres, denn ihm sagte ja sein Gewissen, dass er hier Schuld trage. Auf die Frage seiner Nichte, warum der Herr Erwin so niedergeschlagen und blass aussehe, stammelte er einige nichtssagende Worte und suchte dann dem Gespräch eine andere Wendung zu geben. Gabriele, die bejahrte Jungfrau, achtete nicht des Gespräches, sie war plötzlich still und ernst geworden; wunderbare Gedanken schienen sich ihrer bemächtigt zu haben.

In vielen Familien der Stadt sprach man jetzt von Erwins Zustand; hier und da forschte man nach der Ursach und da blieb denn seine Liebe kein Geheimnis. Hier und da munkelte man auch, dass der alte Brockens einen großen Teil der Schuld auf sich geladen, indem er eine Verbindung mit seiner Nichte beabsichtigt und alle Mittel aufgeboten, das Bündnis zu trennen, welches infolge von Gram und Kummer nun der Tod gelöst habe.

Wer Brockens Charakter kannte, schwieg still und bemitleidete den Jüngling mit so trefflichem Geist und Herz. Aber nicht allein das Herz, auch der Geist kann krank werden; von Tag zu Tag hatte dieses Übel bei Erwin immer mehr Raum ergriffen. Eine tiefe Melancholie lag auf dem bleichen schönen Gesicht des Jünglings; gebeugt ging er einher, er trug schwer, denn – er trug sein Herz.

Eilen wir jetzt einer Katastrophe entgegen, welche den Lebenswegen der Lebendigtoten eine Wendung gab.

Maria hatte es nach Empfang des bewussten Briefes nicht gewagt, die Rückkehr anzutreten. Was sollte sie auch an einem Orte, der nur trübe Erinnerungen in ihrer Seele hervorgerufen und wo sie nur neues Ungemach[1] erwarten durfte? Sie verließ das heimatliche Städtchen und begab sich nach dem Dörfchen Ruhbach, zwei Meilen von der Residenz, wohin sie eine weitläufige Verwandte berufen, eine Pastorenwitwe[2], welcher sie, da die Frau schon hoch an Jahren, in Führung der kleinen Wirtschaft tätige Hilfe leistete.

Wohltätig wirkten die ländliche Ruhe[3] und der Friede der Natur auf ihr zerstörtes Gemüt. Noch immer nährte sie die Hoffnung, eine Kunde von ihrem Erwin von jenseits des Meeres zu erhalten. Doch, auch diese letzte Hoffnung sollte zertrümmert und der Kelch des

---

[1] Im Original steht »… und sie nur neues Ungemach …«.

[2] Im Original steht »… wohin sie eine weitläufige Verwandte, eine Pastorenwitwe, berufen …«.

[3] Im Original steht »Wohltätig wirkten die ländliche Ruhe …«.

Leidens noch einmal gefüllt werden. Der Pfarrer des Dorfes hielt mehrere Zeitungen, welche sich Maria öfters erbat, denn jede Nachricht von und über Amerika war ihr von hohem Interesse, denn sie wusste ja in diesem Lande ein Herz, das noch glühte für die Heimat, das noch einen Pulsschlag bewahrt für die Liebe, die da emporgereift, wo die Wiege dessen gestanden, den das Verhängnis hinausgetrieben in die weite Welt.

Mit Begier nahm eines Tages Maria die Zeitung zur Hand; nachdem sie einige Zeilen gelesen, erweiterte sich ihr Blick und gleich einem Donnerschlag, der die Schläfer eines ganzen Landes weckt, durchzuckte es ihre Seele. Die Notiz lautete: »Das Dampfschiff *Hekla*, welches auf der Fahrt nach Amerika begriffen war, ist zwei Tage vor der Landung durch das Springen des Kessels und sonstiger Unvorsichtigkeit ein Raub der Flammen geworden. Von der Mannschaft gelang es nur dem Kapitän und vier Matrosen sich zu retten. Von den 120 Passagieren, meistens Auswanderer, ist nicht einer entkommen, sie fanden entweder ihren Tod in den Flammen oder in der kühlen Flut des Meeres.«

Ein großes erschütterndes Ereignis macht den Menschen stumm, lähmt für den Augenblick jeglichen Gedanken, hemmt den Quell der Tränen. Maria hob das schöne blaue Auge gen Himmel, das Blatt entsank ihren Händen, welche sich unwillkürlich zum Gebet falteten. »Er stand in Gottes Hand!«, lispelte sie dann still. »Der Ewige hat es so gewollt. Erwin! Erwin! Harre an der Pforte des Himmels, bald, bald folge ich dir nach, denn diesen Schlag überlebe ich nicht!«

Armes Mädchen! Dein Schmerz ist zu groß, um Zeuge zu sein. Mit einer stillen Träne im Auge lass uns scheiden, bis – wir uns wiedersehen.

Wiedersehen! Ja, an dies Wort war Erwins Seele gebunden, er rief es aus im Geräusch des Tages, es ging über seine Lippen im Schauer der Nacht. Den Trübsinn zu verscheuchen und die Ruhe der geistigen Kraft wieder in die frühere Bahn zu lenken, hatte sich ein befreundeter Arzt väterlich des Jünglings angenommen, welcher es dahinbrachte, dass Erwin wieder unter Menschen kam und Zerstreuung suchte. Doch, woher sollte Aufheiterung kommen? Seine Gedanken waren zu fest an die Erinnerung Marias gebannt und diese wurden dereinst noch mehr verwirrt, als er vernahm, dass der alte Brockens der Urheber seines Unglücks sei, dass selbiger geäußert: er wolle die

Verwaltung seines Vermögens abermals übernehmen, denn ein Mensch in Ermangelung der Sinne bedürfe eines Vormundes, da lohte der langverhaltene Grimm zur vollen Flamme auf.

Nicht unmöglich, dass der als reich verschriene Kaufherr sein Trachten nach völliger Innebehaltung des Vermögens richtete. Die politischen Stürme der letzten Zeit hatten nachteilig auf Handel und Wandel eingewirkt und einige fehlgeschlagene Spekulationen die Fonds verringert. Vielleicht wollte er hiermit gewinnen, da seine anderweitigen uns bekannten Pläne als vereitelt anzusehen waren.

Angefüllt mit solchen Gedanken saß er eines Tages auf seinem Kontor. Es war der letzte Tag des Monats, wo Anweisungen und Wechsel zur Zahlung vorgelegt wurden und jedwede Tätigkeit in Anspruch nahm. Plötzlich erschien Roderich in dem engen Behältnis, wo Herr Brockens allein an seinem Pulte saß, stammelte einige Worte und wies nach der Tür, in welcher Erwin sichtbar wurde. Das schwarze lockige Haar hing ihm aufgelöst um die Schläfe, der Blick war wild und stier auf die beiden Anwesenden gerichtet. Auf die von dem Kaufherrn an Erwin gerichtete Frage, was er wünsche, erfolgte keine Antwort, eine starre Pause. Endlich aber richtete Erwin einen furchtbaren Blick auf den Chef des Hauses und sprach mit Donnerstimme: »Ihr fragt, was mein Begehr? Mein einzig Hab und Gut auf dieser Erde will ich haben, ich verlange es aus Ihren Händen, heraus, Sie haben es mir gestohlen!«

»Gestohlen, was, Ihr Geld? Zu jeder Stunde …«

»Nichts da, von Geld«, unterbrach ihn heftig der Aufgeregte. »Behaltet diesen elenden Mammon für Euch in Kisten und Truhen. Meinen ganzen Reichtum, das Herz meiner Maria habt Ihr mir entwendet, o! Es ist Wahrheit, was die Leute sagen, bittere Wahrheit, Ihr habt mich hintergangen …«

»Hintergangen?«, rief Brockens in höchster Aufregung, mit einem Blick auf Roderich, der unruhig auf- und abging. »Häufen Sie nicht Beleidigung auf Beleidigung. Wer kann dafür, wo der Himmel eingreift.«

»Der Himmel …«, entgegnete ihm Erwin. »Nein! Er hat dies nicht gewollt, aber die Menschen, sie sind die Würger. Ist's Traum, ist's Wahrheit, ich verlange Rede, meine Maria …«

»Ist tot!«, fiel scharf und schneidend Roderich ein, um somit den letzten entscheidenden Schlag zu wagen. – »Sie ist tot! Ich selbst habe zufällig den Leichenzug gesehen.«

»Gesehen, den Zug zum Grabe!«, rief Erwin in höchster Ekstase. »Warum nicht ich, ich – der erste Leidtragende? Fluchwürdiges Dasein! Elendes, kümmerliches Leben! Andere Menschen sterben nur einmal und dies im süßen Schlaf; ich aber sterbe nach jedem Erwachen!«

Der Kaufherr wollte seinen Platz verlassen, um den durchbohrenden Blicken des Rasenden zu entfliehen. Erwin aber vertrat ihm den Weg und rief mit Aufbietung aller Kräfte: »Halt! Nicht von der Stelle, bis du mir Rede gestanden. Du hast sie mir geraubt, von dir fordere ich sie zurück. Auf dein graues Haupt all das Elend, das hereingebrochen, du, du warst der böse Dämon, der sich zwischen uns und unsere Liebe gedrängt. Verrat und Trennung! Kampf und Verzweiflung, aber hier durch meinen Arm Rache und Vergeltung!«

Mit diesen Worten griff er nach einem Packmesser, welches auf dem Tische lag, und stürzte auf Brockens zu. Ein lauter Hilferuf erscholl jetzt aus dessen Munde. Roderich, so wie sämtliche Diener des Hauses stürzten herbei und fielen dem Rasenden in die Arme. Nur mit Anstrengung entwanden sie ihm das Messer, denn der Bewusstlose entfaltete eine übermenschliche Kraft.

Zitternd am ganzen Leibe entfloh der Kaufherr der Szene; sämtliche Inwohner des Hauses liefen herbei und auf der Straße sammelte sich eine Gruppe von Menschen, welche sich fragten: was geschehen, was hier vorgegangen.

Mit bleichen Lippen, das Haar wild im Gesicht, war Erwin in einen Lehnstuhl gesunken; in mächtigen Schlägen pulsierte das Herz, die Melancholie, welche seit Monden sein ganzes Wesen ergriffen, war zum Ausbruch gekommen. Der herbeigerufene Arzt ließ einen Wagen bestellen, um den Kranken – vorderhand – ins Hospital zu bringen.

Es geschah. In Brockens Hause war für mehrere Stunden das Geschäft gestört, eine Unruhe hatte sich aller Gemüter bemächtigt, welche vorzüglich an Roderich bemerkbar. Furchtbar trat sein Gewissen heut' als Ankläger und Richter auf, jene Stunde führte einen gänzlichen Bruch mit seinem Prinzipal herbei, welcher gar starke Worte mit ihm wechselte, die der mit der Welt und ihren Tücken Vertraute zu würdigen und zu entgegnen vermochte.

Gabriele, welche noch im Hause ihres Onkels weilte und sich einer großen Täuschung hingegeben, gab jetzt den letzten Rest ihrer Hoffnung auf. Sie ging zurück, von wo sie gekommen. Als der Alte ihr flüchtig am Wagen den letzten Gruß gespendet, ging er verstört und mürrisch in sein Kontor. Eben wollte er etliche eingelaufene Briefe erbrechen, als ein Diener vom Rathause hereintrat und Herrn Brockens zu Morgen neun Uhr auf das Gericht bestellte.

Eine Zitation[1] vor Gericht, er drückte die Augen zu und umfasste seine Stirn mit der flachen Hand. Roderich, welcher der einzige Zeuge von der Bestellung war, horchte auf, seiner Hand entsank die Feder, keiner von beiden sprach ein Wort, aber in der Brust da pochte das Herz, denn beide drückte das Gefühl der Schuld, sie glaubten sich verraten.

Jetzt sah der starre Mann ein, dass Ehre und Vertrauen auf dem Spiele, dass er jetzt ein Fangball in der Hand eines Menschen, der fähig war, den intimsten Freund, ja seinen Bruder zu verraten, wenn es seinen Vorteil, so wie seine eigene Sicherheit galt. Der Schurke musste sich jetzt dem Schurken vertrauen. Ungesehen nahm jetzt Brockens den Mann beiseite, der seinen Plänen gedient und sprach still: »Sie haben vernommen, dass ich auf das Gericht kommen soll, was, ich frage Sie, was ahnen Sie?«

»Das Schlimmste!«, entgegnete Roderich. »Hat man Beweise von unserem Tun und Treiben aufgefunden, so sind Sie entehrt für alle Zeiten und meiner wartet das Zuchthaus.«

»Wie? Sie könnten mich wirklich mit in die Sache hineinziehen?«

»Soll ich allein Strafe erleiden für das, was ich nach Ihrem Wunsch, nach Ihrem Willen getan[2]?«

»Was, mein Wille? Herr Roderich, Sie führen eine Sprache ...«

»Die ich auch bei Gericht anstimmen werde, wenn man nur im Geringsten Miene macht, mir die Freiheit zu kürzen. Sie sind der Mitwisser und Mitschuldige, dies sagt mir jetzt jede Miene Ihres Gesichtes und wird Sie auch vor dem Richter verraten. Doch, es gibt ein Mittel ...«

»Ein Mittel? Sprechen Sie es aus ...«

»Es ist die Flucht. Entfernung aus Ihrem Hause. Bin ich über alle Berge, kann man Ihnen nichts anhaben, Sie leugnen.«

»Flucht, schleunige Entfernung! Sie haben recht! Ich – werde mich dankbar zeigen.«

»Nichts von Dankbarkeit. Ich entsage hier freiwillig einer festen

[1] Vorladung.

[2] Im Original steht »Soll ich allein Strafe erleiden für das, was ich nach Ihrem Wunsch, nach Ihrem Willen«.

Stellung, bringe zu Ihren Gunsten, zur Rettung Ihrer Ehre ein Opfer, welches ich nicht so leicht aufwiegen lasse.«

»Was – Herr Roderich – brauchen Sie?«

»Ich muss tausend Taler haben!«

»Tausend! Sind Sie bei Sinnen!«

»Zögern Sie nicht, es ist dies noch eine billige Summe.«

»Dies kann ich nicht geben, auf Ehre! Sie wollen von mir eine Summe erpressen …«

»Die ich nötigenfalls entbehren kann. Ehe ich aber die Stadt verlasse, erfährt das Gericht und die ganze Einwohnerschaft das, was bis jetzt noch unter uns ein Geheimnis.«

Ein heftiger Kampf tobte im Innern des Mannes, der sich jetzt in der Gewalt eines seiner Diener sah. Er, der sonst so Stolze und Hochmütige, versuchte das Wort der Güte, der listige Betrüger nahm mit 800 Taler vorlieb, die ihm Brockens auf der Stelle mit der Bedingung auszahlte, morgen mit aller Frühe die Stadt zu verlassen.

Noch vor der Dämmerung des Morgens verließ Roderich das Haus.

Als die Glocke neun schlug, ging mit Spannung und banger Erwartung der Kaufherr zu dem Richter.

Ja, mit banger Erwartung, mit jenem peinlichen Gefühl der Unruhe, das Raum ergreift in der menschlichen Brust, wenn Zweifel uns umirren, oder vielleicht gar schon eine innere Stimme den Ankläger macht.

Nach Verlauf einer halben Stunde sah man Herrn Brockens die Treppe wieder herabgehen, er knöpfte den Rock auf und – schöpfte freien Atem, ihm war zumute, als habe sich ein schwerer Stein von seiner Brust gewälzt.

Das Gericht hatte ihm eröffnet, dass Erwins geistiger Zustand es erheische, dass das Vermögen des jungen mündigen Mannes so lange in gerichtliche Verwahrung genommen werden müsse, bis sich sein Zustand gebessert. Herr Brockens habe daher alle in seinen Händen und Erwin gehörigen Gelder binnen vierzehn Tagen an das Gericht einzuliefern.

Auslieferung des Geldes in so kurzer Frist, genaue spezielle Rechnung. Darauf war er nicht vorbereitet und doch – musste es geschehen. Vorübergegangen war ein Sturm, der schon sein Inneres erschüttert, gerettet seine Ehre und das Ansehen seines Hauses vor den Augen der Welt. Doch eines krampfte seine Hand zusammen und ließ ihn einen Fluch murmeln, dass er in Demut vor einem seiner Diener gestanden und ihm solcher eine Summe Geldes erpresst. Die größte Wunde für seinen Geiz und seine Habsucht, die erste Strafe für seine schwarzen Pläne.

Nicht vermochte er in das düstere Kontor zurückzukehren, die Luft war so mild, der Himmel so rein, er wollte sich einmal am Blick der schönen Natur laben, er fühlte nach langer Zeit das Bedürfnis, sich an Gottes Schöpfung zu erstarken, doch, auch dieses sollte ihm vergällt werden. Kaum vorm Tor angelangt, entflohen dem Gewühle der Menge, kam ein Reisewagen aus der Stadt. Der Spaziergänger mit der finsteren gefurchten Stirn warf seine Blicke hinein, da sah er einen Blick aus einem bleichen Gesicht, der ihn anstarrte und seine Tritte hemmte. An der Seite eines Arztes saß still und sprachlos – Erwin.

Der Postillion blies ein fröhliches Stücklein, jeder Ton aber hallte dem Mann an der Heerstraße wie Grabesläuten ans Ohr. Der Staub wirbelte auf, getrieben von dem frischen Wind, binnen weniger Minuten[1] war der Wagen entschwunden. Wohin nahm er seinen Lauf?

Der Weg ging nach der Residenz, ein Viertelstündchen weiter, nach der Irrenanstalt.

Ein tiefer Denker, ein großer Menschenkenner, ein väterlicher Freund der seiner Obhut anvertrauten Kranken, als einen solchen Mann von Geist und Gemüt pries man allgemein den Direktor der Irrenanstalt, den Medizinalrat Dr. W**. Schon waren vier Monate verflossen, dass Erwin in seinem Hause. Der große Arzt, der liebevolle Mann bot alles auf, den Trübsinn und die Schwermut zu bannen, welche sich Erwins bemächtigt. Oft gab es Augenblicke, wo ein Lichtschein aufzudämmern schien, der süße Ton der Rede kehrte zurück und die ganze Unterhaltung ließ nichts von einer Verirrung des Geistes ahnen. Nur wenn der Abend nahte, wenn die Nacht einbrach, dann verstummte der bleiche Gefangene, er ging auf sein Zimmer, öffnete die mit eisernen Gittern versehenen Fenster[2] und versenkte seinen Blick in den nächtlichen Sternenhimmel. Wie aus einem Traum erwachend rief er dann oft: »Dort, wo die Venus, der Stern der Liebe, dort bei der Leier und dem Schwan, da, da lebt sie, die Reine, die

[1] Im Original steht »… binnen wenig Minuten …«

[2] Im Original steht »… die mit eisernen Gittern versehene Fenster …«.

Verklärte.« So saß er oft halbe Nächte lang und nur mit Mühe gelang es dann dem ärztlichen Berater, den ihm Anvertrauten zur Ruhe zu bringen, welcher sonst arglos den Tag über im Garten umherging oder seine Zeit im Kreise der Familie zubrachte.

Obgleich der Doktor nicht alle Hoffnung aufgab, so gab es doch Momente, wo ihn der Zustand Erwins mit einer gewissen Besorgnis erfüllte. Sein Augenmerk war vorzüglich darauf gerichtet, Geselligkeit und Frohsinn um den Kranken zu verbreiten, welcher im ganzen Hause seit seiner Ankunft als Glied der Familie betrachtet wurde.

Eine solche heitere Stunde war eines Tages dem Familienkreise vorbehalten. Eine Anzahl Gäste war versammelt, unter welchen sich ein Fremder befand, der seit drei Tagen in der Residenz der Gegenstand des Gespräches und der Bewunderung war, ein Mann, der Tags darauf großes Aufsehen erregen sollte; es war der bewährte Führer im Reich der Lüfte, der berühmte Luftschiffer G*, der morgen in seinem Ballon eine abermalige Reise in das Land der Wolken beabsichtigte. Da alle Zeitungen und Journale von dem Schauspiel sprachen, welchem Tausende entgegen starrten, so lauschte jetzt nach dem Mahle natürlich jegliches Ohr den Erzählungen des kühnen Aerostaten[1].

Der Kreis schloss sich enger um den Luftschiffer, in welchem der Herr des Hauses seinen jungen Freund Erwin vermisste, den er heute durchaus an dem frohen Mahle teilzunehmen vergeblich veranlasst.

»Ja! Es ist schön, den Himmelstau an der Quelle zu schlürfen!«, ließ sich der Aerostat vernehmen. »Welch ein Anblick, wenn das Auge die Vogelperspektive gewinnt und man von oben in die Straßen und die Höfe der Häuser schaut. Alle Gegenstände sind zwar stark verkürzt oder bieten statt ihrer Seiten nur die Oberfläche dar, sodass die Gebäude oft als Würfel erscheinen. Alles Wasser blitzt wie Spiegel und die Teiche, in der Ferne und Nähe, schmücken die graue Erde wie silberne Flinker[2].«

»Aus welcher Höhe gestaltet sich dies alles so vortrefflich?«, ließ sich ein Gast vernehmen.

»Schon in der Höhe von 1500 Fuß. Bei 3500 Fuß aber erweitert sich das Panorama um das Doppelte und schön, über alle Beschreibung schön, gestaltet sich ein großer Eichenwald. Die alten Stämme

[1] Luftfahrer.

[2] Blinken, glänzen; im Sinne von etwas, das gut ins Auge fällt.

breiten ihre Wipfelmassen wie Moos auf der Heide aus, der Blick ist noch ziemlich sicher, die Fluren erscheinen wie leicht mit Sepia getuscht, die Saatfelder hellgrün, die Wälder grau. Das größte Vergnügen gewährt mir aber immer aus solcher Höhe der Anblick einer Schafherde, sie gleicht täuschend vielen Ameiseneiern, welche man auf grünes Papier gestreut.

Im Kreise der Gesellschaft wurde kein Atemzug hörbar, alles lauschte der Erzählung und nur leise unterbrach jetzt eine Dame den Luftschiffer mit den Worten: »Aber in den Wolken, in den höheren Regionen.«

»Ja«, ließ sich der Erzähler weiter vernehmen, »in den Wolken, dort, bei den Seglern der Lüfte, da ahnt man die Gottheit, das unendliche Walten einer ewigen Kraft. Nach meinen vielfachen Erfahrungen gelangt man erst eigentlich in ihre Mitte, wenn der Barometer 4000 Fuß Höhe angibt. Noch erkennt ein scharfes Auge die Gegenstände auf der Erde, aber sie sehen aus wie mit Flor überzogen, dichtere Nebel breiten sich aus, immer mehr und mehr schließt sich die Szene. Man sieht jetzt nur sich, den Ball und die Gondel. Aber dem Blick bietet sich jetzt ein prächtiges Schauspiel dar. Während der Fahrt wird der Schlauch des Ballons geöffnet, damit das Gas ausströmen kann. Der Blick durch die hohe Säule von Leuchtgas unter den Wolken ist schön, unaussprechlich schön, denn der Ballon gleicht jetzt einer matt erhellten Laterne von buntem Glase. Je höher es geht, immer lautloser wird die Stille, ein tiefes Schweigen herrscht in der Brust. O, ich biete alle Worte auf, aber sie sind zu schwach, um die mächtigen Gefühle zu schildern. Unwillkürlich falten sich die Hände, man möchte beten. Es ist nicht das Gefühl des Verlassenseins, der Öde, der Bangigkeit, nein, es ist der Eindruck, den man empfindet, wenn man ein hohes stilles Gotteshaus, wenn man einen Dom betritt, der menschenleer und wo in magisches Dunkel gehüllt die Heiligenbilder auf uns niederschauen. Welch eine hohe, heilige Stille; wie große riesige Gestalten ziehen die Wolken vorüber, oft wie Gesang geheiligter Choräle, dann wieder Totenstille in dem weiten unermesslichen Raume. So müssen sich die Alten den Eingang in die Unterwelt gedacht haben. Hier in dieser namenlosen Einsamkeit, welche uns mit heiligen Schauern erfüllt, hier sollten die Eide geleistet werden, ich glaube, es gäbe keinen falschen Schwur mehr.«

Wunderbar ergriff diese Beschreibung alle Zuhörer, niemand wagte den Erzähler zu unterbrechen, welcher jetzt von den sonderbaren

Luftspiegelungen sprach. »Je höher man kommt«, ließ er sich weiter vernehmen, »desto fühlbarer wird die Kälte, es ist, als ob man sich in einem Dezembernebel auf offenem Wagen befände. Die Segelung geht schneller, der Ball im Zenit scheint ein Erdball zu sein. Früher, namentlich bei meinen ersten Luftreisen, empfand ich in solcher Höhe Schwindel, Ohrenklingen und Brustbeklemmung, spürte auch manchmal die Wirkung des Blutandranges nach dem Kopfe. In dieser äußersten Höhe der Dunstwelt befinde ich mich wahrscheinlich morgen um diese Zeit; gebe der Himmel, dass meine beiden Reisegefährten von diesen Übeln verschont werden.«

»Wie, was, Reisegefährten?«, erscholl es im Kreise. –

»Ja! Es haben sich ein Engländer und ein junger Kaufmann gemeldet[1].«

Der Herr des Hauses ergriff jetzt ein gefülltes Glas und rief: »Angestoßen, eine glückliche Fahrt! Nach den Wolken, nach den Sternen!«

»Nach den Sternen!«, rief plötzlich außen eine Stimme; die halbgeöffnete Tür flog ins Schloss, dass die Pfosten erdröhnten. Alle Gäste schauten nach der Tür, mechanisch ließen sie die Arme mit den erhobenen Gläsern sinken, mehrere Damen blickten scheu umher, denn der Ton der Stimme hatte etwas Unheimliches.

Erwin hatte an der halb geöffneten Tür der Erzählung des Luftschiffers gelauscht, von ihm erscholl der Ruf: »Lassen Sie sich nicht stören, meine Herren und Damen!«, sprach der Medizinalrat. »Ein Unglücklicher befand sich in unserer Nähe, von welchem aber nicht das Geringste zu befürchten. Er betrauert den Verlust seiner Geliebten, die ihm der Tod entrissen. Gleich jenem schönen wahnsinnigen Weibe zu Paris, welche in der Sonne ihren Geliebten erkannte und wehklagte, wenn der Sonnenball des Abends nach Westen rollte, jenem Weibe, das sanft dahin starb, als einst eine Sonnenfinsternis eintrat, so blickt jener junge Mann nach den Sternen, wo, wie er sagt, seine Geliebte, seine Maria weilt. Neulich verlangte er des Abends in das Freie zu gehen, da, wo Bäche und Seen, indem sich darin die Sterne spiegelten, um ihnen näher zu sein. Es wäre dies ein Wagnis, denn ich fürchte, er spränge hinein, in dem Wahn, dass er zu den Sternen gelange, was freilich der Fall sein dürfte.«

Sämtliche Anwesende, vorzüglich die Damen, empfanden Mitleid für den Unglücklichen, der Luftschiffer schlürfte einige Züge Wein

[1] Im Original steht »Es hat sich ein Engländer und ein junger Kaufmann gemeldet«.

und rief: »Auf dein Wohl, armer Jüngling, den ich nicht kenne. Genesung des Geistes oder – bald auch eine Himmelfahrt und – Wiederfinden.«

Die Gesellschaft trennte sich jetzt und alle wünschten dem Aerostaten eine glückliche Fahrt. »Wir haben Südwest«, rief derselbe, »wenn sich der Wind nicht ändert, so passiere ich morgen hier vorbei und spende einen Gruß mit der Fahne.«

»Ja! Ja!«, erscholl es in der Runde. »Wir befinden uns beim Aufsteigen alle oben auf der Plattform unseres Hauses. Glückliche Fahrt! Gute Nacht!«

Ein solches, noch nie gesehenes Schauspiel war für die Residenz ein Ereignis. Schon drei Stunden vor dem Steigen des Ballons wogten Tausende von Menschen nach dem Orte, wo die Füllung des Ballons geschah, welcher wie ein Pavillon aus dem grünen Gebüsch emporragte. Reiter und Wagen füllten die Straßen, alle Fenster in der Nähe waren mit Zuschauern besetzt, zwei Chöre Regimentsmusik spielten auf.

Die Füllung des Ballons hatte natürlich schon des Vormittags begonnen, bis das genügende Quantum von Gas eingenommen war. In der großen Riesenkugel war ein Wallen und Wogen, als ob das gestreifte Zeug ein lebendiges Untier wäre. Der Aerostat, welcher schon seit Stunden unermüdlich beschäftigt war, besichtigte die Netzleinen am Tragreif, knüpfte jeden Knoten selbst und untersuchte nochmals die Beschaffenheit des Tauwerkes. Als dies geschehen, legte er den Anker in das Schiffchen und neben das Ankertau noch ein 500 Fuß langes Seil, die sogenannte Fangleine. Da die Fahrt auf drei Menschen berechnet war, so war wenig Ballast nötig, welcher in Säcken bestand, die mit feuchtem Sand angefüllt waren.

Der Andrang der Zuschauer war immer größer geworden, bald sollte die Auffahrt vor sich gehen und der Luftschiffer schaute sich nach seinen beiden Reisegefährten um. Finster und in sich gekehrt, stand der Kontorist da und schaute auf die Zurüstungen, dann ging er wieder unruhig auf und ab. Von dem Luftschiffer gefragt, ob er des zweiten Passagiers nicht ansichtig geworden[1], erwiderte er, dass er denselben noch nicht erblickt. Die in die Gondel gelegten Seile wurden jetzt mit großer Vorsicht aufgewunden, damit später bei der schnellen Entwickelung und Aufrollung kein Hemmnis eintrete.

[1] Im Original steht »... ob er den zweiten Passagier nicht ansichtig geworden ...«.

Immer mehr und mehr hatte sich der Ballon gerundet und an Steigekraft zugenommen und schon wurden einige Gewichte beseitigt.

Während der Herr und Meister des Ganzen mit Genauigkeit alles in Augenschein nahm und nochmals fragte, ob der Engländer noch nicht da sei, welcher die Reise mit unternehmen wolle, schickte Mylord einen Boten mit der Nachricht, dass er von dem Vorhaben abstehen wolle und hiermit auf das Vergnügen der Luftreise Verzicht leiste.

Höchst unangenehm berührte diese Botschaft den kühnen Segler im Reich der Lüfte. Ungemeine Bewegung kam jetzt in die Gruppe der Männer, welche Hilfe leisteten; es mussten das Gewicht von 140 Pfund ersetzt und noch zwölf Sandsäcke gefüllt werden[1].

Im Begriff, diese Befehle mit Pünktlichkeit auszuführen, drängte sich plötzlich durch die umstehende und sitzende Menge ein junger bleicher Mann, ging eilig an den Aerostaten heran und rief: »Mein Herr! Ich bitte, ich flehe Sie an[2], lassen Sie mich jetzt mit aufsteigen in das Reich der Lüfte, es mag kosten, was es will, ich zahle jede Summe, und wenn es Tausende wären.«

Der Luftschiffer maß den Fremdling mit scharfem Blick und sprach: »Glauben Sie wirklich den Mut zu besitzen, etwas zu unternehmen, was man ein Wagnis nennen kann? Prüfen Sie wohl, junger Mann, denn …«

»Was Prüfung! Ich bitte inständigst, ich bin bereit, kein Aber, keine Zweifel, gönnen Sie mir einen Platz in der Gondel, ich will, ich muss ihn haben. Nur zu, Sie finden keine Feigherzigkeit, ich fahre mit, mag's Heil, mag's Unheil bringen.«

Sichtbar erfreut von dem Mut und der Entschlossenheit des noch so jungen Mannes, reichte er ihm die Hand und sprach: »Wohlan! So machen Sie sich bereit. Haben Sie keinen Mantel mit sich?«

»Ist nicht nötig; ich fahre mit, so wie ich hier bin. Frei und lustig hinauf in die Wolken.«

»Nun so kommen Sie als zweiter Reisegefährte; wir haben keinen Augenblick weiter zu versäumen. Glück auf, junger unbekannter Freund!«

Nach Beendigung dieser Worte legte er noch zur Ausrüstung der

---

1 Im Original steht »… es musste das Gewicht von 140 Pfund ersetzt und noch zwölf Sandsäcke gefüllt werden«.

2 Im Original steht »… ich flehe Sie …«.

Fahrt einen Kompass, ein Barometer mit Thermometer in die Gondel, welchen Sachen er noch zwei Karten der Umgegend und eine Gabel beilegte, welche zur Aufsperrung der Ventilklappen nach beendigter Reise diente. Die wenigen Sandsäcke wurden unter die Sitze verteilt.

»Kommen Sie, meine Herren! Es ist Zeit, dass wir aufsteigen!« Im Nu waren die Gerufenen zur Stelle und alle drei nahmen Platz; der zuletzt Angekommene mit einer wahren Hastigkeit, als ob er es nicht erwarten könne.

Nachdem die Tragkraft des Ballons geprüft, das rechte Gleichgewicht der Gondel gefunden, drückte der Meister den Hebel der Auslösung und rief: »Glück auf!« – Unter dem Schall der Musik und dem Jubelgeschrei von tausend und abertausend Stimmen, erhob sich der Ballon mit seinen drei Insassen in die Luft. Der Luftschiffer schwenkte den Hut und der junge Mann mit wahrer Begeisterung eine kleine Fahne. Immer mehr brauste unten die versammelte Menge; Trompetengeschmetter, erhobene Arme mit flatternden Tüchern.

Der Sieger des Tages stand noch in dem Tragreif und schaute auf die Bewegung herab, dann aber mit freudigem Blick auf den einen seiner Passagiere, der keck und unerschrocken in der Gondel saß und den Blick so frei nach unten und oben schweifen ließ, dass man glauben sollte, er habe eine solche Fahrt schon mehrmals mit unternommen.

Nicht eine Spur von Ängstlichkeit, nein! Es sprach vielmehr eine hohe Begeisterung aus seinem Antlitz.

Nicht so der andere Mitreisende, welcher kaum wagte, die Augen aufzuschlagen, er hielt sich vielmehr noch an den Strängen der Gondel fest. Der Ballon war nach wenig Minuten[1] in einer solchen Höhe, dass der zur Belustigung des Publikums herabgelassene kleine Fallschirm von oben wie eine weiße Oblate aussah. Es fielen auch als Log[2] kleine Papierstreifen.

Eine Luftströmung aus Südwest gab dem Ballon eine feste Richtung und schon hatte das Fahrzeug eine Höhe von 3000 Fuß erreicht.

»Wollen wir nicht Sand auswerfen?«, ließ sich plötzlich der bis dahin unerschrockene Fremdling vernehmen, welcher sich jetzt wider

---

[1] Im Original steht »... nach wenig Minuten ...«.

[2] Gerät zum Messen der Geschwindigkeit, vor allem bei Schiffen.

Erwartung in der Gondel niederduckte. »Hinaus mit einer Tracht Sand, wir müssen höher hinauf!«

»Nur Geduld, junger Freund! Wir steigen, ohne dass Sie es merken, lassen Sie uns jetzt … Herr, was tun Sie, was war dies? Sie werfen ja eine ganze Füllung mit Sand über Bord, den ich nur pfundweise entleere?«

»Wir müssen höher hinauf!«

»Geschieht und ist geschehen!«, rief der Luftschiffer, indem er nach dem Barometer blickte. »Wir sind jetzt nun wenigstens dreißig Toisen[1] gestiegen. Ein guter Schiffer denkt beizeiten an die Landung, darum verhalten Sie sich ruhig, damit das Schwanken der Gondel vermieden wird.«

Er ließ jetzt den Anker am Tau herab und warf die Fangleine aus. Der andere Passagier verhielt sich noch immer sehr passiv und warf nur von Zeit zu Zeit einen Blick auf seinen Reisegefährten, der sich jetzt ein wenig erhob. »Was«, rief jetzt selbiger, »Sie werfen Anker? Höher, höher, man kann mich sehen, noch erblicke ich alles scharf und deutlich.«

»Wer soll Sie denn sehen, junger Mann, in solcher Höhe und geborgen in der Gondel. Sie spaßen, aber – es freut mich, so wie die ganze glückliche Fahrt!«

»Wie hoch befinden wir uns?«

»Dreitausendachthundert Fuß!«

»Hinauf! Noch kann man mich sehen!« – Hier zog er eine Sandfüllung hervor, welche der Luftschiffer ergriff und eigenhändig zu leeren begann. Als dies geschehen, als er den Barometer, so wie die Luftströmung beobachtet und einige Worte mit dem zweiten Genossen in der Gondel gewechselt[2], lenkte sich seine Aufmerksamkeit plötzlich wieder auf den jungen Mann, welcher sich etwas von seinem Sitz erhoben und mit einer gewissen Ängstlichkeit seinen Blick auf einen Punkt in der Tiefe richtete. »Da, da!«, rief er aus. »Hab' ich es nicht gesagt, nein, ich täusche mich nicht. Hinauf! Höher! Ballast über Bord!«

Mit diesen Worten ergriff er den leichten Mantel des Luftschiffers, der dicht neben ihm lag, und warf ihn über das Schifflein zum Spiel der Winde hinaus.

---

[1] Altes französisches Längenmaß; umfasste ab 1812 genau 1,80 Meter.

[2] Im Original steht »Als dies geschehen, als er den Barometer, so wie die Luftströmung beobachtet und einige Worte mit dem zweiten Genossen in der Gondel wechselte …«.

»Herr! Sind Sie bei Sinnen, was tun Sie?«

»Höher! Höher! Sie können mich sehen!«

»Wer soll Sie sehen?«

»Dort, meine Peiniger, die mich gefangen, die mir geraubt meine Freiheit. Los, frei, in der Luft! – Hinauf! – Ihr Blick ist Feuer und Flamme; Geierfänge ihre Hände! – Höher! Noch können sie mich sehen, dort, wo man mich hingebracht, dort – auf der Irrenburg.«

Ein Schrei des Entsetzens entfuhr selbst dem kühnen starken Mann, der der Gefahr tausendfach ins Auge geschaut. – Ein Wahnsinniger im Schifflein des Ballons. Das Haar sträubte sich auf den Häuptern und eiskalter Schweiß trat auf die Stirn. Es war, als ob das große Gehäuse selbst einen Stoß des Schreckens empfangen; der Ballon stieg mit Riesenkraft und drinnen gierte und brauste es wie Zischen der Hölle. Ringsum jetzt dichter Nebel und schauervolle Öde; unter sich die bodenlose Tiefe und zur Seite – Wahnsinn, Wahnsinn. Das Blut stieg in die Adern, Beklemmung, Angst, bei Gott dem Allmächtigen! So hatte das Herz noch nicht an die Rippen gehämmert. Hier hieß es in schreckenvoller Wahrheit: »Da hing ich und war mir's mit Grausen bewusst, von der menschlichen Hilfe so weit.« – Zitternd, an allen Gliedern gelähmt, blickten die Beiden nach dem bleichen Mann, dessen rabenschwarzes Haar im Winde flatterte und der sich jetzt als Herr des Ballons betrachtete[1], denn mit den Worten: »Höher! Hinauf zu den Sternen!«, warf er nicht nur die Sandladung, sondern auch noch seinen Hut und seine Geldbörse über Bord, damit es leichter werde in dem Fahrzeug, welches jetzt die schwindelnde Höhe von sechstausend Fuß erreicht.

Der Luftschiffer fasste sich ein Herz und sprach: »Freund! Lassen Sie uns jetzt niedergehen, die Nacht bricht an, wir müssen auf unsere Landung bedacht sein.«

»Was, die Nacht? Nein, der Morgen bricht an, der große schöne Morgen, der mich meiner Geliebten entgegenführt. Hinauf, nach den Sternen, dort, wo sie wohnt, die Reine, die Verklärte. Dort, bei der Leier und dem Schwan, dort, wo die Venus in reinem Glanze dämmert, dort will ich landen!«

Mit Vision blickte er auf nach der Höhe und rief jetzt:

»Maria! Ich komme! Braust ihr Donner als Orgel, zündet an die

[1] Im Original steht »... im Winde flatterte und sich jetzt als Herr des Ballons betrachtete ...«

Hochzeitsfackel, ihr Blitze des Himmels! Erwin, der Bräutigam, naht auf den Flügeln des Windes!«

Diese Begeisterung wollte jetzt der Luftschiffer benutzen, er wollte das Ventil öffnen und den Ballon unbemerkt niedergehen lassen, denn dem andern Reisegefährten drang, infolge der feinen Luft, das Blut aus der Nase.

Plötzlich und ungesehen hemmte aber der Rasende seinen Arm und rief: »Was? Verrat und Betrug von meinen Hochzeitsgästen? O, ich ahne, was Ihr im Sinn, aber bei jenen Sternen, die jetzt über uns, dies sollt Ihr nicht. Auf! Dass es leichter werde in meinem Schiff, einer von Euch muss über Bord, einer von Euch muss hinunter auf die sündige Erde, die mich verfolgt und gehasst.«

In der höchsten Angst griff der Luftschiffer in seine Brusttasche, holte ein Terzerol[1] heraus und sprach: »Zurück, oder ich jage Euch eine Kugel durch den Kopf!«

Ehe er aber noch diese Worte geendet, schlug Erwin ihm dies aus der Hand und schrie mit gewaltiger Stimme: »Wahnsinniger, der du noch morden willst am Vorhof des Himmels, lass ab von solchem Spielzeug[2], womit man da unten die Herzen durchbohrt!«

In einer nicht zu beschreibenden Angst, in einem Moment, wo das Leben von drei Menschen auf dem Spiele stand, hielt sich der Aerostat an die Leinen des Tragreifes und sprach: »Zurück! Erbarmen! Ich habe ein Weib und fünf Kinder, mein Grab ist das ihrige.«

»Wohlan!« erklang es wieder, »so muss der andere fort!«

»Ich!«, stöhnte der Dritte, dessen Stimme jetzt seit Beginn der Fahrt zum ersten Mal laut wurde, »Gnade! Erbarmen!«

»Ha! Welche Stimme!«, ließ sich Erwin vernehmen. »Diese Stimme, ich habe sie gehört, sie schlug an mein Ohr, es ist dieselbe, welche einst sprach: Maria ist tot! Elender Bösewicht! Dein Name ist Roderich!« – So war es.

Die Arme hervorgestreckt, richtete sich der vom Wahn Betörte empor; wie ein grollender Löwe aus seiner Höhle traten funkelnd seine Augen heraus. »Roderich! Der Mörder meines Glückes in meiner Hand, in meiner Gewalt, nicht sollst du mit in den Himmel, in das Reich der Seligen, hinunter auf das Rund der Erde, hinunter!« und … wie ein Raubtier, das sich mit tollen Sprüngen auf seine Beu-

[1] Kleine Taschen-Vorderladerpistole.

[2] Im Original steht »… lass ab mit solchem Spielzeug …«.

te stürzt, sprang er jetzt auf Roderich zu, packte denselben an der Brust und rang mit ihm, dass die Gondel auf der Seite merklich niederging und mehrmals um ihre Achse schwankte.

In diesem furchtbaren Augenblick, der das Mark zu Eis erstarrte, stieß der Aerostat die Klappe auf und ließ den Ballon mit sich und den Kämpfenden auf Tod und Leben in die Tiefe stürzen. – –

Verschwunden Kälte und Nebel; helle Strahlen der untergehenden Sonne; gewonnen der Blick auf die freundliche Mutter Erde, Friede in der Natur, Friede unter den drei Menschen in dem kleinen schwankenden Schifflein. – Der Ballon befand sich vielleicht nur noch tausend Fuß über der Erde; der Lenker aller Dinge hatte sie und seine Bewohner geschützt in der Stunde der größten und schrecklichsten Gefahr.

Stumm und lautlos, als wenn nichts geschehen, saß Erwin da. Das plötzliche und pfeilschnelle Sinken des Ballons schien gleichsam wie mit einem Schlag auf alle seine Sinne gewirkt zu haben. Er starrte seine beiden Gefährten an, das Ganze schien ihm ein Traum zu sein, der gleich den Nebelgebilden der Höhe an seiner Seele vorübergegangen.

Die Luftschiffer befanden sich dicht über einer grünen blumigen Wiese am Saum eines freundlichen Dörfchens, ungefähr vier Stunden vom Ort ihrer Auffahrt gelegen. Unten wogten die Bewohner des Dörfchens, welche das ungewohnte Schauspiel betrachteten und eilig herbeiliefen[1], da der Ballon sich immer tiefer herabsenkte.

Als das Ende der Fangleine den Erdboden berührte, rief der Aerostat mit heller Stimme: »Haltet fest! Haltet fest!« – Noch zögerten die heimkehrenden Schnitter dem Befehl zu folgen, indem sie das Ganze als etwas Wunderbares und Unheimliches betrachteten. Plötzlich aber kam Leben und Bewegung in die starre und staunende Gruppe, der Pastor des Dorfes, den das Schauspiel herbeigelockt, gebot anzugreifen. Der Anker schlug in einen Dornbusch, das freundliche Landvolk, Männer und Kinder zogen an den Leinen. Gleich einer Seifenblase sank der Ballon zu Boden und die Gondel berührte die Erde ohne Stoß. Das Ziel der Reise, der Ort der Niederfahrt war das Dörfchen – Ruhbach.

»Land! Land!«, rief der Luftschiffer, als er seinen Fuß auf den Wiesengrund setzte. Das Volk schwenkte Hüte und Mützen und stimm-

[1] Im Original steht »herzuliefen«.

te hochjubelnd mit ein. Es war, als begrüße man alte Freunde und Bekannte. Der Pastor reichte den Seglern im Reich der Lüfte freundlich zum Willkommen die Hand und gratulierte ihnen zu der unter Gottes Schutz und Leitung so glücklich überstandenen Reise. »Wenn ich bitten darf, meine Herren!«, fügte er freundlich und mit wahrer Herzensgüte hinzu. »So betrachten Sie mein Haus als das Ihrige, es soll mir eine Ehre sein, Sie als meine Gäste zu empfangen.«

Mit einem scheuen Blick auf Erwin nahm der Luftschiffer dies Anerbieten dankbar an und beschäftigte sich jetzt noch mit dem Entleeren des Ballons. »Kommen Sie immer mit mir voran, meine Herren!«, sprach der Pastor zu den zwei Begleitern, indem er Erwin den Arm reichte. Roderich zögerte, aber endlich folgte er hinterdrein, unbewusst, mechanisch mit fortgetrieben.

Inmitten durch eine grüne Hecke gelangten sie schweigend in den Garten des Pfarrhauses, wo einige Frauen soeben die Treppe eines kleinen Pavillons herabstiegen, auf welchem sie die ganze Begebenheit mit angeschaut.

»Auf, Maria! Tummle dich!«, rief der Pfarrer einem schönen Mädchen zu. »Ich bringe hier Gäste mit.«

Bei dem Rufe: »Maria!«, horchte Erwin auf, sein Blick fiel auf die Jungfrau, beraubt der Sprache stand er da, dann aber rief er mit Überwältigung: »Maria! Nein, ich täusche mich nicht, sie lebt, meine Braut, meine Maria!« –

Zitternd vor Freude und Überraschung fiel er Marien in die Arme, mit Ungestüm presste er sie an sein Herz, die Freude des Wiedersehens, die Lösung des dunklen Rätsels lockte Tränen auf beider Wangen.

Groß und mächtig wirkte diese Szene auf die Umstehenden; nur einer konnte sie nicht ertragen – Roderich. Wie von Furien verfolgt, stürzte er aus dem Hause, dass der soeben ankommende Luftschiffer nicht anders wähnte, der Unglückliche rase aufs Neue. Hastig trat er in das Zimmer, weil er seine Hilfe, seinen starken Arm für nötig erachtete, da – welche Überraschung, fand er Erwin in den Armen seiner Maria, die er tot geglaubt und suchen wollte, dort, über den Sternen.

Welche Aufregung des Gemütes und doch, welch ein heller Sonnenblick in das düstere Seelenleben Erwins. Er war geheilt für immer, denn – er hatte ja wiedergefunden, was man ihm entrissen, geheilt von jenem Augenblick, als er die Räume betreten, wo Maria so manche Träne um ihn vergossen, so mancher Seufzer sich ihrer Brust entrungen. Wer schildert jetzt das Hochentzücken, wer misst die Gefühle, welche ihr Herz durchwogten. Entsagt den Freuden dieser Erde war ihr Blick stets dem Himmel zugewandt; er hat sie nicht verlassen, herab aus den Höhen der Wolken kam der Teure ihrer Seele, den sie versunken glaubte in den Fluten des Ozeans. Noch deuchte es ihr wie ein Traum, und als die letzten Strahlen des Abendrotes auf das Laubwerk fielen, als die Glocke des kleinen Kirchturms ihr Abendläuten begann und die Klänge derselben die stille Luft durchwogten, wie heilige Töne unter den Fingern der Elohim[1], da weinte sie sich aus an der Brust ihres Geliebten. Der Pfarrer sprach ein stilles Gebet, und als das Amen erklungen, in welches der Luftschiffer inbrünstig mit eingestimmt, nahm letzterer Erwin und Maria bei der Hand und rief: »Dies war die schönste Himmelfahrt, die ich getan, die reichste, die belohnendste, denn – sie schuf zwei glückliche Menschen.«

Ja, zwei glückliche Menschen, die Tags darauf zu schauen einem Mann vorbehalten waren, dessen Hilfe und Beistand nicht mehr nötig: dem treuen lieben Arzt des Irrenhauses. Groß war sein Schreck, als man ihm die Nachricht brachte: Erwin sei entflohen, indem die Wärter zu jener Stunde ihre Blicke immer nach der Höhe gerichtet, um nicht das Aufsteigen des Ballons zu versäumen.

Die Kunde von dem, was sich während der Fahrt im Ballon begeben, verbreitete sich durch die Residenz. Dem Namen Roderich schenkte aber plötzlich die Polizei besondere Aufmerksamkeit, indem er im Lande Geld auf falsche Wechsel erhoben, dasselbe mit wüsten Gesellen durchgebracht und bei seiner Vernehmung nicht undeutlich merken ließ, dass er das Aufsteigen des Ballons in der Hoffnung benutzt, dass irgendein Unglück seinem Lebensüberdruss entgegenkomme, um nicht geflissentlich die Schande des Selbstmordes auf sich zu laden. – Er fand seinen Lohn im Gefängnis.

Was den alten Brockens anbelangt, so war es für Erwin ein höchst günstiger Umstand, dass das Gericht sich der Verwaltung des Vermögens angenommen und noch beizeiten die innehabenden Gelder herausgepresst. Der Glanz der alten Firma war erloschen und mit der Aufklärung über sein schnödes Tun und Treiben in bewusster Angelegenheit sank der letzte Funke des Vertrauens.

Erwin zog sich auf eine schöne ländliche Besitzung in einem rei-

[1] In der hebräischen Bibel Name von Gott.

zend gelegenen Teile des Landes zurück. Maria wurde bald darauf die Seine. Der ehrwürdige biedere Pfarrer im Dörfchen Ruhbach schloss vorm Altare den Bund ihrer Herzen. Der Friede des Himmels ist mit ihnen; möge er es bleiben bis zur einstigen wahren Himmelfahrt.

Ein Drama in den Lüften

Eine Erzählung von Jules Verne

Aus dem Französischen von Martha Lion[1]

Im Monat September des Jahres 185– kam ich in Frankfurt a. M. an, nachdem ich die Hauptstädte Deutschlands durchreist und verschiedene brillant gelungene Ballonfahrten ausgeführt hatte; bis jetzt aber war kein Bewohner des Bundesstaates geneigt gewesen, mich in meiner Gondel zu begleiten. Selbst die von den Herren Green[2], Eugène Godard[3] und Poitevin[4] in Paris angestellten Versuche konnten die ernsten Deutschen nicht dazu bestimmen, sich auf die Bahnen der Luft zu wagen[5].

In Frankfurt hatte sich jedoch kaum die Nachricht von meiner bevorstehenden Auffahrt verbreitet, als drei der Honoratioren bei mir vorsprachen und um Erlaubnis baten, mich begleiten zu dürfen. Zwei Tage später sollten wir von dem Theaterplatz aus emporsteigen. Ich musste mich also sofort damit beschäftigen, meinen Ballon vorzubereiten. Er war aus Seidenzeug gefertigt, das mit Guttapercha[6] präpariert und somit gegen Säuren und Gas unempfindlich und total wasserdicht gemacht worden war; sein Umfang von dreitausend

---

[1] Von Meiko Richert mit dem Original verglichen und angepasst und ergänzt.

[2] Charles Green (1785 bis 1870), bekanntester Ballonfahrer Großbritanniens im 19. Jahrhundert. Es ist davon auszugehen, dass die vorliegende Erzählung auf ein spektakuläres Erlebnis Greens aus dem Jahr 1822 zurückgeht.

[3] Eugène Godard (1827 bis 1890), französischer Ballonfahrer; unternahm am 28. September 1873 mit Jules Verne über Amiens dessen erste und einzige Ballonfahrt.

[4] Le Poitevin, auch Lepoitevin, war ein frz. Ballonfahrer, der vor allem dadurch in die Luftfahrtgeschichte einging, dass er am 20. Juli 1850 einen Ballonflug mit einem unten angehängten Pferd unternommen hat, auf dem er selber saß.

[5] Mit der tatsächlichen Einstellung der Deutschen zur Ballonfahrt verhielt es sich allerdings etwas anders als von Verne hier dargestellt. Bereits 1805 unternahm Friedrich Wilhelm Jungius (1771 bis 1819) den ersten deutschen Ballonflug über Berlin in einem mit Wasserstoff gefüllten Gasballon zu wissenschaftlichen Forschungszwecken und stieg auf die beachtliche Höhe von 6,5 km.

[6] Eine dem Kautschuk verwandte Art Gummimasse, die aus dem Milchsaft des Guttaperchabaumes gewonnen wird.

Kubikmetern gestattete ihm, sich bis zu beträchtlicher Höhe zu erheben.

Am Tag unserer Auffahrt fand die große Septembermesse statt, die immer viel Volk in Frankfurt versammelt. Das Leuchtgas war mir in vorzüglicher Qualität und mit großer aufsteigender Kraft geliefert worden, und gegen elf Uhr morgens hatte ich den Ballon gefüllt; natürlich nur zu drei Vierteln, da dies eine durchaus notwendige Vorsichtsmaßregel ist. In dem Maße, wie man steigt, nimmt nämlich die Dichte der atmosphärischen Luftschichten ab, und so könnte das unter der Hülle des Luftschiffes eingeschlossene Gasgemisch die Wände des Ballons sprengen, wenn es an Elastizität gewinnt. Meine Berechnungen hatten genau die Gasmenge bestimmt, die notwendig war, um mich und meine Reisegefährten davonzutragen.

Wir sollten um zwölf Uhr aufbrechen. Es war ein prächtiger Anblick, wie die ungeduldige Menge sich um die Absperrung drängte, den ganzen Platz überschwemmte, sich in den umliegenden Straßen aufhielt und die Fenster sämtlicher Häuser, die auf den Platz hinausgingen, vom Erdgeschoss bis zum Schieferdach besetzte. Der starke Wind der letzten Tage hatte sich gelegt, und eine drückende, wolkenlose Hitze herrschte in der Atmosphäre. Nicht ein Hauch belebte die Luft. Bei solchem Wetter konnten wir an derselben Stelle wieder herabkommen, von der sich unser Ballon erhoben hatte.

Ich nahm dreihundert Pfund Ballast, in Säcke verteilt, mit mir. Die ganz runde Gondel hatte vier Fuß[1] im Durchmesser, drei Fuß Tiefe und war bequem eingerichtet. Das Hanfnetz, von dem sie getragen wurde, dehnte sich symmetrisch über die obere Hemisphäre des Luftschiffes aus; der Kompass war an seinem Platz, das Barometer hing in dem Kreis, in welchem die Tragetaue zusammenliefen, und der Anker wurde sorgfältig in Bereitschaft gehalten. Alles war zum Aufbruch fertig.

Unter den Personen, die um die Barriere standen, bemerkte ich einen jungen Mann mit blassem Antlitz und aufgeregten Zügen; es fiel mir auf, dass ich ihn hier sah, weil er schon bei meinen übrigen Luftfahrten in mehreren Städten Deutschlands ein sehr eifriger Zuschauer gewesen war. Er betrachtete mit einer gewissen unruhigen Gier mein interessantes Fluggerät, das noch unbeweglich einige Fuß

[1] 1 französischer Fuß ≈ 32,48 cm; erst 1799 wurde das heute gebräuchliche metrische System in Paris gesetzlich eingeführt, in Deutschland sogar erst 1872.

über dem Erdboden schwebte, und verhielt sich unter all seinen Nachbarn vollkommen schweigend.

Es schlug zwölf Uhr, und somit war der Augenblick zum Aufsteigen gekommen; meine Reisegefährten aber ließen sich nicht sehen.

Ich sandte nach der Wohnung eines jeden und erfuhr, dass der eine nach Wien, der andere nach Hamburg und der dritte nach London abgereist sei. Der Mut hatte sie also noch im letzten Augenblick verlassen, und doch war diese Exkursion, dank der Fortschritte, die die heutige Luftschifffahrt gemacht hat, vollständig gefahrlos. Da die Herren sich gesagt haben mochten, dass sie einen Teil des Festprogramms bildeten, war ihnen der angstvolle Gedanke gekommen, sie könnten gezwungen werden, wozu sie sich freiwillig erboten hatten, und so waren sie in demselben Moment, wo der Vorhang aufging, von dem Schauplatze geflohen. Ihr Mut stand augenscheinlich im umgekehrten Verhältnis zu dem Quadrat ihrer Geschwindigkeit … sich aus dem Staube zu machen.

Die halb enttäuschte Menge ließ Unmut und üble Laune merken; ich selbst war keinen Augenblick darüber unschlüssig, dass ich nun allein aufbrechen wollte: Um das Gleichgewicht zwischen der spezifischen Schwere des Ballons und dem Gewicht, das befördert werden sollte, herzustellen, ersetzte ich meine Gefährten durch einige Sandsäcke und stieg in die Gondel. Die zwölf Mann, von denen das Luftschiff an zwölf im Äquatorialkreise befestigten Seilen gehalten wurde, ließen die Stricke etwas durch ihre Finger gleiten, und der Ballon erhob sich um einige Fuß mehr. Nicht der leiseste Windhauch war zu spüren; es schien, als ob die bleischwere Atmosphäre undurchdringlich sei.

»Ist alles bereit?«, rief ich.

Die Männer standen bereit; ein letzter Blick gab mir die Gewissheit, dass ich aufbrechen konnte.

»Achtung!«

Es gab einige Bewegung in der Menge; sie schien sich über die Absperrung drängen zu wollen.

»Alles losgelassen!«

Der Ballon stieg langsam empor, aber ich verspürte eine so heftige Erschütterung, dass ich mich nicht halten konnte und auf den Boden der Gondel niederstürzte.

Als ich wieder aufgestanden war, sah ich einen Reisegefährten neben mir; es war der blasse junge Mann.

»Mein Herr, ich grüße Sie!«, sagte er.

»Mein Herr, ich grüße Sie!«, sagte er mit der größten Ruhe.

»Mit welchem Recht ...«

»Ich mich hier befinde ...? Nun, Sie sind jedenfalls nicht imstande, mich wieder fortzuschicken; das ist Recht genug!«

Ich war einigermaßen verdutzt. Dieser Gleichmut brachte mich für den Augenblick außer Fassung, und ich wusste nichts zu erwidern.

Ich sah mir den Eindringling an, er aber beachtete mein Staunen nicht weiter.

»Stört mein Gewicht das Gleichgewicht Ihres Ballons, mein Herr? Gestatten Sie mir ...«

Und ohne meine Zustimmung abzuwarten, entlastete er den Ballon um zwei Säcke, die er hinausschleuderte, ohne sie vorher auszuleeren.

»Mein Herr«, sagte ich nun und fügte mich wohl oder übel in die Notwendigkeit, »Sie sind in den Ballon gelangt … Gut! Sie sollen die Fahrt mitmachen … Gut …! Mir aber kommt die Leitung des Luftschiffes zu …«

»Ihre Zuvorkommenheit ist echt französisch, mein Herr; sie entstammt demselben Lande wie auch ich. Gestatten Sie, dass ich Ihnen moralisch die Hand drücke, da Sie mir dies in Wirklichkeit vorenthalten. Treffen Sie Ihre Maßregeln und handeln Sie nach Gutdünken; ich werde warten, bis Sie fertig sind …«

»Worauf …?«

»Um mit Ihnen zu plaudern.«

Das Barometer war auf sechsundzwanzig Zoll[1] gefallen; wir befanden uns demnach sechshundert Meter hoch über der Stadt. Aber nichts verriet die horizontale Verlagerung des Ballons, da die Luftmasse, in der er eingeschlossen war, mit ihm ging. Leider hatte sich eine Art trüber Hitze über die Gegenstände zu unseren Füßen gelegt, sodass uns ihre Umrisse nur sehr unklar erschienen.

Ich sah mir meinen Gefährten erneut an.

Er war etwa dreißig Jahre alt und trug einfache Kleidung; seine starken Züge deuteten auf unbezwingliche Energie, und seine Muskulatur war sehr ausgebildet. Er stand regungslos, ganz von dem Staunen hingerissen, das ihm diese schweigende Auffahrt abnötigte; er lehnte an dem Gondelrand und suchte die Gegenstände zu unterscheiden, die mehr und mehr zu einer unbestimmten Einheit verschmolzen.

»Wie ärgerlich ist dieser Nebel!«, begann er nach einigen Minuten.

Ich antwortete nicht.

»Ich sehe, Sie sind böse auf mich!«, fuhr er fort. »Bah! Ich konnte die Reise nicht bezahlen und musste so wohl den Weg des Überfalls wählen.«

»Es hat Sie niemand gebeten, mit einzusteigen, mein Herr!«

»Ah! Wissen Sie denn nicht, dass ganz dasselbe den Grafen von Laurencin und von Dampierre[2] geschah, als sie am 15. Januar 1784 in

[1] 1 französischer Zoll ≈ 2,7 cm.

[2] Die Grafen Laurencin und Dampierre gehörten zusammen mit dem Grafen de Laporte d'Anglefort und dem Prinzen Charles de Ligne zu den Passagieren des genannten Aufstiegs. Dazu kamen die beiden Ballonpiloten Jacques Étienne Montgolfier und Jean-François Pilâtre de Rozier, sodass der Ballon, dessen Aufstieg durch

»Mein Herr!«, rief ich zornig.

Lyon aufstiegen? Ein junger Kaufmann namens Fontaine kletterte über die Galerie, und zwar mit großer Gefahr für das Fluggerät. Er hat die Reise mitgemacht, und niemand ist dabei verunglückt.«

»Wenn wir wieder auf festem Boden sind, werden wir Zeit genug haben, uns auseinanderzusetzen«, entgegnete ich, durch seinen leichten Ton pikiert.

---

die schlechte Witterung schon um mehrere Tage hatte verschoben werden müssen und dessen Material wetterbedingt gelitten hatte, viel zu schwer beladen war. Trotz dringender Aufforderung weigerten sich die Passagiere, die Galerie des Ballons zu verlassen. Es musste das Gewicht durch Verringerung des Ballasts, des Brennholzes und Wassers ausgeglichen werden. Im letzten Moment nutzte der erwähnte Fontaine die Gelegenheit, sich auch noch unbemerkt auf die Galerie zu schwingen.

»Bah, denken wir jetzt noch nicht an die Rückkehr!«

»So glauben Sie nicht, dass ich bald herabsteigen werde?«

»Herabsteigen?«, sagte er überrascht. »... Herabsteigen? Zunächst wollen wir doch höher hinauf!«

Und bevor ich dazwischentreten konnte, hatte er erneut zwei Sandsäcke ergriffen und sie unausgeleert über den Gondelrand hinausgeschleudert.

»Mein Herr!«, rief ich zornig aus.

»Ihre Geschicklichkeit ist mir sehr wohl bekannt«, sagte langsam und bedächtig der Unbekannte. »Ihre schönen Ballonfahrten haben allgemeines Aufsehen erregt. Wenn man aber das Experiment die Schwester der Praxis nennt, so ist es auch einigermaßen mit der Theorie verwandt, und ich habe lange Studien über die Kunst der Aerostatik[1] gemacht. Das ist mir in den Kopf gestiegen!«, fügte er traurig hinzu und verfiel in tiefes Sinnen.

Nachdem der Ballon noch einmal gestiegen war, stand er jetzt still.

Der Unbekannte sah nach dem Barometer und sagte:

»Wir sind achthundert Meter hoch! Die Menschen sehen von hier oben aus wie Insekten. Ich glaube, man müsste sie immer aus dieser Höhe betrachten, wenn man vernünftig über ihre Verhältnisse urteilen will! Der Theaterplatz gleicht jetzt einem ungeheuren Ameisenhaufen; sehen Sie, wie die Menge sich nach den Kais zieht und auf der Zeil vermindert. Jetzt sind wir über dem Dom. Der Main erscheint nur noch wie eine weißliche Linie, und jene Brücke, die Mainbrücke, sieht aus wie ein Faden, der über den Fluss gespannt ist.«

Die Atmosphäre hatte sich etwas abgekühlt.

»Es gibt wirklich nichts, was ich für Sie, meinen Herrn Gastgeber, nicht tun möchte«, fuhr mein Begleiter fort. »Wenn Ihnen kalt ist, bin ich bereit, meine Kleider auszuziehen und sie Ihnen zu leihen.«

»Danke!«, antwortete ich trocken.

»Bah! Wir wollen jetzt aus der Not eine Tugend machen; reichen Sie mir die Hand; ich bin ein Landsmann von Ihnen und gedenke, Sie mit meiner Unterhaltung für den Ärger, den ich Ihnen verursacht habe, zu entschädigen!«

Ich setzte mich, ohne irgendetwas auf seine Worte zu erwidern, am

[1] Eigentlich die Lehre von den Gasen, die sich u. a. mit dem Luftdruck, der Luftzusammensetzung, dem Gasdruck, der Gasdichte usw. beschäftigt. Hier im Sinne von Luftschifffahrt unter Benutzung von Gasen als Tragmittel gebraucht. In anderen deutschsprachigen Ausgaben mit »Luftschifffahrt« oder »Ballonfahrt« übersetzt.

anderen Ende der Gondel nieder. Der junge Mann hatte inzwischen aus den weiten Taschen seines Überrocks ein umfangreiches Heft geholt; es war eine Arbeit über die Aerostatik.

»Ich besitze eine interessante Sammlung von Stahlstichen und Karikaturen, die in Bezug auf unsere lustige Liebhaberei gefertigt sind«, hub er an. »Wie ist diese wertvolle Entdeckung zugleich bewundert und verhöhnt worden! Glücklicherweise leben wir nicht mehr in der Zeit, wo Männer wie Montgolfier[1] mit Wasserdampf künstliche Wolken herstellten und Gas aus der Verbrennung feuchten Strohs und zersetzter Wolle zu erzeugen suchten.«

»Wollen Sie vielleicht das Verdienst der Erfinder verringern?«, fragte ich, denn ich hatte unterdessen beschlossen, mir das Abenteuer zunutze zu machen. »War es nicht großartig, die Möglichkeit, sich in die Lüfte zu erheben, durch einen Versuch bewiesen zu haben?«

»Wer wollte denn den Ruhm der ersten Luftschiffer in Abrede stellen, mein Herr? Es erforderte ungeheuren Mut, mittels so gebrechlicher Hüllen, die nur erwärmte Luft enthielten, emporzusteigen! Aber ich frage Sie, hat die Aerostatik seit den Fahrten Blanchards[2], das heißt seit beinahe einem Jahrhundert, große Fortschritte gemacht? Sehen Sie, mein Herr!«

Und der Unbekannte zog einen Kupferstich aus seiner Sammlung hervor.

»Hier«, sagte er, »ist die erste von Pilâtre de Rozier[3] und dem Marquis d'Arlandes[4] unternommene Luftreise abgebildet; nur vier Monate nachdem die Ballons erfunden waren. Ludwig XVI. hatte seine Erlaubnis zu dieser Reise verweigert und nur gestattet, dass zwei zum Tode Verurteilte die Luftbahnen beschritten. Pilâtre de Rozier war empört über diese Ungerechtigkeit und brachte es durch viele Intrigen endlich dahin, die Reise selbst mitmachen zu dürfen. Man hatte damals die Gondel, durch die das Manöver so sehr erleichtert wird,

1 Die Brüder Joseph Michel (1740 bis 1810) und Jacques Étienne Montgolfier (1745 bis 1799), Erfinder der nach ihnen benannten Montgolfière, dem ersten Heißluftballon.

2 Jean-Pierre Blanchard (1753 bis 1809), französischer Ballonfahrer; überquerte 1785 als erster Mensch gemeinsam mit John Jeffries den Ärmelkanal in einem Gasballon.

3 Jean-François Pilâtre de Rozier (1757 bis 1785), erster Ballonfahrer der Welt und französischer Luftfahrtpionier.

4 François d'Arlandes (1742 bis 1809), flog 1783 als erster Passagier der Luftfahrtgeschichte beim ersten bemannten Freiballonflug in der von Pilâtre de Rozier geführten Montgolfière über Paris mit.

noch nicht erfunden; nur eine kreisförmige Galerie lief rund um den unteren verengten Teil der Montgolfière. Die beiden Aeronauten mussten sich also bewegungslos am Ende der Galerie halten, denn durch das feuchte Stroh, womit man dieselbe gefüllt hatte, war ihnen jede Bewegung untersagt. Über der Mündung des Ballons hing ein Kohlenbecken mit Feuer, und wenn die Reisenden steigen wollten, mussten sie – auf die Gefahr hin, ihr Fluggerät in Brand zu stecken – Stroh auf diesen Feuerherd werfen; dann gab die mehr erwärmte Luft dem Ballon neue aufsteigende Kraft. Die beiden kühnen Luftschiffer brachen am 21. November 1783 von den Gärten zu La Muette[1], die der Dauphin[2] ihnen zur Disposition gestellt hatte, auf. Das Schiff hob sich majestätisch, fuhr an der Ile des Cygnes entlang, setzte an der Barriere de la Confférence über die Seine und näherte sich, zwischen dem Invalidendom und der Kriegsschule hinsteuernd, dem Saint-Sulpice. Nun verstärkten die Aeronauten das Feuer, überschritten den Boulevard und stiegen jenseits der Barriere d'Enfer wieder herab. Als der Ballon den Erdboden berührte, sank er in sich zusammen und begrub Pilâtre de Rozier für einige Augenblicke unter seinen Falten.«

»Ein böses Omen!«, rief ich, denn diese Einzelheiten waren für mich von großem Interesse.

»Vorahnungen zu einer Katastrophe, die dem Unglücklichen späterhin das Leben kosten sollte«, fügte der Unbekannte in trübem Tone hinzu. »Haben Sie nie etwas Ähnliches erlebt?«

»Niemals.«

»Bah! Das Unglück kommt auch ohne Vorahnungen!«, meinte der Reisegefährte und versank wieder in sein Sinnen.

Wir waren unterdessen weiter nach Süden vorgerückt; Frankfurt war bereits unter unseren Füßen entflohen.

»Vielleicht bekommen wir einen Sturm«, nahm der junge Mann seine Rede wieder auf.

»Wir werden zuvor herabsteigen«, versetzte ich.

»Von wegen! Lassen Sie uns lieber emporsteigen; auf diese Weise werden wir ihm sicherer entgehen.«

---

[1] Damals hinlänglich bekannte Landmarke in der frz. Hauptstadt, genauso wie die Ile des Cygnes (die Schwaneninsel im Fluss Seine), die Barriere de la Confférence, der Invalidendom, die Kriegsschule, der Saint-Sulpice, der Boulevard und die Barriere d'Enfer.

[2] Bezeichnung für den Kronprinzen des französischen Königshauses.

Und noch zwei andere Sandsäcke verschwanden im Raum unter uns.

Der Ballon stieg mit enormer Schnelligkeit und blieb zwölfhundert Meter hoch stehen; es wurde ziemlich kalt, und dabei fielen die Sonnenstrahlen noch auf die Hülle, dehnten das darin befindliche Gas aus und gaben ihm eine größere aufsteigende Kraft.

»Fürchten Sie nichts«, wandte sich der Unbekannte an mich, »wir haben dreitausendfünfhundert Toisen[1] atmungsfähige Luft; im Übrigen kümmern Sie sich nicht um das, was ich tue.«

Ich wollte aufspringen, aber eine kräftige Hand hielt mich auf meiner Bank zurück.

»Ihr Name?«, rief ich.

»Mein Name? Was kann Ihnen an meinem Namen liegen!«

»Ich frage Sie nach Ihrem Namen!«

»Nennen Sie mich Erostratus[2] oder Empedokles[3], wie Sie wollen.«

Die Antwort war nichts weniger als beruhigend.

Der Unbekannte sprach übrigens mit eigentümlicher Kaltblütigkeit, sodass ich mich nicht ohne Unruhe fragte, wer er sein mochte.

»Mein Herr«, fuhr er nach einer kleinen Pause fort, »man hat seit dem Physiker Charles[4] nichts Neues erdacht. Vier Monate nach Entdeckung der Aerostatik erfand dieser geschickte Mann die Klappe, durch die das Gas entweichen kann, wenn der Ballon zu voll ist, oder wenn man tiefer steigen will; sodann verdanken wir ihm die Gondel, welche die Manöver des Fluggeräts erleichtert, das Netz, von dem der Ballon umspannt wird und das die Last auf seine ganze Oberfläche verteilt, den Ballast, durch den wir beliebig steigen und landen können, den Kautschuküberzug, der das Gewebe wasserdicht macht, und endlich das Barometer, das die erreichte Höhe angibt. Außerdem brachte Charles Hydrogen[5] in Anwendung, das vierzehnmal leichter ist als Luft, und mit Hilfe dessen man in die höchsten atmosphärischen Schichten gelangen kann, ohne der Gefahr einer Feuersbrunst

---

[1] Toise = altes französisches Längenmaß, entspricht dem deutschen Klafter; 1 Klafter = 6 Fuß ≈ 1,80 m.

[2] Wortspiel, welches soviel wie »sich ausbreitende Luft« bedeutet, im übertragenen Sinn also Luftikus.

[3] Griech. Philosoph (um 495 v. Chr. bis 435 v. Chr.), der sich der Legende nach mit einem Sturz in den Vulkan Ätna selbst tötete.

[4] Alexandre César Jacques Charles (1746 bis 1823), französischer Physiker und Ballonfahrer; erfand und fuhr den ersten Gasballon.

[5] Wasserstoff.

ausgesetzt zu sein. Am 1. Dezember 1783 drängten sich dreihunderttausend Zuschauer um die Tuilerien[1], Charles stieg empor, und die Soldaten präsentierten vor ihm das Gewehr. Er machte neun französische Meilen[2] in der Luft und lenkte seinen Ballon mit einer Geschicklichkeit, wie sie von den jetzigen Aeronauten noch nicht übertroffen ist. Der König setzte ihm hierauf eine Pension von zweitausend Livres[3] aus, denn damals wurden neue Erfindungen noch ermutigt!«

Es schien mir, als sei der Unbekannte von einer gewissen Aufregung ergriffen.

»Mein Herr«, nahm er den Faden seiner Rede wieder auf, »ich bin durch meine Studien hinlänglich davon überzeugt worden, dass die ersten Aeronauten ihre Ballons mit einem Steuer lenkten. Von Blanchard zu schweigen, dessen Behauptungen in Zweifel gezogen werden können, wusste doch Guyton-Morveaux[4] mit Hilfe der Ruder und des Steuers seinem Fluggerät merkliche Bewegungen und eine bestimmte Richtung mitzuteilen. Letzthin hat ein Pariser Uhrmacher, Herr Julien, auf dem Hippodrom überzeugende Versuche in dieser Beziehung angestellt; denn dank eines eigentümlichen Mechanismus' kehrt sich sein länglich gestalteter Ballon entschieden gegen den Wind. Herr Patin ist darauf gekommen, vier Hydrogen-Ballons aneinanderzusetzen, und hofft, mittels horizontal gestellter und teilweise zusammengefalteter Segel einen Gleichgewichtsbruch zu erzielen, der den Apparat nach der Seite neigt und ihm einen schrägen Flug verleiht. Man spricht wohl von Motoren, die den Widerstand der Strömungen brechen sollen, zum Beispiel der Schraube, aber da diese sich in einem leicht nachgebenden Medium bewegt, wird sie kein Resultat liefern. Ich, mein Herr, bin bis jetzt der Einzige, der Mittel und Wege entdeckt hat, durch welche die Ballons gelenkt

---

[1] Ehemaliger Schlosspark in Paris.

[2] In deutschen Übersetzungen der Werke Jules Vernes werden Längenangaben traditionell der Einfachheit halber zumeist in Meilen vorgenommen. Verne benutzt jedoch immer den Begriff *lieue*. Damit ist das heute absolut ungebräuchliche Längenmaß der Leuge gemeint. In Frankreich unterschied man seinerzeit zwischen vier verschiedenen Leugenarten. Da gab es zum Beispiel die Postleuge, die Landleuge oder die metrische Leuge. Ihnen allen war eigen, dass sie in etwa eine Länge von umgerechnet ca. vier Kilometern umfassten.

[3] Livre = französische Silberwährung, die dem engl. Pfund entsprach und 1795 durch den Franc ersetzt wurde. 1 Livre = 20 Sou; 3 Livre = 1 Taler; 24 Livre = 1 Louisdor.

[4] Eigentl. Louis Bernard Guyton de Morveaux (1737 bis 1816), französischer Chemiker und Politiker; versuchte, einen Ballon mittels Segel und Ruder lenkbar zu machen.

werden können; aber nicht eine einzige Stadt hat meine Subskriptionslisten[1] gefüllt, nicht eine einzige Regierung hat auf mich hören wollen; es ist schändlich!«

Der Unbekannte erging sich in so heftigen Gestikulationen, dass die Gondel gewaltsame Schwankungen erfuhr; ich hatte Mühe, ihn wieder zu beschwichtigen.

Inzwischen war der Ballon in eine raschere Strömung gekommen, und wir rückten in einer Höhe von fünfzehnhundert Metern gegen Süden vor.

»Dort ist Darmstadt«, rief mein Begleiter und bog sich über den Rand der Gondel. »Können Sie das Schloss sehen? Ganz undeutlich, nicht wahr? Bei dieser Gewitterschwüle scheinen die Gegenstände dort unten hin und her zu schwanken, und man muss ein gutes Auge haben, um die Örtlichkeit genau zu erkennen!«

»Sind Sie sicher, dass das Darmstadt ist?«, fragte ich.

»Ohne jeden Zweifel, und wir sind sechs Meilen von Frankfurt entfernt.«

»Dann müssen wir uns herablassen.«

»Herablassen? Soll der Ballon etwa an einem Kirchturm hängen bleiben?«, fragte der Unbekannte mit höhnischem Lächeln.

»Nein, ich werde einen Punkt in der Umgebung der Stadt wählen«, erwiderte ich.

»Gehen wir den Kirchtürmen so weit wie möglich aus dem Wege!«

Mit diesen Worten griff mein Reisegefährte abermals nach den Ballastsäcken. Ich stürzte auf ihn zu, aber er warf mich mit einer Hand zu Boden, und der erleichterte Ballon stieg auf eine Höhe von zweitausend Metern.

»Seien Sie ganz ruhig«, rief er, »und bedenken Sie, dass Brioschi, Biot, Gay-Lussac, Bixio und Barral[2] ihre wissenschaftlichen Versuche in noch beträchtlicheren Höhen gemacht haben.«

»Mein Herr, wir müssen jetzt hinabsteigen«, sagte ich und versuchte, ihn mit Güte zu bewegen. »Das Gewitter zieht sich um uns zusammen; wir würden unklug handeln …«

»Bah! Wir gehen hoch darüber hinaus und kümmern uns nicht

---

[1] Subskription = Vorab-Verkauf.

[2] Francesco Brioschi (1824 bis 1897), Jean-Baptiste Biot (1774 bis 1862), Louis Joseph Gay-Lussac (1778 bis 1850), Jacques Alexandre Bixio (1808 bis 1865) und Jean-Augustin Barral (1819 bis 1884), bekannte italienische und französische Wissenschaftler zu Zeiten Jules Vernes, die den Ballonflug zu ihren Forschungen nutzten.

weiter darum!«, rief mein Begleiter. »Was kann es Schöneres geben, als diese Wolken zu beherrschen, die die Erde zu erdrücken scheinen! Ist es nicht ehrenvoll, so durch die Flut der Luft zu schiffen? Die bedeutendsten Leute sind gereist wie wir jetzt. Die Marquise und die Gräfin von Montalembert, die Gräfin von Podenas, Fräulein Lagarde[1], der Marquis von Montalembert sind von der Vorstadt Saint-Antoine in diese unbekannten Regionen gereist, und der Herzog von Chartres[2] hat bei seiner Himmelfahrt am 15. Juli 1784[3] große Geschicklichkeit und Geistesgegenwart bewiesen. In Lyon haben die Grafen von Laurencin und Dampierre, in Nantes Herr von Luynes, in Bordeaux d'Arbelet de Granges[4], in Italien der Ritter Andreani[5], in unseren Tagen der Herzog von Braunschweig die Spuren ihres Ruhms in den Lüften hinterlassen. Um es diesen bedeutenden Persönlichkeiten zuvorzutun, muss man höher als sie in die Himmelsregionen vordringen! Sich dem Unendlichen nähern, heißt so viel wie die Unendlichkeit begreifen!«

Die zunehmende Verdünnung der Luft dehnte das Wasserstoffgas des Ballons beträchtlich aus, und ich sah, wie sein unterer, mit Absicht leer gelassener Teil anschwoll, sodass das Öffnen der Klappe notwendig wurde. Da mein Begleiter nicht geneigt schien, mich nach meiner Weise manövrieren zu lassen, so beschloss ich, heimlich das Seil der Klappe zu ziehen, während er lebhaft sprach und gestikulierte. Ich fürchtete zu erraten, mit wem ich es zu tun hatte; doch nein – es wäre zu entsetzlich gewesen, wenn sich meine Vermutung bestätigte! Wir hatten jetzt drei Viertel auf ein Uhr und waren genau vor vierzig Minuten in Frankfurt aufgestiegen. Von der Südseite her schwebten gegen den Wind dichte Wolken auf uns zu.

»Haben Sie alle Hoffnung aufgegeben, Ihren Kombinationen zum Siege zu verhelfen?«, fragte ich mit sehr eigennützigem Interesse.

---

1 Am 20. Mai 1784 unternahmen die Marquise und Gräfin von Montalembert, die Gräfin von Podenas und ein Fräulein de Lagarde einen gemeinsamen Aufstieg in einem Fesselballon über Paris.

2 Ludwig Philipp II. Joseph, Herzog von Orléans (1747 bis 1793) war ein Mitglied der französischen Königsfamilie. Bei einem Aufstieg mit den Brüdern Robert und Collin-Hudin geriet der Ballon in Turbulenzen, aus denen man sich nur dadurch rettete, indem man die Ballonhülle zerstach um schnell wieder landen zu können.

3 Jules Verne gibt als Datum den 15. Juli 1781 an

4 Antoine France d'Arbelet (Darbelet) (1750 bis 1800) französischer Ballonfahrer. Der erwähnte Aufstieg in Bordeaux fand am 26. Juli 1786 statt.

5 Paolo Andreani (1763 bis 1823) italienischer Ballonfahrer. Er unternahm einen der frühesten Ballonaufstiege außerhalb Frankreichs.

»Vollständig!«, erwiderte der Unbekannte dumpf. »Von abschlägigen Antworten und Karikaturen aufs tiefste verletzt, habe ich mich endlich zurückgezogen; Eselsfußtritte sind die heutzutage allen Neuerern vorbehaltene Strafe. Wollen Sie sich gefälligst diese Karikaturenzeichnungen aus verschiedenen Zeiten ansehen, mit denen meine Brieftasche gespickt ist?«

Während mein Gefährte seine Papiere durchblätterte, hatte ich, ohne dass er es bemerkte, das Seil der Klappe ergriffen; ich fürchtete jedoch, dass er auf jenes wasserfallähnliche Pfeifen aufmerksam werden würde, das beim Entweichen des Gases entsteht.

»Wie viel Späße sind allein schon über den Abt Miolan gemacht worden!«, fuhr der Unbekannte fort. »Er sollte mit Janninet und Bredin aufsteigen. Während der Operation aber wurde ihre Montgolfière vom Feuer ergriffen und von dem unwissenden Pöbel in Stücke zerrissen! Dann erhielten sie in der Karikatur die Namen der merkwürdigen Tiere Miaulant, Jean Minet und Gredin[1].«

Ich zog das Seil der Klappe, und das Barometer begann wieder zu steigen. Es war höchste Zeit! In der Ferne, südlich von uns, grollte bereits der Donner.

»Betrachten Sie, bitte, diesen anderen Stahlstich«, sagte mein Reisegefährte, ohne von meinem Manöver Notiz zu nehmen. »Es ist ein ungeheurer Ballon, der ein Schiff, feste Schlösser, Häuser und so weiter mit sich fortführt. Die Karikaturenzeichner haben es sich nicht träumen lassen, dass ihre Albernheiten dereinst zur Wahrheit werden würden! Das Schiff ist vollständig; sehen Sie zur Linken sein Steuer nebst dem Logis der Steuerleute; am Vorderteil Lusthäuser und riesenhafte Geschütze, um die Aufmerksamkeit der Erdenbewohner oder des Mondes zu erregen; über dem Hinterteil das Observatorium und die Ballon-Schaluppe; im Äquatorialkreise das Logis der Mannschaft; zur Linken die Schiffslaterne, dann die oberen Galerien für die Spaziergänger, die Segel, die kleinen Flügel; unten die Cafés und das Hauptmagazin für die Lebensmittel. Bewundern Sie einmal diese brillante Annonce: ›Dieser Globus, der zum Heil des Menschengeschlechts erfunden ist, wird sofort zu den Stapelplätzen der Levante[2] aufbrechen und nach seiner Rückkehr seine Reisen zu den beiden

[1] Anspielung auf den verunglückten Ballonaufstieg am 11. Juli 1784 am Jardin de Luxembourg, der bei den Zuschauern und der damaligen Boulevardpresse für reichlichen Spott sorgte.

[2] Ursprünglich ital. »Sonnenaufgang«, im übertragenen Sinn für »Osten« oder »Mor-

Polen und bis zum äußersten Westen ins Werk setzen.‹ Man hat sich um nichts zu kümmern; für alles sind Vorkehrungen getroffen, und alles wird gut gehen. Für die Stationen wird ein genauer Tarif festgesetzt werden, aber die Preise werden für jede Entfernung die gleichen sein, nämlich 1000 Louisdor[1] für jede beliebige der erwähnten Reisen. In Anbetracht der Schnelligkeit, Bequemlichkeit und aller Annehmlichkeiten, deren man sich in besagter Einrichtung zu erfreuen hat, darf man wohl sagen, dass dieser Preis ein sehr mäßiger ist. Ein jeder trifft dort an, was ihm genehm ist; die einen können zur Kapelle kommen, die anderen auf den Ball; diese werden fasten, jene vortrefflich schmausen; wer eine geistreiche Unterhaltung liebt, findet Leute, mit denen er plaudern und diskutieren kann, und auch der Dummkopf soll seinesgleichen nicht vermissen. So wird die Seele der lustigen Gesellschaft das Vergnügen sein! Alle diese Erfindungen haben Anlass zum Lachen gegeben … – aber wenn meine Tage nicht gezählt wären, würde man binnen Kurzem sehen, dass diese in die Luft gebauten Pläne zur Wirklichkeit werden können!«

Wir stiegen bedeutend herab, er aber bemerkte es nicht.

»Sehen Sie außerdem diese Art von Ballonspielen«, begann er von Neuem, indem er einige Kupferstiche seiner reichhaltigen Sammlung vor mir ausbreitete. »Dies Spiel enthält die ganze Geschichte der Aerostatik; es ist in gebildeten Kreisen sehr beliebt und wird mit Würfeln und Marken gespielt, über deren Wert man sich vorher geeinigt hat. Die Spielenden bezahlen oder erhalten eine Anzahl Marken, je nach dem Felde, zu dem sie kommen.«

»Nun«, versetzte ich, »Sie scheinen die Wissenschaft der Luftfahrt gründlich studiert zu haben!«

»Das habe ich allerdings, mein Herr! Seit Phaeton[2], Ikarus[3], Archytas[4] habe ich alles untersucht, alles nachgelesen, mich über alles

genland«; bezeichnet auch die Länder des östlichen Mittelmeers. Mit »Stapelplätze der Levante« könnte also der gesammelte Reichtum des Morgenlandes gemeint sein.

[1] Eigentlich Louis d'or = Goldlouis; eine nach dem französischen König Ludwig XIII. benannte Goldmünze.

[2] Figur aus der griech. Mythologie; lenkte für kurze Zeit den Sonnenwagen des Gottes Helios und erzeugte aufgrund seiner Unfähigkeit blankes Chaos.

[3] Eigentlich Ikaros, Figur aus der griechischen Mythologie; kam mit Flügeln, die sein Vater Daidalos (= Dädalus) gebaut hatte, während seines Fluges der Sonne zu nahe, woraufhin die Flügel aufgrund der großen Hitze Schaden nahmen und er zu Tode stürzte.

[4] Archytas von Tarent (zw. 435 und 410 v. Chr. bis zw. 355 und 350 v. Chr.), griechischer Philosoph, Ingenieur, Mathematiker, Feldherr u. v. m.; soll einen mecha-

Er blieb sieben bis acht Stunden auf Beobachtungsposten.

unterrichtet. Wenn Gott mir das Leben schenkte, würde die Aerostatik durch mich der Welt große Dienste leisten können, aber das wird nicht der Fall sein!«

»Und weshalb nicht?«

»Weil ich Empedokles oder Erostratus heiße!«

Inzwischen hatte sich der Ballon glücklich der Erde genähert; wenn man jedoch herabstürzt, ist die Gefahr gleich groß, ob man fünftausend oder nur hundert Fuß von der Erde entfernt ist!

»Erinnern Sie sich der Schlacht bei Fleurus[1]?«, fuhr mein Begleiter

nischen Vogel erfunden haben, die sog. Taube des Archytas.

[1] Schlacht vom 26. Juni 1794 zwischen dem revolutionären Frankreich und dem Hause Habsburg-Österreich im sog. Ersten Koalitionskrieg (1792 bis 1795/97).

fort, und seine Züge belebten sich mehr und mehr. »Für diesen Kampf organisierte Coutelle[1] auf Befehl der Regierung eine Kompanie von Luftschiffern. Bei der Belagerung von Maubeuge schöpfte der General Jourdan[2] so große Vorteile aus dieser neuen Beobachtungsweise, dass Coutelle sich täglich zweimal mit dem General in die Lüfte erhob; die Korrespondenz zwischen dem Aeronauten und den Leuten, die den Ballon festhielten, wurde mittels kleiner weißer, roter und gelber Fähnchen bewirkt. Oft feuerte man Kanonen- und Flintenschüsse auf den Ballon ab, wenn er emporstieg, jedoch immer ohne Erfolg. Als Jourdan sich anschickte, Charleroi zu belagern, begab sich Coutelle in die Nähe der Festung, stieg von der Ebene von Jumet auf und blieb sieben bis acht Stunden mit dem General Morlot[3] auf dem Observationsposten, was jedenfalls viel dazu beitrug, uns bei Fleurus den Sieg zu verschaffen; auch proklamierte General Jourdan laut, welche Hilfe ihm die aeronautischen Beobachtungen gewährt hatten. Nun! Trotz aller Dienste, welche die Luftschifffahrt bei dieser Gelegenheit und während des belgischen Feldzuges leistete, endete ihre militärische Laufbahn noch in demselben Jahre, da sie begonnen, und die von der Regierung gegründete Schule zu Meudon[4] wurde von Bonaparte geschlossen, als er aus Ägypten zurückkehrte! ›Was hätte alles aus diesem eben erst geborenen Kinde werden können!‹, hat damals Franklin[5] geäußert. Es hätte nicht erstickt werden dürfen!«

Der Unbekannte bedeckte sein Antlitz mit beiden Händen und sann einige Augenblicke nach. Dann sagte er, ohne den Kopf nach mir zu wenden:

»Sie haben die Klappe geöffnet, mein Herr, obwohl ich es Ihnen verboten hatte!«

Ich ließ das Seil fahren.

---

[1] Jean-Marie-Joseph Coutelle (1748 bis 1835), setzte einen Fesselballon, also einen fest am Boden verankerten Ballon, zu Aufklärungszwecken u. a. auch bei der Belagerung von Mainz (1795) ein.

[2] Jean-Baptiste, Comte Jourdan (1762 bis 1833), Marschall von Frankreich und damit höchster militärischer Befehlshaber seiner Zeit.

[3] Antoine Morlot (1766 bis 1809), französischer Militär, der an Hirnhautentzündung starb.

[4] Vermutlich eine in der Stadt Meudon gegründete und aufgrund ihrer Bedeutungslosigkeit wieder geschlossene Schule für Ballonfahrt.

[5] Vermutlich Benjamin Franklin (1706 bis 1790), nordamerikanischer Staatsmann, Naturwissenschaftler u. v. m.; erfand u. a. den Blitzableiter.

»Glücklicherweise haben wir noch dreihundert Pfund Ballast«, bemerkte er.

»Welche Pläne haben Sie noch?«, fragte ich nunmehr.

»Sind Sie noch nie über See gefahren?«, gab er mir als Antwort zurück.

Ich fühlte, wie ich erbleichte.

»Es ist verdrießlich, dass wir nach dem Adriatischen Meere hingetrieben werden«, fügte er hinzu; »das ist nur ein Bach! Vielleicht finden wir aber andere, höher gelegene Luftströmungen!«

Und ohne mich auch nur mit einem Blick zu befragen, entlastete er den Ballon um mehrere Sandsäcke. Dann rief er mit drohender Stimme:

»Ich habe zugelassen, dass Sie die Klappe öffneten, weil die Ausdehnung des Gases den Ballon zu sprengen drohte; versuchen Sie dergleichen aber nicht noch einmal!«

Dann nahm er seinen Vortrag wieder auf:

»Sie kennen zweifelsohne die von Blanchard und Jeffries[1] ausgeführte Überfahrt von Dover nach Calais! Herrlich! Ihr Ballon wurde am 7. Januar 1785[2] bei Nordwestwind auf der Küste von Dover mit Gas gefüllt; ein Fehler im Gleichgewicht zwang sie, bald nach dem Aufsteigen ihren Ballast bis auf dreißig Pfund auszuwerfen, wenn sie nämlich nicht zurückfallen wollten. Dies war entschieden zu wenig, und da der Wind nicht sehr frisch war, rückten sie nur sehr langsam nach der französischen Küste vor. Außerdem wurde der Ballon allmählich durch die Durchlässigkeit seines Gewebes schlaff, und so merkten die Reisenden bereits nach anderthalb Stunden, dass er fiel:

›Was sollen wir machen?‹, fragte Dr. Jeffries.

›Wir haben erst den vierten Teil unseres Weges zurückgelegt und sind in sehr geringer Höhe‹, meinte Blanchard. ›Vielleicht treffen wir einen günstigeren Wind an, wenn wir steigen.‹

›So wollen wir, was uns noch an Ballast geblieben ist, hinauswerfen!‹

Der Ballon gewann durch diese Operation an aufsteigender Kraft, begann aber alsbald wieder zu fallen. Als die Aeronauten die Hälfte ihres Weges hinter sich hatten, mussten sie ihre Bücher und Werk-

[1] John Jeffries (1744 bis 1819), US-amerikanischer Arzt und Pionier der Luftfahrt; erster fliegender US-Amerikaner; überquerte 1785 zusammen mit Jean-Pierre Blanchard den Ärmelkanal in einem Gasballon.

[2] Jules Verne schreibt »1788«

zeuge über Bord werfen. Eine Viertelstunde später fragte Blanchard nach dem Stande des Barometers.

›Es steigt! Wir sind verloren, und doch liegt die französische Küste vor unseren Augen!‹

Ein lautes Geräusch ließ sich vernehmen.

›Ist der Ballon zerrissen?‹, fragte Jeffries.

›Nein, aber der Verlust des Gases hat seinen unteren Teil erschlafft; wir fallen immer mehr, wir sind unrettbar verloren! Herunter mit allen unnötigen Dingen!‹

Der Mundvorrat, die Ruder und das Steuer wurden ins Meer geworfen. Die Aeronauten schwebten nur noch etwa hundert Meter hoch über dem Wasserspiegel.

›Wir steigen wieder‹, sagte der Doktor.

›Nein, dieser Aufschwung wird nur durch die Gewichtsveränderung hervorgebracht! Und nicht ein einziges Schiff in Sicht! Nicht das kleinste Boot am Horizont zu sehen! Werfen wir unsere Kleider in das Meer!‹

Die Unglücklichen führten auch dies aus, aber der Ballon sank unaufhaltsam!

›Blanchard‹, schlug Jeffries nun vor, ›Sie sollten die Fahrt allein antreten und haben nur auf meine Bitten eingewilligt, die Reise mit mir zu machen. Ich werde mich ins Wasser stürzen, und der erleichterte Ballon kann dann wieder steigen!‹

›Nein, nein, das wäre zu schrecklich!‹

Der Ballon wurde schlaffer und schlaffer; seine Wölbung glich einem Fallschirm, drängte das Gas an die Wände und beschleunigte so sein Entweichen.

›Leben Sie wohl, mein Freund, Gott schütze Sie!‹, sagte der Doktor und wandte sich, um ins Meer hinabzuspringen. Aber Blanchard hielt ihn zurück.

›Warten Sie; es bleibt uns noch eine Möglichkeit!‹, rief er. ›Wir können die Taue abhauen, von denen die Gondel gehalten wird, und uns an das Netz klammern. Vielleicht erhält der Ballon schon dadurch die notwendige aufsteigende Kraft. Halten Sie sich bereit! Ah! Das Barometer fällt; der Wind wird frischer; wir steigen! Rettung! Rettung!‹

Die Reisenden sahen Calais auftauchen, ihre Freude grenzte fast an Wahnsinn. Wenige Augenblicke später ließen sie sich in dem Wald nahe bei Guines zur Erde nieder.

Ich darf wohl mit Bestimmtheit annehmen«, fügte der Unbekann-

Der Ballon wurde schlaffer und schlaffer.

te hinzu, »dass Sie sich unter ähnlichen Verhältnissen nach dem Beispiel des Doktors Jeffries richten würden?«

Die Wolken entrollten sich unter unseren Augen in blendender Masse; der Ballon warf seinen Schatten darauf und wurde gleichsam in eine Strahlenkrone gehüllt. Der Donner grollte unter der Gondel, es war furchtbar!

»Wir müssen hinabsteigen!«, rief ich.

»Hinabsteigen, wenn dort die Sonne auf uns wartet? Hinunter mit den Säcken!«

Und der Ballon war abermals um fünfzig Pfund leichter geworden.

In einer Höhe von dreitausendfünfhundert Metern blieben wir stehen. Der Unbekannte sprach fortwährend und schien vollständig in seinem Element zu sein, während ich mich in einem Zustand größter Erschöpfung befand.

»Bei gutem Wind würden wir sehr weit fliegen können!«, rief er. »Auf den Antillen gibt es Luftströmungen, die hundert Meilen pro Stunde zurücklegen! Zur Zeit der Krönung Napoleons ließ Garnerin[1] um elf Uhr abends einen erleuchteten, mit farbigen Gläsern versehenen Ballon steigen; der Wind wehte aus Nord-Nord-West, und am folgenden Morgen sahen die Einwohner Roms den Aerostaten[2] über dem Petersdom schweben. Wir werden noch weiter kommen … und höher!«

Ich hörte kaum, was er sagte. Alles summte um mich herum! In den Wolken entstand jetzt ein Riss.

»Sehen Sie diese Stadt?«, fragte der Unbekannte. »Es ist Speyer!«

Ich neigte mich über den Gondelrand und bemerkte einen kleinen schwärzlichen Fleck. – Das war Speyer! Der breite Rheinstrom glich einem aufgerollten Bande; über uns strahlte der Himmel in schönstem Azurblau; die Vögel hatten uns seit langer Zeit verlassen, denn in dieser verdünnten Luft wäre ihr Flug unmöglich gewesen. Ich war mit diesem Unbekannten allein im Weltenraum!

»Es ist unnötig für Sie zu wissen, wohin ich unseren Ballon führen will«, sagte er und schleuderte den Kompass in die Wolken. »Ach! Es muss herrlich sein zu fallen! Die Luftschifffahrt zählt bekanntlich von Pilâtre de Rozier bis zum Lieutenant Gale nur wenige Opfer, und diese Unglücksfälle entstanden regelmäßig durch Unvorsichtigkeit. Pilâtre de Rozier brach am 13. Juni 1785 mit Romain von Boulogne auf. Er hatte an seinem mit Gas gefüllten Ballon eine Montgolfière mit erwärmter Luft aufgehängt, wahrscheinlich um nicht Gas verlieren oder Ballast auswerfen zu müssen. Diese Einrichtung war etwa ebenso tollkühn, wie wenn man ein Kohlenbecken unter einer Pulvertonne anbringen wollte! Die Unvorsichtigen kamen vierhundert Meter hoch und wurden von widrigen Winden erfasst, die sie aufs offene Meer jagten. Um hinabzusteigen, wollte Pilâtre die Klappe des Aerostaten öffnen, aber das Seil hatte sich im Ballon verhakt und zerriss ihn derart, dass er in einem Augenblick geleert wurde. Er fiel auf die Montgolfière, brachte sie ins Drehen und riss die Un-

[1] André-Jacques Garnerin (1769 bis 1823), Erfinder des ersten funktionierenden Fallschirms (1797).

[2] Veraltete Bezeichnung für Luftfahrzeuge, die nach dem Prinzip »Leichter als Luft« funktionieren, also für Ballone und Luftschiffe.

glücklichen herunter. Sie waren in wenigen Sekunden zerschellt. Es ist schrecklich, nicht wahr?«

Ich konnte nur die Worte erwidern:

»Um Himmels willen, steigen wir herab!«

Die Wolken drängten sich von allen Seiten um uns zusammen, und furchtbare Detonationen, die in der Wölbung des Aerostaten widerhallten, krachten um uns.

»Sie werden es so weit treiben, dass ich ungeduldig werde!«, rief mein Reisegefährte. »Ich lasse Sie von nun an nicht mehr wissen, ob wir steigen oder fallen.«

Und das Barometer flog mit mehreren Sandsäcken dem Kompass hinterher. Wir mussten jetzt fünftausend Meter hoch sein. An den Wänden der Gondel hafteten bereits einige Eisstücke; ein feiner Schnee fiel auf uns nieder und durchnässte mich bis ins Mark. Und doch donnerte ein starkes Gewitter tief unter uns.

»Fürchten Sie nichts«, redete mir der Unbekannte zu. »Nur Unvorsichtige kommen auf Luftreisen um. Olivari[1] zum Beispiel, der in Orleans verunglückte, stieg in einer Montgolfière aus Papier empor. Natürlich wurde seine Gondel, die unter dem Kohlenbecken hing und mit brennbaren Stoffen angefüllt war, ein Raub der Flammen. Olivari stürzte und fand den Tod! Mosment[2] erhob sich in Lille, und zwar auf einer leichten Scheibe; durch eine Schwankung verlor er das Gleichgewicht; Mosment stürzte und fand den Tod! Bittorf[3] in Mannheim sah, wie sein aus Papier gefertigter Ballon in der Luft Feuer fing; Bittorf stürzte und fand den Tod! Harris[4] stieg in einem schlecht konstruierten Ballon auf; die Klappe war viel zu groß und ließ sich nicht wieder schließen. Harris stürzte und fand den Tod! Sadler[5] war

[1] Francis Olivari (1770 bis 1802) italienischer Ballonfahrer. Das geschilderte Unglück ereignete sich am 26. November 1802.

[2] Mosment (um 1780 bis 1806) französischer Ballonfahrer. Das geschilderte Unglück ereignete sich am 7. April 1806. Anstatt einer Gondel hatte der 26-Jährige nur ein Brett an seinem Ballon befestigt, auf dem er aufrecht stehend in die Höhe stieg. Nach etwa zehn Minuten ließ er ein Tier an einem Fallschirm herabfallen. Dadurch stieg der erleichterte Ballon schlagartig in die Höhe und geriet vermutlich ins Schlingern; dabei verlor Mosment wahrscheinlich das Gleichgewicht und stürzte in die Tiefe.

[3] Sebastian Bittdorf (1780 bis 1812) deutscher Ballonfahrer. Das geschilderte Unglück ereignete sich am 17. Juli 1812.

[4] Gemeint ist hier sicherlich ein gewisser Leutnant Harris († 1824), englischer Luftfahrtpionier, der starb, weil er aus seinem Ballon fiel.

[5] Windham Sadler († 1825), jüngerer Sohn des ersten englischen Ballonfahrers James Sadler (1753 bis 1828).

durch eine sehr lange Fahrt all seines Ballastes beraubt worden; die Strömung riss ihn über Boston hinweg und schleuderte ihn an die Schornsteine; Harris stürzte und fand den Tod! Cocking[1] wollte mit einem konvexen Fallschirm, den er als eine Verbesserung ausgab, herabsteigen; Cocking stürzte und fand den Tod! Ich habe mich immer für diese Opfer der Unvorsichtigkeit interessiert; ich liebe sie und will sterben, wie sie gestorben sind! Höher! Höher!«

Ich sah alle Geister dieses Nekrologs[2] vor meinen Augen vorüberziehen. Die Verdünnung der Luft und die Sonnenstrahlen förderten die Ausdehnung des Gases, und so stieg der Ballon noch immer. Ich ergriff mechanisch das Seil, um die Klappe zu öffnen, aber der Unbekannte sprang hinzu und schnitt es einige Fuß über meinem Haupte durch … Ich war verloren!

»Haben Sie mit angesehen, wie Madame Blanchard[3] fiel?«, fragte er nun. »Ich war zugegen und beobachtete alles mit diesen, meinen eigenen Augen. Madame Blanchard stieg am 6. Juli 1819 im Tivoli[4] auf, und zwar aus Sparsamkeit in einem sehr kleinen Ballon, den sie seines geringen Umfangs wegen bis oben hin füllen musste. Auch strich das Gas durch den unteren Ansatz und ließ einen förmlichen Streifen von Hydrogen hinter sich zurück. Madame Blanchard hatte eine Art künstliche Strahlenkrone, die an einem Eisendraht unter ihrem Ballon hing, mitgenommen, um sie unterwegs in Brand zu stecken; sie hatte dieses Experiment bereits verschiedene Male ausgeführt. Außerdem war sie an dem genannten Tage noch mit einem kleinen Fallschirm versehen, der eine Kugel mit Feuerwerk und Silberregen trug. Madame Blanchard sollte diesen Apparat mit einer Feuerlanze, die eigens zu diesem Zweck gefertigt war, anzünden und sie dann fortschleudern. Die Dame stieg in finsterer Nacht empor, aber als sie ihr Feuerwerk in Brand stecken wollte, beging sie die Unvorsichtigkeit, die Feuerlanze unter dem Hydrogenschweif, der aus dem Ballon entwich, vorbeizuführen. Ich hielt meine Blicke fest auf sie gerichtet und sah, wie plötzlich ein unerwarteter Lichtschein

[1] Robert Cocking (1776 bis 1837), englischer Erfinder, der beim Absprung mit einem von ihm erfundenen Fallschirm starb.

[2] Nachruf.

[3] Marie Madeleine Sophie Armant (1778 bis 1819), erste Ballonfahrerin und Ehefrau von Jean-Pierre Blanchard; verunglückte mit ihrem Ballon tödlich, als sie von dort aus ein Feuerwerk entzünden wollte.

[4] Vergnügungspark in Paris.

die Finsternis erhellte. Zuerst vermutete ich eine Überraschung der geschickten Aeronautin; der Schein vergrößerte sich, verschwand dann und zeigte sich plötzlich wieder in Gestalt eines ungeheuren, brennenden Gasstrahles an der Spitze des Ballons. Die Unheil kündende Flamme warf ihren Schein auf den Boulevard und das ganze Viertel des Montmartre. Ich sah, wie die unglückliche Frau sich erhob und zweimal versuchte, den Ansatz des Ballons zusammenzudrücken, um das Feuer zu löschen. Als sie sah, dass dies ohne Erfolg blieb, suchte sie ihr Absteigen zu lenken, denn sie fiel nicht; die Gasverbrennung dauerte mehrere Minuten, während der Ballon immer mehr zusammenschrumpfte und langsam sank. Der Wind wehte aus Nordwest und warf den Ballon nach Paris zurück. In der Rue de Provence, neben dem Haus Nr. 16, befanden sich damals große Gärten, und die Aeronautin hätte dort ohne Gefahr herabsinken können; das Verhängnis wollte es anders. Ballon und Gondel kamen auf dem Dach des Hauses herunter, aber der Stoß war unbedeutend. ›Zu Hilfe!‹, rief die Unglückliche. In diesem Augenblick gelangte ich auf die Straße und sah, wie die Gondel auf dem Dach entlangglitt und an eine eiserne Krampe stieß. Durch diese Erschütterung wurde Madame Blanchard aus ihrer Gondel auf das Straßenpflaster hinabgeschleudert und fand den Tod!«

Diese Erzählungen hatten mich vor Schreck erstarren lassen. Der Unbekannte stand barhäuptig, mit gesträubtem Haar und wirr blickenden Augen vor mir.

Es war keine Täuschung mehr möglich; ich hatte es mit einem Wahnsinnigen zu tun.

Er warf jetzt den übrigen Ballast fort, und wir schwebten in einer Höhe von mindestens neuntausend Metern; das Blut drang mir aus Mund und Nase!

»Was gibt es Herrlicheres, als sich zu den Märtyrern der Wissenschaft zählen zu dürfen!«, rief der Wahnsinnige. »Sie werden von der Nachwelt heiliggesprochen!«

Ich sah und hörte auf nichts mehr; aber der Unbekannte kniete neben mir nieder und sprach unmittelbar an meinem Ohr weiter:

»Ist Ihnen die Katastrophe des Herrn Zambeccari[1] bekannt? Merken Sie wohl auf: Am 7. Oktober 1803[2] schien das Wetter etwas

[1] Francesco Zambeccari (1752 bis 1812), italienischer Luftfahrtpionier.

[2] Jules Verne schreibt »1804«. In diesem Jahr fand ein weiterer missglückter Flug Zambeccaris statt.

besser zu werden; während all der vorhergehenden Tage hatte es gestürmt und geregnet, sodass die von Zambeccari angekündigte Himmelfahrt nicht hatte stattfinden können. Nun jedoch konnte er die Luftreise nicht länger aufschieben; seine Feinde fingen bereits an, ihn zu verspotten, und er musste sich und die Wissenschaft jetzt wohl oder übel vor dem Fluch der Lächerlichkeit retten. Er befand sich in Bologna; niemand stand ihm beim Befüllen seines Ballons bei.

Um Mitternacht stieg er, von Andreoli[1] und Grossetti[2] begleitet, empor; der Ballon erhob sich langsam, denn er war vom Regen durchweicht und beschädigt, und das Gas entwich schon jetzt. Die drei kühnen Reisenden konnten nur mit einer Blendlaterne ihr Barometer beobachten. Zambeccari hatte seit vierundzwanzig Stunden nichts gegessen, und auch Grossetti war nüchtern.

›Meine Freunde‹, sagte Zambeccari, ›der Frost schüttelt mich, ich bin erschöpft und werde sterben!‹

Er sank bewusstlos an der Galerie nieder; Grossetti erging es ebenso. Andreoli allein blieb wach. Nach wiederholten Bemühungen gelang es ihm, Zambeccari aus seiner Betäubung aufzurütteln.

›Was gibt es? Wohin fahren wir? Woher kommt der Wind? Wie viel Uhr ist es?‹

›Es ist zwei Uhr.‹

›Wo ist der Kompass?‹

›Umgefallen.‹

›Gott im Himmel! Das Licht in der Laterne erlischt!‹

›Es kann in dieser verdünnten Luft nicht mehr brennen‹, erklärte Zambeccari.

Der Mond war nicht aufgegangen, und es herrschte eine undurchdringliche Finsternis.

›Mich friert, mich friert! Andreoli, was sollen wir beginnen?‹

Die Unglücklichen durchschifften langsam eine Schicht weißlicher Wolken.

›Still!‹, sagte Andreoli. ›Hörst du nichts?«

›Was denn?‹, fragte Zambeccari.

›Ein sonderbares Geräusch!‹

›Du irrst dich!‹

›Nein!‹

---

[1] Pasquale Andreoli (1771 bis 1837), italienischer Luftfahrtpionier.

[2] Gaetano Grossetti, italienischer Luftfahrtpionier.

Sein Ballon hakte an einem Baum fest und seine Lampe setzte den Ballon in Flammen.

Sehen Sie hier die Reisenden, wie sie mitten in der Nacht auf das unbegreifliche Geräusch lauschen. Sie wissen nicht, ob sie im nächsten Augenblick an einen Turm stoßen oder auf Dächer hinunterstürzen werden!

›Hörst du es jetzt? Es klingt wie Meeresbrausen!‹

›Unmöglich!‹

›Es ist das Rauschen der Wogen!‹

›Tatsächlich!‹

›Licht! Licht!‹

Nach fünf fruchtlosen Versuchen gelang es Andreoli endlich, Licht anzuzünden. Es war jetzt drei Uhr. Das Geräusch der Wogen ließ sich aus immer größerer Nähe immer gewaltiger vernehmen; der Ballon streifte fast an der Oberfläche des Meeres hin.

›Wir sind verloren!‹, schrie Zambeccari und griff nach einem schweren Sack mit Ballast.

›Zu Hilfe!‹, rief Andreoli.

Die Gondel berührte das Wasser, und die Flut stieg den Reisenden bis an die Brust.

›Ins Meer mit den Instrumenten! Die Kleider, das Geld ins Meer!‹

Die Aeronauten entblößten sich vollständig, und der Ballon hob sich nun mit rasender Schnelligkeit. Zambeccari bekam arges Erbrechen, und Grossetti blutete heftig. Die Armen konnten kein Wort hervorbringen, so kurz war ihr Atem. Es fror, und in wenigen Minuten waren sie mit einer Eiskruste bedeckt. Der Mond schien rot wie Blut.

Nachdem das Fluggerät eine halbe Stunde lang diese hohen Regionen durchstreift hatte, fiel es wieder ins Meer zurück. Es war vier Uhr morgens. Die Schiffbrüchigen standen bis zur Hälfte ihres Körpers im Wasser, und der Ballon schleppte sie, auf der Oberfläche des Meeres schwimmend, mehrere Stunden lang fort.

Als der Tag anbrach, fanden sie sich Pesaro[1] gegenüber, vier Meilen vor der Küste. Sie gedachten zu landen, als ein Windstoß sie erfasste und auf die hohe See zurückschleuderte.

Sie waren verloren! Jedes Boot floh entsetzt, sobald sie sich ihm näherten …! Glücklicherweise begegneten sie endlich einem gebildeteren Schiffer, der sie an Bord hievte und in Ferrara[2] ans Land setzte.

Eine entsetzliche Reise, nicht wahr? Aber Zambeccari bewährte sich als ein braver, energischer Mann. Kaum war er von seinen Leiden wiederhergestellt, so begann er seine Aktionen von Neuem. Während einer derselben stieß er an einen Baum, wobei sich die brennende Spirituslampe auf seine Kleider ergoss und er von Feuer förmlich eingehüllt wurde; auch sein Ballon hatte bereits Feuer gefangen, als er endlich, halb verbrannt, wieder auf der Erde ankam.

Zuletzt, am 21. September 1812, führte er noch eine Fahrt in Bologna aus. Sein Ballon verhakte sich an einem Baum, und die Spirituslampe setzte den kühnen Schiffer abermals in Brand. Zambeccari stürzte und fand den Tod!

---

[1] Italienische Hafenstadt an der Adria, südöstlich von Bologna.

[2] Italalienische Stadt an der Mündung des Flusses Po, nördlich von Pesaro.

Der Verrückte war in der Tiefe verschwunden.

Und im Angesicht all dieser Tatsachen könnten wir noch schwanken? Nein! Je höher wir steigen, desto ruhmvoller wird unser Ende sein!«

Als der Ballon von allen Gegenständen, die er enthalten hatte, befreit war, schwebten wir in Höhen, die nicht mehr abgeschätzt werden konnten. Der Aerostat vibrierte in der Atmosphäre; bei dem geringsten Geräusch hallte das Himmelsgewölbe wider. Unser Ballon, der einzige Gegenstand, den mein Auge in der Unermesslichkeit erfasste, schien bereits der Vernichtung anheimzufallen; über uns verlor sich die Höhe des Himmels in tiefer Finsternis.

Ich sah, wie das Individuum sich neben mir aufrichtete.

»Die Stunde ist gekommen, wir müssen sterben!«, sprach er zu mir. »Die Menschen haben uns ausgestoßen und verachtet; wir wollen uns dafür rächen und sie zerschmettern!«

»Erbarmen!«, flehte ich.

»Schneiden wir die Seile durch!«, rief er. »Diese Gondel sei ausgesandt in den Weltenraum! Die Anziehungskraft wird ihre Richtung ändern, und so können wir noch heute an der Sonne landen!«

Die Verzweiflung elektrisierte mich; ich stürzte auf den Wahnsinnigen zu, wir packten einander, und ein furchtbares Ringen begann. Aber ich wurde niedergeworfen, und während der Rasende auf mir kniete und mich auf diese Weise festhielt, hieb er die Seile der Gondel durch.

»Eins …!«, zählte er.

»Gott …!«

»Zwei …! Drei …!«

Ich machte eine übermenschliche Anstrengung, richtete mich empor und stieß den Irren mit Gewalt zurück.

»Vier!«, rief er jetzt.

Die Gondel fiel, aber instinktiv klammerte ich mich an das Tauwerk und wickelte mich in die Maschen des Netzes.

Der Rasende war im Raume verschwunden.

Mein Ballon wurde zu unermesslichen Höhen emporgetragen! Ein betäubendes Krachen ließ sich hören …! Das zu sehr ausgedehnte Gas hatte die Hülle gesprengt. Ich schloss die Augen …

Einige Sekunden später wurde ich durch eine feuchte Wärme wieder zum Bewusstsein gebracht; ich schwebte mitten in Feuerwolken. Der Ballon drehte sich mit schwindelnder Schnelligkeit und legte, vom Winde erfasst, hundert Meilen pro Stunde in seiner horizontalen Bahn zurück. Um ihn her zuckten Blitze.

Mein Fall war indessen nicht sehr rasch; als ich endlich die Augen wieder öffnete, bemerkte ich Land. Trotzdem schwebte ich in größter Gefahr; denn in einer Entfernung von etwa zwei Meilen bemerkte ich das Meer, und der Orkan trieb mich in gerader Richtung darauf zu.

Plötzlich fühlte ich eine so mächtige Erschütterung, dass ich unwillkürlich die Seile fahren ließ. Meine Hände lockerten sich; ein Tau glitt schnell zwischen meinen Fingern durch, und ich befand mich auf festem Boden!

Das Ankerseil des Ballons hatte die Erdoberfläche gestreift, sich in einer Felsspalte verfangen, und ich war an ihm herabgeglitten. Mein

Ballon, der auf diese Weise nochmals bedeutend entlastet worden war, verlor sich bald hinter dem Horizont des Meeres.

Als ich wieder zu Bewusstsein kam, lag ich in einem Bauernhaus in Harderwijk, einer kleinen geldrischen[1] Stadt am Ufer der Zuidersee[2], etwa fünfzehn Meilen von Amsterdam entfernt.

Mein Leben war durch ein Wunder gerettet worden, doch meine Fahrt war nichts als eine Reihe von Unvorsichtigkeiten gewesen, die ein Wahnsinniger ausführte und die ich nicht hatte verhindern können.

Möge dieser schreckliche Bericht zwar meine Leser belehren, die Forscher der Luftbahnen jedoch nicht entmutigen!

---

[1] Geldern = niederländische Provinz, auch Gelderland genannt.

[2] Ehemalige Meeresbucht der Nordsee, heute trockengelegt.

Erinnerung an eine Ballonfahrt

Erzählung eines unbekannten Autors
Aus dem Englischen von Meiko Richert

Von all den sogenannten »Geheimnissen der Wissenschaft« erwecken der Ballon und die Taucherglocke vielleicht die größte Aufmerksamkeit. Sie sind das genaue Gegenteil voneinander, und doch ist das ihnen entgegengebrachte Interesse von gleicher Natur. Zum Grunde des Meeres herabzusteigen, »wohin niemals ein Senkblei fiel«; still und feierlich in die Kammern der Großen Tiefe hinabzusinken; das zarte Winken der Gorgonienfächer[1] zu sehen, und die Korallenwälder, bewohnt von wunderschönen Nixen und Meerjungfrauen, die sich hier die Zeit vertreiben; sich an den reichen Schätzen aus Gold und Silber zu weiden, die die Kavernen der Tiefe erhellen; die unergründlich grünen Wellen gedämpften Lichtes zu sehen, das schimmernd durch die dichten Wassermauern hinabzittert – all das macht viel der *Poesie der Taucherglocke* aus, von der alle fantasievollen Leute gefesselt sind, und die nicht ohne einen gewissen Einfluss auf alle Klassen und Stände des Menschen ist.

Sich andererseits plötzlich über die Erde zu erheben; auf immer kleiner werdende Menschenmengen und entschwindende Städte hinabzuschauen; über Bergesspitzen hinweg auf gewaltige, mit Dörfern und Städten benetzte Inlandflächen zu blicken; weiter und weiter zu segeln, von Horizont zu Horizont; auf die Wolken am Himmel hinabzuschauen, während Donnerstürme und Regenbögen unter den Füßen rollen und blitzen; einen flüchtigen Blick auf den wogenden Busen der »großen und weiten See« zu erhaschen – *dies* sind die Elemente des Aeronauten, die man sehr gut als die *Poesie der Ballonfahrt* bezeichnen kann.

Doch schließen wir die *Poesie der Taucherglocke* vorerst in der »Schublade« ein; lassen Sie uns stattdessen einen Zwischenfall aus einem an-

[1] Korallenart, deren äußeres Erscheinungsbild an große, fein ziselierte Fächer erinnert.

deren Schubfach schildern, oder vielmehr das Exposé eines Zwischenfalls, das wir aus einem umfangreichen Bericht gewonnen haben, den zu jener Zeit ein Londoner Autor mit außergewöhnlichen Fähigkeiten gegeben hat. Berücksichtigt man das dürftige Material, das von der ursprünglichen Aufzeichnung verblieben ist, darf es in der Tat als *Erinnerung an eine Ballonfahrt* bezeichnet werden.

Mr. Green, der große Londoner Aeronaut, der schon einige hundertfünfzig Mal von Vauxhall Gardens, London, aufgestiegen war; der seine Luftreisen zu allen Tages- und Nachtzeiten unternommen hatte; der mit Passagieren in seiner zerbrechlichen Bark über den Kontinent gesegelt war, als es dem Zeugnis eines seiner Mitreisenden nach so dunkel war, dass es schien, als suche der Ballon seinen lautlosen Weg durch eine Masse undurchdringlichen schwarzen Marmors – derselbe Mr. Green, um von unserem langen Satz zurückzukehren, gab einst durch Handzettel und öffentliche Aushänge bekannt, dass er an einem gewissen Nachmittage im Juli um 4 Uhr von Vauxhall Gardens, London, aufsteigen würde. Zwei angesehene Herrschaften hatten ihm bei dieser Gelegenheit ihre Begleitung angeboten.

Der Tag und die Stunde waren endlich gekommen. Die weitläufige Gartenfläche war von einer aufgeregten Menge überfüllt, die mit äußerster Ungeduld darauf wartete, dass die schwankende Kugel sich in die blaue Schöpfung über der gewaltigen, von Rauchwolken bedeckten Stadt verliere. Doch die Stunde verstrich, und die »angesehenen Herrschaften« erschienen nicht.

»Es ist ein Scherz!«, riefen Hunderte aus der Menge gleichzeitig. »Die Leute gibt's gar nich'.«

Mr. Green versicherte sie seines festen Glaubens; verlas den Brief, den er von »den Teilnehmern« erhalten hatte, sowie seine Antwort; doch noch immer nahm die »Tollheit der Leute« zu, und noch immer erschienen die »angesehenen Herrschaften« nicht. Die Angelegenheit wurde immer ernster, und ein »Krawall« schien unausweichlich.

In dieser Krise trat ein ernst blickender Mann aus dem Gedränge, schwarz gekleidet, mit weißer Krawatte, trat an den Rand der Begrenzung, die den Ballon einschloss, winkte nach Mr. Green und sprach mit leiser, bescheidener Stimme:

»*Ich* werde mit Freuden mit Ihnen gehen, Sir; ich sollte *froh* darüber sein. Ich würde gerne, wenigstens für eine Weile, dieser höllisch lauten Stadt entfliehen.«

Der Aeronaut war nur zu froh, das Angebot als eine Art von Entschädigung für sein enttäuschtes Publikum zu akzeptieren, dessen drohendes Geschrei immer lauter wurde.

Mr. Green erhob sich im Korb seines wackligen und ungeduldigen Fahrzeugs und verkündete nun, dass sich »ein anwesender Herr auf das freundlichste bereit erklärt hatte, mit ihm aufzusteigen«, und dass das »Ballon-Monster« sofort zu den entfernten Regionen der oberen Luftschichten aufbrechen würde.

Diese Bekanntmachung wurde von der versammelten Menge mit Beifall begrüßt, und nach einigen notwendigen Anweisungen an seine Assistenten, die vom Halten der ächzenden Taue, welche das »Monster« an die Erde fesselten, ermüdet waren, wurde der Ballon freigegeben und erhob sich langsam und majestätisch über die gewaltige Zuschauermenge und die Wildnis aus Ziegelstein und Mörtel, Türmen, Kirchenspitzen und weitläufig ausgestreckt liegenden Parks und verschmolz schließlich mit dem himmlischen Blau.

Was folgte, wird am besten durch die Worte aus der Erinnerung des Aeronauten wiedergegeben, deren Schatten das bereits erwähnte Memorandum vorauswarf.

»Als wir uns über die Metropole erhoben und deren mächtige Masse zu immer größerer Undeutlichkeit verschwamm, begann mein Gefährte, dessen Haltung und Betragen mich bis dahin äußerst günstig beeindruckt hatten, Symptome großer Unruhe zu zeigen. Als wir Hanwell passierten, das unter den ausgestreckten Vororten der Großstadt schemenhaft zu erkennen war, schien seine Angst außerordentlich zuzunehmen. Mit einem Finger in diese Richtung zeigend, sagte er:

›Können sie uns von *dort aus* sehen? Können sie uns irgendwie *erreichen*? Können sie uns telegrafieren? *Können* sie das, frage ich?‹

Überrascht von der Aufregung und der plötzlichen Unruhe eines anfangs so kühlen und selbstbeherrschten Menschen, antwortete ich:

›Sicherlich nicht, mein lieber Herr; wir sind wenigstens eine halbe Meile über dem Erdboden.‹

›Ah, ha! Dann bin ich sicher! *Jetzt* können sie mich nicht mehr fangen! Ich bin ihnen erst heute Morgen entflohen!‹

Mit der leisen Ahnung eines drohenden Unheils fragte ich:

›Geflohen! - Wie? – Von wo?‹

›Aus der Irrenanstalt! Sie dachten, ich wäre verrückt, und sperrten mich dort ein. Verrückt! Nein, es gibt in London keinen Mann, der so gesund ist wie ich, und das wussten sie. Es war ein Trick, mein Herr – ein Trick! Eine List, um an mein Vermögen zu kommen! Aber ich werd's ihnen zeigen! Werd' ihre Pläne durchkreuzen!‹

Um Himmels willen! Ich befand mich nun eine Meile über der Erde, mit einem Verrückten als Begleiter! In einem zerbrechlichen Luftschiff, wo die größte Vorsicht und Kaltblütigkeit notwendig waren und wo die kleinste Unregelmäßigkeit oder Sorglosigkeit uns in Gedankenschnelle als zerdrückte, blutige und unkenntliche menschliche Masse auf die Erde zurückschicken könnte.

Aber ich konnte nicht lange über dieses anscheinend unausweichliche Schicksal nachdenken, denn mein Begleiter hatte die Sandsäcke ergriffen und warf nun einen nach dem anderen über Bord.

›Halt, Unbesonnener!‹, rief ich aus. ›Was tun Sie da? Sie gefährden unser beider Leben!‹

Die ganze Zeit stieg der Ballon mit solcher Geschwindigkeit, dass die Luft durch das Ballonnetz wie durch die Takelage eines sturmgepeinigten Schiffes jagte.

›Was ich *tue*?‹, antwortete der Verrückte. ›Ich verschwinde! Ich fliege zum Mond! Ich fliege zum Mond! Ha, ha! Auf dem Mond können sie uns nicht fangen!‹

Er hatte fast allen Ballast abgeworfen, bis auf die Säcke, die sich unter mir befanden, und wir stiegen mit solch erstaunlicher Geschwindigkeit auf, dass ich jeden Moment erwartete, den Ballon durch die steigende Dampfdehnung bersten zu sehen. Da bemerkte ich, wie er seine Kleider lockerte und seinen Mantel abnahm.

›Es sind noch zweihunderttausend Meilen bis zum Mond‹, sagte er, ›und wir müssen noch mehr Ballast abwerfen, oder wir werden bis zum Morgen noch nicht zu Hause sein.‹

Mit diesen Worten warf er seinen Mantel über Bord, danach seine Weste, und schließlich hantierte er an seiner Hose herum, offenbar zu dem gleichen Zweck. Da schien ihm ein neuer Gedanke zu kommen:

›*Zwei* sind zu *viele* für diesen kleinen Ballon‹, sagte er. ›Er steigt zu langsam! In diesem Tempo werden wir den Mond vor dem Morgen nicht erreichen. *Raus mit Ihnen*!‹

Ich war vollkommen aus der Fassung geraten. Ich hätte die Befürchtungen oder Sorgen eines vernünftigen Gefährten beruhigen können, doch meinem gegenwärtigen *Compagnon du voyage*[1] man-

---

[1] Reisebegleiter.

gelte es genau wie den Barbaren der Vorzeit an Vernunft, sodass ich auf taube Ohren gestoßen wäre.

›Raus mit Ihnen!‹, wiederholte er mit seltsam schneidender Stimme. Gleich darauf fühlte ich mich mit übermenschlicher Gewalt gepackt, wie sie so oft bei Verrückten beobachtet wird. Plötzlich fand ich mich über der Bordwand schwebend wieder, während das gepeinigte Gas in seinem seidenen Gefängnis über uns summte.

›Gute Nacht!‹, sagte der wütende Schuft. ›Sie werden durch den Mondtelegrafen von mir hören! Jetzt können sie mich nicht mehr fangen! Ha, ha, *jetzt nicht! Jetzt nicht!*‹«

Geschätzte Leser, dies war nur der Traum eines Aeronauten, in der Nacht vor seinem Aufstieg; und diese Skizze ist nur der Traum *jenes* Traumes, denn er stammt aus der Erinnerung und nicht »aus dem Bericht«.

Ein Kampf im Luftballon

Ein Bericht von einem unbekannten Autor

Bei einer der letzten Vorstellungen im Hippodrom wurde dem Publikum eine nicht vorher angesagte Überraschung bereitet. Es sah den bekannten Fotografen Nadar[1] in Gesellschaft des Herrn Godard[2] im Luftballon aufsteigen. Herr Nadar erzählte uns seine Empfindung während der Fahrt:

»Während der ersten Zeit der Erhebung empfindet man gar nichts«, sagt er; das versichern überdies alle Luftschiffer, weil eine bizarre Illusion, sich der Reisenden bemächtigt, indem es ihnen vorkommt, als ob nicht sie sich bewegten, sondern die Erde unter ihnen herabsänke. Die einzigen unangenehmen Momente während der Fahrt sind jene, in denen der Ballon zur Erde niedersinkt, denn man hat noch immer nichts erfunden, den Luftballon zu lenken, und deshalb kennt man die Stelle nicht, an welcher man herabgelangen wird. Der Wind lenkt den Ballon und trägt denselben, wohin es ihm beliebt, und das Teleskop täuscht sehr oft. Man entdeckt eine grüne Fläche und hält sie für eine prächtige Wiese, steigt aber auf einem Sumpfe aus, und kann sich glücklich preisen, wenn man nur bis an die Knie einsinkt.

Oft bleibt man aber auch an irgendeinem Baumast hängen, oder ein unbarmherziges Lüftchen treibt einen in die Mitte eines Flusses. Der Moment der Rückkehr Nadars und Godards sollte noch mehr Gefahren bringen. Die guten Bauern, bei welchen der Ballon niederging, entwickelten zuerst die Absicht, den Eigentümer umzubringen; allein Nadar ist nicht nur ein vorzüglicher Fotograf, Karikaturenzeichner, Journalist und Novellist, er versteht es auch, seine Faust trefflich zu führen, und siegte. Als die Reisenden in nicht allzu großer Nähe

[1] Gaspard-Félix Tournachon, gen. Nadar (1820 bis 1890) war ein französischer Karikaturist, Fotograf und Ballonfahrer.

[2] Eugène Godard (1827 bis 1890) war ein französischer Ballonfahrer. Am 28. September 1873 wurde er bei einem seiner Aufstiege von Jules Verne begleitet, der diese Ballonfahrt in seinem Artikel »Vierundzwanzig Minuten im Ballon« beschrieb,

über Romainville fuhren, sahen sie die Mutter Nadars im Grase sitzen und gemütlich ihr Mittagsmahl verzehren.

»Wer mögen die zwei Unglücklichen wohl sein«, sagte die Mutter, »welche sich in die Lüfte wagen?«

Zum Glücke erfuhr sie erst, dass ihr Sohn dabei gewesen, als er zurückkam und nachdem alle Gefahr vorüber war. Nun kommen wir zu dem »Kampf im Luftballon«, das uns Herr Nadar erzählt hat, dem es wieder Godard mitteilte.

Bei der vorletzten Fahrt des berühmten und glücklichen Aeronauten vor vierzehn Tagen hat sich das Drama ereignet. Herr Godard hatte zu dieser Reise nur einen Gefährten mitgenommen, einen reichen Partikulier[1], der 1000 Francs für die Luftfahrt zahlte. Das Wetter war sehr günstig, der Ballon stieg sehr rasch und sehr hoch.

»Welchen Eindruck macht die Fahrt auf Sie?«, fragte Godard seinen Begleiter.

»Gar keinen«, erwiderte dieser lakonisch.

»Ich bewundere Sie, Sie sind der Erste, der in solcher Höhe nicht Unbehagen fühlt.«

»Steigen wir nur noch höher«, erwiderte der andere mit einem bewunderungswürdigen Phlegma.

Godard warf Ballast aus und der Ballon stieg noch höher.

»Was fühlen Sie jetzt?«

»Nichts, gar nichts, keine Furcht, kein Unbehagen«, erwiderte der Reisende in so unzufriedenem Tone, als wäre er sehr enttäuscht worden.

»Umso schlimmer«, sagte Godard lachend, »ich kann Ihnen keine Furcht mehr einjagen. Wir sind hoch genug gestiegen und müssen an die Rückkehr denken.

»An die Rückkehr?«

»Gewiss, es wäre gefährlich, höher zu steigen.«

»Die Gefahr schreckt mich nicht, ich will noch nicht zurückkehren.«

»Was sagen Sie?«, fragte Godard etwas betroffen.

»Höher will ich, immer höher, ich habe tausend Franken bezahlt, um eine Empfindung in mir zu erwecken, und ich will sie haben. Bevor ich einen Eindruck empfinde, werden wir nicht hinabsteigen.«

Godard lachte, denn er nahm die Sache für einen Scherz; allein sein Gefährte fasste ihn an der Gurgel und sagte:

[1] Selbstständiger Schiffseigentümer in der Binnenschifffahrt.

»Wollen Sie höher steigen oder nicht? Ich will einen Eindruck haben.«

Godard hielt sich in diesem Momente für verloren. Er sah seinen Gefährten an, und dessen starre, wild aufgerissene Augen überzeugten ihn, sein Gefährte sei ein – Narr. Wie kann man einem Narren Raison beibringen? Wer soll einem hoch oben in der Luft helfen? Wenn der unglückliche Luftschiffer noch Waffen gehabt hätte; allein bei einer Reise durch die Luft nimmt man keine scharfgeladenen Pistolen mit; man fürchtet keine räuberischen Anfälle zwischen Himmel und Erde. Die Erde war 1500 Metres[1] unter ihnen, der Gedanke an ein Herausstürzen entsetzlich, und doch konnte eine Bewegung des Rasenden sie zur Folge haben.

Herr Godard überlegte kaltblütig einige Sekunden lang.

»Oh, Spitzbube«, sagte der Narr, »du willst dich über mich lustig machen? Du hast mir tausend Franken abgenommen, und ich soll kein Gefühl empfinden? Nun sollst du aber tanzen, und ich werde lachen.«

Der Narr war mit einer großen Muskelkraft begabt, und Godard dachte daher gar nicht an eine Verteidigung.

»Was verlangen Sie von mir?«, sagte er in ruhigem, unterwürfigem Tone.

»Ich will mich unterhalten, also sehen, wie du Purzelbäume machst, wenn du hinabfällst«, sagte der Narr mit rohem Lachen. »Allein früher will ich noch meine Aufregung haben, ich werde auf dem Strickkranz reiten.«

Der Narr wies mit dem Finger nach oben, dann begann er an den Stricken hinaufzuklettern. Herr Godard zitterte für das Leben des armen Narren.

»Unglücklicher«, rief er, »Sie werden hinabstürzen! Ein Schwindel wird Sie erfassen!«

»Kein Wort«, rief dieser, »oder ich werfe dich hinab!«

»Lassen Sie sich wenigstens einen Strick um den Leib binden, damit Sie an dem Ballon angebunden bleiben.«

Dem Narren schien die Nützlichkeit dieser Vorsicht einzuleuchten und er willigte ein. Als er an dem Stricke befestigt war, kletterte er wie ein Eichkätzchen an den Stricken empor, und beim Ballon angekommen, setzte er sich ruhig rittlings auf den Kranz, wie er es gesagt

[1] Meter.

hatte. Dann stieß er ein Triumphgeschrei aus und zog ein Messer aus der Tasche.

»Was wollen Sie tun?«, rief Godard, der fürchtete, er wolle den Ballon beschädigen.

»Mir es bequem machen«, rief der Narr hinunter, während er den Strick, den ihm Godard umgebunden, abschnitt.

Ein Windstoß musste den Unglücklichen in den Abgrund stürzen. Godard schloss die Augen, um es nicht zu sehen. Der Narr klatschte vor Entzücken in die Hände und stieß mit den Fersen gegen den Ballon, als ob er Sporen hätte, um die Fahrt zu beschleunigen.

»Und jetzt«, schrie er, »wollen wir uns unterhalten. Du hast hinab wollen, hinunter sollst du, und zwar schneller als du es dir denkst.«

Godard hatte nicht Zeit gehabt, eine Bewegung zu machen, oder ein Wort zu sprechen. Ehe er noch die höllische Absicht des Verrückten erraten konnte, hatte der Narr drei … vier von den sechs Stricken abgeschnitten, welche die Gondel an dem Ballon halten. Das Schiffchen hing bereits ganz nach einer Seite, denn es hing nur an zwei Stricken, man kann sagen, an einem Faden. Godard wäre verloren gewesen, wenn er sich nicht an diesen mit aller Kraft gehalten hätte. Das Messer des Narren näherte sich den letzten Stricken; noch ein Augenblick und alles war vorüber.

»Nur ein Wort«, rief Godard.

»Nichts da, keine Gnade«, heulte der Narr.

»Ich verlange keine Gnade, im Gegenteil.«

»Was willst du denn?«

»In diesem Augenblicke sind wir nur 1500 Metres hoch!«

»Nun, das wird hübsch sein, wenn du so tief fällst.«

»Das ist mir aber nicht tief genug!«

»Wieso?«, sagte der Narr betroffen.

»Meine Erfahrung hat mich gelehrt, dass eine solche Höhe nicht genügt, um einen zu töten, und ich will lieber tot sein, als ein Krüppel. Ich verlange also nur, dass Sie mir die Gnade erweisen, mich auf der Höhe von 3000 Metres hinabzustürzen.

»Gewährt«, rief der Narr lächelnd.

Godard hielt heldenmäßig sein Wort. Er warf eine große Menge Ballast aus; der Ballon stieg in einigen Sekunden um 200 Metres höher. Während der Narr diese Operation mit drohender Miene überwacht, denkt der Luftschiffer daran, eine andere Bewegung auszuführen. Unter den Stricken, welche erhalten waren, bemerkte Godard jenen, mittelst dessen man das Ventil öffnen kann; er zog daran, und das Gas strömte heraus. Die Wirkung stellte sich bald ein. Nach und nach wurde der Narr betäubt; Godard ließ sich langsam zur Erde nieder; das Drama war zu Ende. Godard, auf dem sicheren Boden stehend, rächte sich nicht, rief den Narren ins Leben zurück und brachte ihn mit gebundenen Händen und Füßen nach der nächsten Mairie[1].

[1] Bürgermeisteramt.

Ein Luftballonabenteuer

Eine Erzählung nach Amelia Ann Blanford;
aus dem Englischen von einen unbekannten Autor

Wir sind nicht verwandt. Sein Name ist John Griffiths und ich heiße William Waldur; wir nannten uns selbst »die patagonischen Brüder«, weil es sich auf den Maueranschlägen gut ausnahm und dem Publikum gefiel. Wir trafen uns zufällig vor ungefähr sechs Jahren bei dem Wettrennen in Doncaster, fanden Gefallen aneinander und machten zusammen eine Reise durch die Grafschaften im Innern. Wir hatten bis dahin nie voneinander gehört gehabt, und obgleich wir ganz gute Freunde wurden, entstand doch nie ein wahrhaft intimes Verhältnis zwischen uns. Ich wusste nichts von seinem früheren Leben, so wenig als er von dem meinen, und wir fragten einander gegenseitig auch nicht darüber. Ich muss dies alles voraussagen, um nichts unklar zu lassen. Wir machten auf unserer Tour einiges Geld. Es war nicht viel; aber es war mehr, als einer von uns zuvor verdient, als er allein war. Wir beschlossen deshalb, beieinander zu bleiben und unser Glück in London zu versuchen. Wir erhielten ein Engagement für den Winter in Astley's Theater, und als der Sommer kam, schlossen wir uns einem reisenden Zirkus an und streiften wie früher umher. Wir blieben zwei Jahre lang bei der Gesellschaft und spielten in allen Städten zwischen York und London. Während dieser Zeit hatten wir Gelegenheit, uns wesentlich zu verbessern. Wir kannten nun unser gegenseitiges Gewicht und unsere Stärke auf ein Haar und wurden immer kühner, sodass nichts, was irgendwo anders gezeigt wurde, nicht auch von uns mit Glück versucht ward. Die Hauptsache war, dass wir bewundernswürdig gleich gebaut waren; unsere Größe war dieselbe und unsere Schulterbreite beinahe gleich; wenn Griffiths etwas mehr Muskelstärke besaß, so war ich gewandter, und selbst dieser Unterschied schien zu unserem Vorteile. Auch im Übrigen passten wir gut zueinander und ich glaube, dass wir in drei Jahren nicht ein böses Wort miteinander gewechselt hatten. Griffiths war ein ernster, schweigsamer Mensch mit kleinen grauen Augen und dicken schwarzen

Brauen; ich dachte oft, ich möchte ihn nicht zu meinem Feinde haben, aber dieser Gedanke entsprang nicht aus einer Tat von seiner Seite, sondern war eine Fantasie von mir. Wir waren nun so geschickt, dass wir beschlossen, uns zu verbessern und nach London zurück zu kehren, was wir ungefähr gegen Ende Februar 1855 taten. Wir kehrten in einem kleinen Wirtshause in der Vorstadt ein, und ehe eine Woche verging, waren wir bei Mr. James Rice von Belvedere Tavern engagiert, mit einem Gehalt von sieben Pfund die Woche. Das war ein großer Fortschritt, und der Ort und die Tavern war ein ganz vortrefflicher Platz für unsere Vorstellungen. Unser Salär[1] wurde bald erhöht, denn wir zogen außerordentlich. Wir wohnten (natürlich zusammen) in einer stillen Straße nahe bei Islington. Die Hauswirtin war eine Mrs. Morrison, eine respektable fleißige Frau, deren Mann Gaswächter bei einem Theater gewesen, und die nun Witwe mit einer Tochter von neunzehn Jahren war. Diese war sehr gut und sehr hübsch; ihre Mutter nannte sie Ally, obgleich sie Alice hieß, und wir taten das Gleiche, denn es waren sehr einfache, freundliche Leute, und wir wurden bald so gute Freunde, als wenn wir schon seit vielen Jahren zusammengelebt hätten. Ich sah, ehe viele Zeit vorüberging, dass die Leute mich lieb hatten und namentlich, dass das Mädchen mir sehr zugetan war. Eines Tages, als Griffiths ausgegangen, begab ich mich zu ihr in das Wohnzimmer hinab, wo sie nähte, und nahm einen Stuhl neben ihr.

»Meine liebe Ally«, sagte ich und legte ihr die Hand auf den Arm, damit sie einen Augenblick mit der Arbeit innehalte, »liebe Ally, ich möchte mit Ihnen sprechen.«

Sie errötete und wurde blass und errötete wieder, und ich fühlte die Pulse in ihrer kleinen Hand schlagen, wie das Herz eines erschrockenen Vogels. Aber sie antwortete nicht eine Silbe.

»Meine liebe Ally«, sagte ich, »ich bin ein einfacher Mann; ich bin zweiunddreißig Jahre alt; ich verstehe nicht zu schmeicheln, wie andere, und habe wenig in Büchern gelesen, um meine Worte recht zu setzen. Ich habe Sie lieb, und obwohl ich nicht sagen will, dass Sie das erste Mädchen sind, das mir gefallen, so kann ich doch in Wahrheit sagen, dass Sie die erste sind, die ich zu meiner Frau machen möchte. Wenn Sie mich nehmen wollen wie ich bin, so werde ich Ihnen ein treuer Gatte sein, so lang ich lebe.«

[1] Einkommen, Gehalt.

Was sie mir antwortete, oder ob sie überhaupt sprach, ist mehr, als ich sagen kann, denn meine Gedanken waren ganz verwirrt; aber ich fühlte mich unendlich glücklich, und als Mrs. Morrison hereinkam, hatten wir uns ewige Treue geschworen.

Ich weiß nicht, wann ich zuerst die Veränderung bei John Griffiths bemerkte; aber dass es ungefähr um diese Zeit war, des bin ich gewiss. Es ist schwer, Blicke in Worte zu fassen; aber Andere sahen die Veränderung so gut als ich, und jedermann bemerkte, dass er schweigsamer und unumgänglicher wurde als vorher. Er blieb so lange von Hause fort, als nur immer möglich, brachte alle Sonntage auswärts zu und machte sogar unserer freundlichen Gewohnheit, abends nach der Vorstellung zusammen nach Hause zu gehen, ein Ende; stattdessen ging er mit den anderen vom Theater in ein Wirtshaus. Noch schlimmer, er wechselte kein Wort mit mir, selbst wenn wir bei Tische saßen. Und bisweilen war es mir, als sähe ich ihn unter seinen buschigen Brauen einen Blick voll Hass auf mich werfen. Mehr denn einmal legte ich meine Hand auf seinen Arm, wenn er sonntags forteilte oder nachts nach seinem Wirtshause ging, und sagte:

»Griffiths, hast du etwas gegen mich?« oder »Griffiths, willst du nicht zu Hause ein Glas mit mir trinken?«

Aber entweder stieß er mich zurück oder er murmelte eine finstere Verneinung, die mehr wie ein Fluch, als wie eine freundliche Antwort lautete, sodass ich endlich des Friedemachens müde wurde und ihn seiner Wege gehen ließ. Der Sommer war bereits weit vorgeschritten und unser Engagement nahezu zu Ende, als ich mir die Möbel zu kaufen und Ally ihre Aussteuer zu machen begann. Mein Verhältnis zu Griffiths blieb dasselbe; als der Hochzeitstag jedoch bestimmt war, nahm ich mir vor, ihn zur Kirche und zum Essen einzuladen.

Es war am 21. Juni; mittags ein Uhr sollte eine allgemeine Probe stattfinden. Das Wetter war warm und ich ging bald von Hause weg, um mich nicht zu erhitzen und zu ermüden, denn ich wusste, dass mit der Probe des neuen Stücks und dem »furchtbaren Herabsteigen« ich genug zu tun haben würde. Ich kam zwanzig Minuten zu früh. Die Gärten boten bei Tage einen traurigen Anblick, aber sie waren doch freundlicher als das Theater; so ging ich unter den Bäumen umher und betrachtete die Jämmerlichkeit all dieser Herrlichkeiten, welche beim Lichte der gefärbten Lampen und des Feuerwerks einen so magischen Eindruck machten. Plötzlich gewahrte ich in einer Laube John Griffiths. Er lag mit dem Kopf auf einem Tische und schlief. Eine leere Aleflasche und ein Glas standen neben ihm. Ich konnte mich nicht täuschen, obgleich sein Gesicht in den Händen verborgen war; ich ging deshalb auf ihn zu und berührte ihn leicht an der Schulter.

»Ein schöner Morgen«, sagte ich. »Ich dachte, ich sei frühzeitig da, aber es scheint, dass du vor mir kamst.«

Er sprang auf, als er mich sprechen hörte, und wandte sich ungeduldig weg.

»Weshalb hast du mich geweckt?«, sagte er finster.

»Weil ich dir etwas zu sagen habe. Du weißt, dass am 16. August die letzte Vorstellung hier stattfinden wird. Nun, am 17. will ich meine Hochzeit feiern und ...«

»Hol dich der ...«, unterbrach er mich, indem er mir sein leichenblasses Gesicht zuwandte und mich wie ein Tiger ansah. »Wie kannst du es wagen, mir damit zu kommen, gerade mir?«

Ich war so wenig auf diesen leidenschaftlichen Ausbruch gefasst, dass ich nichts zu sagen hatte. Er fuhr deshalb fort: »Warum lässt du mich nicht gehen? Ich habe dich bis jetzt in Ruhe gelassen ...«

Er schwieg und biss sich in die Lippen, und ich sah, dass er von Kopf bis zu den Füßen zitterte. Ich bin kein Feigling, denn ich könnte wohl kein patagonischer Bruder sein, wenn ich ein solcher wäre; aber der Anblick seines Hasses machte mich ganz krank.

»Mein Gott!«, sagte ich, an den Tisch gelehnt, »was willst du? Bist du wahnsinnig?«

Er gab mir keine Antwort, sondern sah mich finster an und ging weg. Von diesem Augenblicke wusste ich alles. Es stand in seinem Gesichte geschrieben. Ich sah ihn nicht wieder, bis wir uns ungefähr eine Stunde später zur Probe auf der Bühne begegneten. Ich hatte meine Fassung wieder, aber an Griffiths rotem Gesichte merkte ich, dass er indessen getrunken. Nach der Probe rief uns Mr. Rice in sein Privatzimmer und regalierte[1] uns mit Sherry.

»Patagonier«, sagte er, denn er nannte uns wunderlicherweise immer bei diesem Namen, »ich glaube, dass Ihr keine Einwendung macht, wenn ich Euch bitte, am sechzehnten ein Extrastück zum Besten zu geben, natürlich gegen Extrabezahlung: die Saison sollte glänzend beschlossen werden.«

[1] Genießen, etwas mit Genuss zu sich nehmen.

»Nein, nein, Sir, gerne«, antwortete Griffiths in seiner herzlichen Weise. »Wir sind zu allem bereit. Was sollen wir machen?«

»Es ist ein neues französisches Kunststück, das hier noch nie gemacht worden, es heißt ›Das Trapez‹ … Patagonier, euer Wohl!«

Wir tranken und Mr. Rice erklärte uns das Kunststück. Unter einem aufsteigenden Luftballon wurde ein viereckiger hölzerner Rahmen befestigt, der »Das Trapez« hieß. An der Basis dieses Trapezes sollte einer von uns aufgehangen werden, mit einem Riemen von starkem Leder um den Knöchel, für einen Unglücksfall. Wenn der Ballon in die Höhe ging und der Mann mit aufstieg, während sein Kopf herabhing, sollte der andere ihn bei den Händen fassen und so ebenfalls in die Höhe steigen. In dieser Position aber sollten wir unsere gewöhnlichen Kunststücke machen und diese so lange fortsetzen, als der Luftballon gesehen werden konnte.

»All das«, sagte Mr. Rice, »klingt viel gefährlicher, als es ist; der Luftballon bewegt sich so stetig, dass Ihr, abgesehen von dem Gedanken, so hoch über den Häusern zu schweben, die Kunststücke so bequem macht als in den Gärten.«

Griffiths legte seine Hand auf den Tisch und stieß an.

»Ich bin bereit, Sir«, sagte er mit einem Fluche, »und werde das Stück allein machen, wenn man sich fürchten sollte, mit mir zu gehen.«

Er sagte dies mit einem höhnischen Blick auf mich.

»Wenn du mich damit meinst, John«, sagte ich rasch, »so fürchte ich mich so wenig als du, und wenn es sich nur darum handelt, so will ich gleich heute noch aufsteigen.«

Den Ausdruck, welchen sein Gesicht bei diesen Worten annahm, vermöchte ich nimmer zu beschreiben. Das Blut stockte mir in den Adern. Mr. Rice war sehr erfreut, uns so bereitwillig zu finden. Mr. Staines und sein ausgezeichneter »Württemberger Ballon« wurden gewonnen; fünfzehnhundert weitere Lampen wurden angeschafft, und Griffiths und ich erhielten zwölf Pfund für den Abend. Arme Ally! Mitten in der Aufregung hatte ich ihrer vergessen, und erst als ich das Theater verlassen und langsam heimging, fiel sie mir ein. Ich glaubte zwar nicht an die geringste Gefahr; aber je näher ich Islington kam, desto unbehaglicher wurde mir zu Mute. Ich war so feig, dass ich nicht wagte, es ihr noch am selben Abende zu sagen, auch anderen Tages nicht; erst am Sonntage, als wir nach Tische beisammensaßen, fand ich den Mut, es ihr zu sagen. Ich hatte etwas wie eine Szene erwartet, aber ich hatte keine Idee, dass sie es so aufnehmen würde, wie sie es tat, und ich gestehe offen, wenn die Zettel nicht bereits überall angeklebt gewesen, würde ich zu Mr. Rice gegangen sein und meinen Rücktritt erklärt haben. Aber nun war es zu spät und ich konnte ihr keinen anderen Trost geben, als dass ich der sein wolle, der sich zuerst an das Trapez binden lasse. Sie wurde dadurch ruhiger. John Griffiths sah ich während der nächsten acht Tage, außer abends bei der Vorstellung, mit keinem Blicke.

Es wurde mir schwer, als ich am Nachmittag des sechzehnten von Hause wegging. Mein Liebling hing sich an mich, als sollte ihr Herz brechen, und ich gestehe, dass ich selbst weinte. Es war eine ungeheure Menschenmenge im Belvederegarten versammelt. In der Mitte des Schauplatzes hing der »Württemberger Ballon« wie ein schlafender Riese. Das Aufsteigen war auf sechs Uhr festgesetzt, damit wir bei Tage wieder herabkämen. Ich zog mich rasch an und ging dann, Mr. Rice aufzusuchen. Bei dem Direktor befanden sich drei Gentlemen: Colonel Steward, Kapitän Crawford und Sidney Baird, lauter feine Gentlemen. Ich wollte mich zurückziehen, als ich sie bei Wein und Zigarren dasitzen sah; aber sie boten mir ein Glas Port an und schüttelten mir artig die Hand.

»Auf gutes Glück für uns alle!«, sagte Colonel Steward, und ich hörte nun, dass sie beabsichtigten, die Luftfahrt mitzumachen.

Nachdem wir eine Zeitlang getrunken, sah einer von ihnen auf die Uhr und fragte:

»Worauf warten wir noch? Es ist bereits zehn Minuten über Sechs.«

Und so war es auch. Zehn Minuten über die Zeit, und Griffiths hatte sich noch nicht blicken lassen. Mr. Rice wurde sehr ungeduldig, und die Menge machte Lärm; aber es dauerte noch weitere zwanzig Minuten. Mr. Rice hielt eine Anrede an das Publikum; die Gentlemen nahmen ihre Sitze in dem Schiffe ein; ich wurde mit einem Fuße an die Basis des Trapezes gebunden und Mr. Staines war eben im Begriff, das Zeichen zu geben, als sich Griffiths plötzlich einen Weg durch die Menge bahnte. Natürlich entstand ein großer Jubel.

Nach Verfluss von zehn Minuten war er angezogen. Er sah sehr finster drein, als er merkte, dass er der untere sein sollte; aber es war keine Zeit zum Ändern mehr; sein linker Fußknöchel und mein rechter wurden durch einen ledernen Riemen verbunden und das Zeichen gegeben. Der Ballon ging in die Höhe und schwebte über den Häuptern der Menge. Immer tiefer sanken die Bäume und Springbrunnen und das Pflaster der emporgestreckten Gesichter. Der Klang der Musik wurde immer schwächer. Das Gefühl war so eigentümlich, dass ich anfangs meine Augen schließen musste und es mir war, als wenn ich jeden Augenblick hinabstürzen und in tausend Stücke zerplatzen müsste. Aber das verging bald, und als wir ungefähr dreihundert Fuß in der Höhe waren, fühlte ich mich so behaglich, als wenn ich in der Luft mit dem Gesichte nach unten geboren wäre. Nun begannen wir unsere Kunststücke. Griffiths war so kalt als nur möglich, und wir machten alle erdenklichen Attituden[1], indem wir uns bald an den Händen, bald an den Füßen schwangen, und dann wieder Purzelbäume übereinander machten. Während ich so mich drehte und schwang, jeden Augenblick meine Lage wechselte, gaukelten die Stadt und der Fluss, der Himmel und der Sonnenuntergang und die aus ihrem Schiffe herabschauenden Gentlemen unaufhörlich vor meinen Augen herum. Die Luft wurde dicker unter uns und neblig, und wir sahen zuletzt nichts mehr.

»Nun, John«, sagte ich, »wir haben unsere Arbeit getan. Wäre es nicht Zeit, dass wir uns in das Schiff hinaufschwängen?«

Er hing gerade unterwärts, indem er mich an beiden Händen hielt, und blieb so einige Minuten ganz ruhig. Er schien mich nicht zu hören; kein Wunder, denn die Wolken wurden so dicht, dass man selbst die Stimmen der lachenden Gentlemen nur undeutlich vernahm, und ich konnte kaum eine halbe Elle weit um mich her sehen. Ich wiederholte deshalb die Frage. Er antwortete nicht, sondern packte mich an der Faustwurzel, dann an der Mitte meines Arms und erhob sich so stufenweise bis zur Höhe meines Gesichts. Nun hielt er inne und ich fühlte seinen heißen Atem an meiner Wange.

»William Waldur«, sagte er rau, »wolltest du nicht morgen Hochzeit halten?«

Es überkam mich ein Schauer, als ich diese Frage in diesem Tone und in dieser furchtbaren Einsamkeit an mich richten hörte. Ich suchte meine Hand loszumachen, aber er hielt sie fest.

»Nun ja, was soll das? Halte dich doch an der Stange und lasse meinen Arm los.«

Er lachte wild, ließ aber nicht los.

»Ich denke, wir sind zweitausend Fuß über der Erde«, sagte er, und

[1] Gesten, Posen, Körperhaltungen.

es war mir, als wenn er etwas zwischen den Zähnen hätte. »Wenn einer von uns stürzte, wäre er tot, ehe er unten ankäme.«

Ich hätte in diesem Augenblick die Welt gegeben, wenn ich sein Gesicht hätte sehen können; aber so mit dem Kopfe nach unten und sein ganzes Gewicht an meinen Armen, hatte ich nicht mehr Kraft als ein Kind.

»John«, rief ich, »was willst du? Halte dich doch an der Stange und lass mich das Gleiche tun. Das Blut zerreißt mir die Adern im Kopfe!«

»Siehst du das?«, sagte er und packte meine Arme ein paar Zoll höher, um mir ins Gesicht zu sehen. Es war ein großes, offenes Taschenmesser, das er zwischen den Zähnen hielt. »Ich kaufte es diesen Abend und barg es in meinem Gürtel. Ich wartete, bis die Wolken uns der Masse entzogen. Ich schneide dich mit einem Ruck vom Ballon. Ich habe mir einen Eid geschworen, dass du sie nicht haben sollst, und ich will meinen Eid halten.«

Ein Schleier fiel über meine Augen und alles wurde rot. Ich fühlte, dass ich in der nächsten Minute das Bewusstsein verlieren werde. Er glaubte, es sei schon so, und meine Arme freilassend, machte er einen Sprung nach der Stange. Dieser Sprung rettete mich. Unsere Gelenke waren aneinander gebunden, und als er sich hinaufschwang, riss er mich mit sich, denn ich war so schwach, dass ich selbst keine Anstrengung hätte machen können. Ich sah ihn mit der linken Hand sich an der Stange halten und das Messer in seine Rechte nehmen; ich fühlte den kalten Stahl zwischen seinem und meinem Gelenke durchgehen, und dann … Der Schrecken des Augenblicks gab mir meine Kraft wieder und ich klammerte mich an den Rahmen, gerade als der Riemen zerriss. Wir waren jetzt getrennt, und ich hing nur noch mit einem Gelenke an dem Trapez fest. Er aber hatte sein furchtbares Messer noch. O der tödliche Kampf, der nun entstand! Das Haar sträubt sich mir, wenn ich daran denke. Seine einzige Hoffnung beruhte jetzt in der fluchwürdigen Waffe. Mit der einen Hand sich an dem Holzrahmen festhaltend, suchte er mir mit der anderen einen Stich beizubringen. Es galt jetzt Leben oder Tod. Seine mörderische Hand an meinem Halse zu fühlen und in der Stille dieses Kampfes das Knallen der Champagnerkorken von oben zu hören, dem ein sorgloses Lachen folgte … das war grässlicher als der Tod, hundertmal grässlicher. Ich kann nicht sagen, wie lange das dauerte, es waren vielleicht nur wenige Sekunden, aber es erschien mir wie Stunden. Die Frage war nun, wer zuerst erdrosselt sein würde. In diesem Augenblick ließ sein Griff nach, seine Lippen wurden totenblass und ein Schauer ging durch jede Fiber seines Körpers. Er wurde schwindlig! Dann stieß er einen Schrei aus – einen Schrei, der nichts Menschliches hatte. Er machte einen falschen Griff an dem Trapez und überschlug sich; ich fasste ihn aber noch im rechten Moment an dem Gürtel.

»Es ist aus mit mir!«, murmelte er zwischen den Zähnen. »Räche dich!«

Dann fiel sein Kopf schwer zurück und er hing, eine tote Last, an meinem Arm. Ich rächte mich, aber es war eine schwere Arbeit, denn ich war selbst schon halb erschöpft. Wie es mir gelang, ihn zu halten, meine Füße loszubinden, und so beladen an den Stricken hinaufzuklettern, ist mehr, als ich sagen kann; aber meine Geistesgegenwart verließ mich keinen Augenblick und ich glaube, die Aufregung gab mir eine falsche Stärke. Jedenfalls tat ich es, obwohl ich mich nur noch erinnern kann, wie ich in das Schiff kletterte und die erschrockenen Gesichter der Gentlemen sah, als ich am Boden niedersank, kaum mehr lebendig als die Last in meinen Armen.

Er ist jetzt in Australien, wie ich höre, Goldgräber. Sein Verbrechen an mir hat er bereut und gesühnt.

Mr. Halls letzte Luftfahrt

Eine Erzählung von einem unbekannten Autor

Große Aufregung herrschte an einem schönen Sommertage des Jahres 1853 in dem kleinen irischen Städtchen Ballydorley. Die ganze Bevölkerung nicht nur des Städtchens, sondern auch der Umgegend war auf den Beinen und stürmte dem großen Platze zu, auf dem gewöhnlich die Wettrennen stattzufinden pflegten. Hier drängte sich alles um einen Gegenstand, welcher sich in der Mitte des Platzes befand.

Es war dies ein großer, schön bemalter Luftballon, den man soeben gefüllt hatte, und der, an Seilen festgehalten, majestätisch über den Köpfen der gaffenden Zuschauer herschwebte und nur auf die Ankunft des kühnen Aeronauten zu warten schien, um sich in die Lüfte zu schwingen.

»Da kommt er! Da kommt er!«, hieß es nun plötzlich aus vielen tausend Kehlen, und alles blickte erwartungsvoll auf einen raschen Laufes sich nähernden Wagen, aus welchem bald darauf Mr. Hall, ein in England und Irland durch seinen großen Reichtum bekannter Gutsbesitzer, heraussprang.

Mr. Hall war ein kleiner lebhafter Mann und gehörte zu der Gattung Menschen, die man gewöhnlich mit dem Ausdruck »Pechfinken« zu bezeichnen pflegt, d. h., die sicher sind, bei jeder Gelegenheit irgendwelchem Unheil zu begegnen. Selten gelang es ihm z. B., in ein Zimmer einzutreten, ohne auszugleiten; zu stürzen, ohne dabei etwas zu zerschlagen; selten, Briefe zu schreiben, ohne Tinte darüber zu gießen; zu essen, ohne alles Mögliche in die falsche Kehle zu bringen; etwas zu zerschneiden, ohne sich zu schneiden usw.

Beim Turnen hatte er sich drei Zähne eingeschlagen; beim Schifffahren wäre er beinahe schon viermal ertrunken, und auf der Jagd in den schottischen Mooren hatte er, anstatt Rebhühner, sich zwei Finger weggeschossen. Eine Vorliebe ferner für die edle Feuerwerkerei hatte ihn eines großen Teiles seiner Haare, und gänzlich seiner Augenbrauen und seines Bartes beraubt. Was endlich seine verschiedenen Eisenbahnunfälle betrifft, so ließe sich darüber ein ganzes Buch schreiben.

Nachdem er nun so zwei Elemente, Wasser und Feuer, hinlänglich versucht, kam ihm einstens der glückliche Gedanke, dass es noch ein drittes, die Luft, gäbe, welches für ihn unmöglich gefährlicher als die anderen sein könnte. Demgemäß hatte er sich ein Jahr zuvor, als er noch auf seinem Gute in Devonshire lebte, einen großen Luftballon gekauft, und – es ist unglaublich, aber wahr – hatte mit demselben schon verschiedene Ausflüge gemacht, von denen er mit heiler Haut zurückgekommen war.

Heute nun hatte er im Sinne, mit seinem Ballon über die Insel hin bis nach Belfast zu fliegen. Ein Freund aus London, der sich gerade auf einer Fischpartie in Irland befand, hatte ihm versprochen, die Fahrt mitzumachen, schien aber die Courage verloren zu haben, denn – er kam nicht.

In keiner Weise dadurch entmutigt oder gestört, war Mr. Hall eben im Begriff, in die Gondel seines Ballons zu steigen, als ein großer, sehr kräftig gebauter Mann von feinem Aussehen auf ihn zuschritt und höflichst grüßend sagte:

»Dürfte ich Sie mit einer Frage belästigen?«

»Mit Vergnügen.«

»Ist es wahr, dass Sie nach Amerika zu gehen gedenken?«

»Nein, nur nach Belfast, so es Wind und Wetter erlauben.«

»Belfast«, wiederholte langsam der Fremde mit etwas ausländischem Akzent, »der Norden von Irland. – Nun gut, das ist gerade die Richtung, welche ich auch einzuschlagen habe; weil ich aber zu Lande zu reisen hasse, so erlaube ich mir, Sie zu bitten, mich als Reisegefährten anzunehmen.«

Mr. Hall zögerte einen Augenblick. Da er jedoch herzlich wünschte, jemanden als Begleiter auf seiner kühnen Fahrt zu haben und gegen die Person des Fremden durchaus keine Einwendung zu machen hatte, so gab er seine Zustimmung. Nur bemerkte er dem Fremden, dass sein Anzug für die kalten Regionen, die sie zu durchstreichen hätten, zu leicht sein dürfte.

»Bah!«, war die Antwort. »Ich bin schon durch manches andere Klima gekommen und bin, gottlob, nichts weniger als empfindlich.«

»Nun, so kommen Sie«, sagte Mr. Hall, die athletische Gestalt des Fremden mit den Augen messend, »kommen Sie! Die Gondel ist groß genug für uns beide.«

Rasch hatte sich jeder ein Plätzchen zurechtgemacht, und das Zeichen zum »Loslassen« wurde gegeben.

Die 15 Mann, deren Hände die straff angezogenen Stricke festhielten, verlangten nichts Besseres, und in einem Nu flog der Ballon in die Lüfte, begleitet von dem Händeklatschen und dem Geschrei der versammelten Menge.

»Ah! Wie herrlich!«, rief Mr. Hall. »Nicht wahr?«

Als er hierauf keine Antwort erhielt, schaute er sich nach seinem Gefährten um. Derselbe lag, die Hände krampfhaft an die Stricke des Ballons geklammert, beinahe platt auf dem Leibe. Sein Kopf hing schlaff über den Rand der Gondel, während sein Blick ausdruckslos hinabstarrte.

»Haben Sie Furcht?«, fragte Mr. Hall teilnahmsvoll.

Keine Antwort.

Unterdessen stieg der Ballon mit rasender Geschwindigkeit aufwärts, und in kurzer Zeit hatten sie die Wolkenregion erreicht.

Mr. Hall wandte sich jetzt von Neuem zu seinem Gefährten. Dieser befand sich noch ganz in seiner früheren Lage.

»Sind Sie unwohl?«, sagte der Luftschiffer, ihn leicht am Arme schüttelnd.

Wieder keine Antwort. Immer noch derselbe tote, starre Blick.

Schon waren sie jetzt in ungeheurer Höhe angekommen. Unter ihnen lagen die Wolken, über ihnen die brennende Sonne und um sie herum ein endloser, unbegrenzter Raum.

Plötzlich sprang der Fremde auf. Sein Gesicht war bleich, wie das eines Toten.

»Rascher! Rascher!«, rief er mit gebieterischem Tone und warf zugleich drei der mit Sand gefüllten Säcke, die als Ballast dienten, über Bord. »Ha!«, fuhr er mit unheimlich klingender Stimme fort[1]. »Das ist eine Art zu reisen; die Schwalben und sogar den Adler werden wir einholen. – So aufgeregt fühlte ich mich nie, selbst nicht, als ich noch in den Abruzzen die Büchse in der Hand auf Reisende lauerte. – Damals war es ihr Leben, das Gefahr lief, jetzt ist es das meine.«

›Sehr hübsch‹, dachte der Besitzer des Ballons, ›es scheint, ich befinde mich in Gesellschaft eines italienischen Banditen.‹

Der Ballon stieg immer noch mit grauenhafter Schnelle.

»Besser ist's, mit den Elementen zu kämpfen, als mit Zollhaus-

[1] Im Original steht: »weiter«.

offizieren«, murmelte der Fremde halblaut und warf wieder einige der Säcke hinaus.

»Um Gottes willen«, rief Mr. Hall, indem er die Hand auf seines Gefährten Arm legte, »bleiben Sie an Ihrem Platze! – Unser Leben steht auf dem Spiele! – Schon muss ich, um Ihre Unklugheit wieder gutzumachen, einiges Gas herauslassen!«

»Wie geschieht das?«, fragte der Fremde neugierig.

»Ich ziehe diesen Strick an, der mit der Klappe des Ventils in Verbindung steht.«

»Und wenn Sie dies Hilfsmittel nicht hätten, was wäre die Folge davon?«

»Wir würden steigen und steigen, bis alles zerbersten würde.«

Der Fremde verfiel einen Augenblick in tiefe Gedanken, dann zog er rasch ein langes Messer und zerschnitt, so hoch, als er hinauflangen konnte, den Strick der Klappe.

»Rascher, rascher!«, rief er von Neuem, wütend an den Seilen des Ballons rüttelnd.

Der Mann war ein Riese im Vergleich mit Mr. Hall, der, da er wohl einsah, dass er mit Gewalt nichts auszurichten imstande wäre, sich auf das Bitten verlegte.

»Mein Herr«, sagte er in flehendem Tone, »Sie sind sicher Christ, und unsere Religion verbietet den Mord.«

»Rascher, rascher!«, brüllte der Riese, und mit nerviger Faust den Rest der Sandsäcke packend, schüttete er ihren Inhalt auf die unter ihnen dahinstreichenden Wolken.

Mr. Hall fiel auf die Knie nieder. »Ah!«, rief er verzweiflungsvoll aus. »Wenn Ihnen auch nichts mehr an Ihrem Leben liegt, so schonen Sie wenigstens das meine. Haben Sie Mitleid! Ich bin jung, reich und glücklich! Ich habe noch eine Mutter und eine Schwester – in ihrem Namen flehe ich Sie an, nur Ihre Hand nach der Klappe auszustrecken, um ein wenig Gas aus dem Ballon zu lassen, was uns beide retten, uns vor einem fürchterlichen Tode retten wird!«

»Unsinn! Wir kommen ja gar nicht weiter!«, versetzte der Fremde, riss seinen Rock herunter und schleuderte ihn hinaus.

»Jetzt ist's an Ihnen!«, rief er, und ehe sich der arme Hall nur widersetzen konnte, hatte er auch ihm den Rock vom Leibe gezogen und dem seinen nachgeworfen.

Der Ballon, dessen rasenden Flug nichts hemmte, fuhr indessen fort, immer höher und höher zu steigen.

»Hahaha!«, lachte der Fremde. »Während wir so hübsch im Begriffe sind, in den Himmel zu fahren, werde ich Euch ein Geschichtchen erzählen.«

Sein unglücklicher Gefährte rührte sich nicht mehr; schon strömte ihm in Folge der außerordentlichen Dünne der Luft das Blut aus Augen und Ohren.

»Hört zu! Vor drei Jahren bewohnte ich Madrid; ich war Witwer und lebte allein mit meiner Tochter, einem reizenden blauäugigen Engel mit prächtigem langem Haar.

Eines Tages war ich früh vom Hause weggegangen, und als ich abends heimkam, fand ich mein Kind, meine teure Lucia, nicht mehr! Banditen waren während meiner Abwesenheit in mein Haus gebrochen und hatten mir mein Teuerstes geraubt. – Doch Freund, habt Ihr keine Kanone hier?«

Mr. Hall machte mechanisch ein verneinendes Zeichen.

»O wie schade! Ich würde Spanien bombardiert haben. – Seit dieser Zeit durchstreife ich rastlos ganz Europa, um mein Kind zu suchen – aber alles ist vergebens! – Im Norden von Irland jedoch, da könnte sie sein! Habt Ihr vielleicht ein Zündhölzchen bei Euch?«

Der arme Hall schüttelte mit dem Kopfe.

»Auch nicht! O, wenn ich nur eines hätte, ich würde den ganzen Ballon anzünden, und durchs Zusammenbrennen müsste er doch leichter werden. Als Ihr mich heute früh saht, war ich eben daran, die dummen Gesichter der Menge zu mustern, in der Hoffnung, das des verfluchten Räubers meines Kindes darunter zu entdecken – aber vergebens!«

Dass sein Reisegefährte vollständig verrückt war, hatte der unglückliche Hall längst mit Entsetzen bemerkt. Da – o gütiger Himmel Dank – schien ihm plötzlich ein rettender Gedanke zu kommen.

»Wie ist Euer Name?«, fragte er den Wahnsinnigen.

»Luigi Toreno!«

»Wie! Ihr wäret Luigi Toreno!«

»Der bin ich!«

»O, dann weiß ich, wo der Räuber Eures Kindes zu finden ist – wir sind jetzt gerade über dem Orte – öffnet die Klappe des Ventils, und in kurzer Zeit werdet Ihr Eure Lucia in die Arme schließen.«

»Nein, nein! Ihr täuscht mich, guter Freund! Meine Lucia ist im Himmel, nicht auf Erden; verflossene Nacht erschien sie mir im

Traume und sagte es mir. Deshalb muss ich immer höher und höher hinauf, denn nur dort kann ich sie finden. Kommt, helft mir dabei! Lasst uns mit der ganzen Kraft unserer Lungen blasen, und da wir ja unten sind, so muss dies den Ballon in die Höhe treiben. Also blast, Freund, blast!«

Mr. Hall suchte vergebens, sich zu erheben.

»Bei meiner Seele, wir kommen ja nicht vom Flecke!«, heulte der Riese. »Auf! Steigt auf meine Schulter und schiebt am Ballon. Wir müssen hinauf!«

Mit diesen Worten packte er den halbtoten Hall und hob ihn wie ein Kind über seinen Kopf.

»Jetzt drauflos! Schiebt! Schiebt!«

Der Unglückliche versuchte zu gehorchen, aber das von seinen Augen niederrieselnde Blut blendete ihn. Ein schreckliches Klingen und Summen erfüllte sein Ohr; Blitze schienen vor ihm zu flammen.

»Nun?«, schrie der Wahnsinnige. »Will es nicht gehen?«

In diesem Augenblick berührte Mr. Halls zitternde Hand zufällig den Strick des Sicherheitsventils. Mit Aufgebot seiner letzten Kraft zog er ihn an. Zischend strömte das Gas durch die geöffnete Klappe und rasch begann der Ballon, auf die Wolken niederzusinken.

»Ah!«, rief Toreno. »Anstatt den Ballon aufwärts zu schieben, wie ich Euch gebot, drückt Ihr ihn herab! Aufwärts, sage ich Euch, aufwärts!«

»Ihr seht ja, dass ich es aus Leibeskräften tue.«

»Nein! Nein! Denn hier zeigt sich schon die Erde wieder!«

»Das kommt daher«, stöhnte der arme Hall, »dass die Wolken sich nach den oberen Regionen ziehen!«

»Gut«, rief der Verrückte, indem er Hall auf den Boden niederlegte, »das wollen wir auch! Und um den Ballon leichter zu machen, lasst uns alles über Bord werfen!«

»Wir haben ja nichts mehr!«

»Nichts mehr?«, fragte der Wahnsinnige, seinen Gefährten scharf anblickend. »Wie viel wiegt Ihr?«

Den unglücklichen Hall traf diese Frage wie ein betäubender Schlag.

»O, sehr wenig! Nichts, das nur im Geringsten etwas ausmachen könnte – eine unbedeutende Kleinigkeit!«

»Eine unbedeutende Kleinigkeit? – Nun, auch die ist von Gewicht.«

Das Ungeheure der Gefahr gab unserm Aeronauten seine Geistesgegenwart wieder.

»Mein Freund«, sagte er, »Eure Tochter ist nicht tot – ich sah sie erst vorige Woche in der Nähe von Belfast. Sie lebt bei einer Familie, die sie liebt und wie ihr eigenes Kind behandelt. In ganz kurzer Zeit werdet Ihr, wenn Ihr mir erlaubt, den Ballon fallen zu lassen, bei ihr sein.«

Der Wahnsinnige starrte ihn wild und ungläubig an.

»Ja«, fuhr Mr. Hall eifrig fort, um den Eindruck zu benutzen, den er auf ihn gemacht zu haben schien, »Ihr werdet sie wiedersehen, Eure Lucia, mit weit geöffneten Armen wird sie Euch entgegeneilen, und lustig wird ihr goldenes Haar im Winde – – –«

»Ihr lügt, Ihr lügt! Lucias Haar ist so schwarz wie Ebenholz. Mann! Ihr habt sie nie gesehen! Wie viel wiegt Ihr?«

»O, beinahe nichts. Nur ein paar Pfund!«

Der Wahnsinnige ergriff ihn mit beiden Händen und hob ihn über den Rand der Gondel; einen Augenblick später – und er würde ihn in die unermessliche Tiefe geschleudert haben.

»Toreno!«, rief der Unglückliche. »Ihr wollt höher hinauf?«

»Ja!«

»Euer Wunsch ist, den Ballon leichter zu machen?«

»Ja, ja!«

»Und wie viel wiegt Ihr selbst?«

»Zweihundert Pfund!«

»Gut, so stürzt Euch selbst hinab, und der dadurch ungeheuer erleichterte Ballon wird mit solch unglaublicher Raschheit aufsteigen, dass er bald an den Himmel stoßen muss!«

Der Wahnsinnige besann sich einige Augenblicke.

»Das ist wahr«, sagte er. »Ihr habt recht!«, und seine Hände ließen Hall los.

»Mein Schöpfer!«, rief er dann, einen letzten wilden Blick um sich werfend. »Ich komme zu dir. Bei dir allein werde ich mein Kind, meine Lucia, wiederfinden!«, und mit einem verzweifelten Satze über Bord springend, verschwand er.

Der Ballon und sein Besitzer kamen glücklich unten an. Der Letztere jedoch lag viele Wochen lang im heftigsten Fieber da.

Als er wieder zu sich kam, war sein Erstes, dass er Befehl gab, sein gefährliches Spielzeug um jeden Preis zu verkaufen; und jetzt, nachdem schon so manches Jahr darüber vergangen, ein treues Weib an seiner Seite und ein blühender Kreis Kinder um ihn stehen, denkt er noch oft mit Schaudern an seine letzte Luftfahrt.

Ein Drama in der Luft

Eine Originalnovelle von Adolf Schirmer

I

Wenige Monate ist es her, da schlenderte zeitig an einem Nachmittage ein junger Herr im Palais Royal neben der Fontäne auf und nieder.

Seine elegante, graziöse Haltung, die tadellose Toilette verkündeten den Kavalier und Stutzer der vornehmsten Salons des französischen Kaiserreiches.

Auf den ersten Blick war leicht zu erkennen, dass der junge Mann kein Lustwandelnder, sondern ein Harrender sei – eine gewisse Ungeduld in den Bewegungen, rastlos umherschweifende Blicke, leicht zusammengezogene Brauen und fest aneinandergepresste Lippen verraten selbst dem gedankenlosen Laien in der tiefsinnigen Kunst des Beobachtens nur allzu dienstfertig, in welches Stadium der Geduldsprobe wir zu treten im Begriff sind.

Diese untrüglichen Anzeichen einer Abschied nehmenden Langmut offenbarten sich denn auch zur Genüge an dem seit einer halben Stunde unermüdlich auf und niederschreitenden Kavalier, der, wie seinesgleichen gewohnt, die Straßen von Paris im zierlichen, rennerbespannten Coupé[1] oder Tilbury[2] zu durchfliegen, nach und nach sämtliche Foltern der Ungeduld durchzukosten schien. Bietet gleich das Palais Royal Zerstreuung genug, blitzen auch in den anmutigen Galerien dieses wunderbaren, erinnerungsreichen Schlosses aus zahllosen Schmuckkästchen, sonst Magazins genannt, die verführerischen Schätze eines zauberischen Luxus wie diamantenfunkelnde Träume persischer Märchen hervor – was hat der verwöhnte Pariser Dandy damit zu schaffen? Er sieht hier nur unsaubere, verwitterte Steinmassen, die ihn das aus Samt und Gold gewobene liebliche Bou-

---

[1] Zweiachsige Kutsche mit halboffener Fahrgastkabine für zwei Personen.

[2] Leichte, offene, eispännige und einachsige Kutsche.

doir[1] einer reizenden Berühmtheit des Tages nicht vergessen machen; das bunte Gassengedränge mit seinen Werktagsgesichtern, seinem plumpen Überstürzen, seiner unschönen Hast verletzt ihn, statt ihn zu zerstreuen; zu seinen aristokratischen Sinnen spricht nur das glänzende Durcheinander im Foyer der italienischen Oper oder auf der Promenade von Longchamps.

Zum hundertsten Mal schritt der junge Mann von der Fontäne zum Café de la Rotonde und von dort zurück zur Fontäne; ein Gemisch von Unruhe und Verstimmung dämmerte leise in den feinen, geistvollen Zügen seines durch eine zarte Blässe melancholisch angehauchten Antlitzes auf.

Er hemmte seinen Schritt vor der Fontäne und starrte lange in den spärlichen Wasserstrahl, dessen kaum sichtbarer Staubregen seine Kleider zu netzen begann.

Fesselte dieser armselige Springbrunnen magnetisch seinen Blick, den zu anderen Stunden weder die prächtigen Wasserkünste von Versailles noch St. Cloud zu locken vermochten?

In Wahrheit, unser Held sah so wenig die rastlose, glitzernde Fontäne, so wenig er die winzigen Perlchen ihres Staubregens auf seiner Wange fühlte – er war tief in Gedanken versunken, Gedanken, die sein Gemüt aufs Lebhafteste zu bewegen schienen, und seine braunen Augen starrten den Springbrunnen an, wie sie in diesem Augenblicke die ganze Welt mit all ihren Wundern würden angestarrt haben – träumerisch, regungslos, gleichgültig, ja glanzlos fast.

So mochten einige Minuten vergangen sein, als sich dem Sinnenden von der Galerie d'Orleans aus ein junger Mann annäherte.

Dieser junge Mann, kaum fünfundzwanzig Jahre alt, hatte nur einen Arm, war bis zur äußersten Sorgfalt elegant gekleidet und trug das Band der Ehrenlegion im Knopfloche.

Sein Auge blitzte leidenschaftliche Lebensglut, sein Antlitz war gebräunt, jeder Zug desselben kühn und liebenswürdig – man sieht dergleichen stolze, lebensfrische Köpfe auf Horace Vernets[2] Schlachtenbildern.

Beim Anblick des Träumers brach er sofort in ein helles, munteres Lachen aus.

Jener schreckte aus seiner Zerstreuung empor.

---

[1] Damenzimmer.

[2] Horace Emile Jean Vernet (1789 bis 1863) war ein französischer Maler, der sich auf Militärbilder spezialisiert hatte.

»Ach, Eugène, endlich! Ich erwarte dich hier schon seit hundert Jahren!«, begann er halb scherzend, halb verdrießlich.

»Charmant!«, entgegnete der Angeredete lächelnd. »Und um dich vor den zentnerschweren Fantasien einer erdrückenden Einsamkeit zu schützen, nimmst du ein Duschebad unter freiem Himmel! Indessen verzeihe mir, dass ich so spät komme, ich hatte mich durch tausend allerliebste Gefahren bis zu dir durchzuschlagen!«

»Wie? Und zu wie viel Fahnen schwurst du heute schon?«

»Man fragt dergleichen einen pensionierten Hauptmann nicht. O Freund, wie ist Paris so groß und die Zeit ein so flüchtiges Gut!«

»Das ließest du mich diese halbe Stunde vergessen.«

»Verzeih mir, aber ich musste an zehn Orten Visite machen, bevor ich zu dir gelangen konnte. Man lässt mich nicht zu Atem kommen.«

»Armer Freund, vor Puebla[1] Belagerer, in Paris Belagerter. Vom Regen in die Traufe, haha!«

»Und doch beneidet uns die Pariser Jugend um das eine wie um das andere!«

»Dem Helden gehört die Welt! Ihr Soldaten tragt selbst in Paris über unsere stolzesten Salonhelden den Sieg davon.«

»Bah, als Invaliden höchstens, Freund. Mein zerschossener Arm ist der einzige Trumpf, den ich auszuspielen habe.«

»Und ich wette, an diesem verlorenen Arm hängt manches verlorene Herz!«

»Was willst du? Jeder Erfolg macht ungenügsam, – für mein vollkommenes Glück habe ich noch einen Arm zu viel!«

»Du redest frivol!«

»Ich neige mich vor deiner Frömmigkeit! Doch sage in aller Welt, was hat dich bewogen, mich hierher zu trommeln, hierher zu dieser unglücklichen Fontäne, die ewig weint, weil sie sich ewig zum Mittelpunkt sentimentaler Rendezvous hergeben muss?«

»Die Notwendigkeit, Freund, – denn ein Frühstück ist eine Notwendigkeit.«

»Ah, ich begreife, und da die Verys, Vesours, die Frères Provençaux das Palais Royal beherrschen –«

»Erraten!«

»Und woher ist dir so plötzlich der erhabene Einfall gekommen, mit

[1] Anspielung auf die Belagerung der Stadt Puebla im Jahr 1863, während der sogenannten Französischen Intervention in Mexiko.

mir heute frühstücken zu müssen? Gesteh nur, du hast mich, wie alle deine Freunde, in letzterer Zeit ein wenig vernachlässigt. Foltert dich Abtrünnigen indessen wahrhafte Reue, so komm in meine Arme, das heißt in drei Viertel derselben, und ich will dein Gast sein, sei's auch nur auf zwanzig Schüsseln und gefrorenen Cliquot[1]!«

»Lieber Eugène, ich weiß weder von Vernachlässigung noch Reue, doch ich habe mit dir von ernsten Dingen zu reden.«

»Von ernsten Dingen? Dann müssen wir freilich frühstücken gehen. Ich kann über ein Stündchen verfügen, Freund Arthur. Wohin führst du mich?«

»Ich denke zu Very.«

»Gut, gehen wir zu Very.«

Die beiden Freunde schritten Arm in Arm zum Könige der Pariser Restaurants.

»Bleiben wir nicht, wo alle Welt sitzt!«, sagte Arthur beim Eintreten in den geheiligten Tempel der Gastronomie. »Garçon[2], wir müssen ein Kabinett haben und in fünf Minuten das Auserlesenste Ihrer Küche!«

»Ein Kabinett für den Herrn Baron von Ransay!«, näselte der Fürst des Hauses mit nachlässiger Protektormiene, hinter einer hoch aufgetürmten Pyramide von auserlesenem Obst und Gebäck hervor, dem Kellner zu.

Der niedliche Miniatursalon des Etablissements und schwellende Fauteuils[3] empfingen die jungen Kavaliere und in wenigen Augenblicken prangte vor ihnen eines jener lukullischen Déjeuners[4], die Verys Namen unter die Sterne der Zivilisation versetzten.

Man nahm die köstliche Suppe mit Befriedigung, die rätselhaften Entremets[5] mit Genugtuung, das indische Geflügel, die Mayonnaisen, Pasteten und zahllosen, lieblich duftenden kleinen Raffinements[6] der Küche, von denen unsere Weltweisheit sich nichts träumen lässt, mit Bewunderung hin, schlürfte vom Champagner Rosé und tauchte Biskuit, so leicht und zart wie verzuckerte Sonnenstäubchen, in das perlende Nass.

[1] Eine Champagnermarke.
[2] Kellner.
[3] Gepolsterte Sitzmöbel mit Armlehnen.
[4] Frühstück.
[5] Mehlspeisen oder auch Zwischengerichte.
[6] Feinheiten.

Man scherzte und lachte, und noch immer offenbarten sich nicht jene ernsten Dinge, mit denen Ransay gedroht hatte.

Er gab sich indessen der Heiterkeit nicht völlig unbefangen und unbedingt hin, es war, als ob etwas auf seinem Herzen laste, das weder Perigords Zaubergewächse noch Chalons Flammennektar in Vergessenheit zu lullen vermochte, und er schien nach dem schicklichen Augenblick zu haschen, der seine tiefsinnigsten Empfindungen zutage fördern und ihm Gelegenheit geben konnte, die Ausgelassenheit des Freundes ein wenig herabzustimmen, ihn für die ernste Mitteilung, die er für ihn in Bereitschaft hielt, empfänglich zu machen.

Der junge Offizier dagegen war in glücklichster Laune, doch Pariser Weltkind genug, die kaum sichtbare Unbehaglichkeit seines Gefährten ihrem vollen Umfange nach zu erraten.

›Kommen wir ihm zu Hilfe!‹, dachte er.

Er wischte daher mit der Serviette die Biskuitstäubchen, einige Champagnertropfen und ein Lächeln, alles in einem, von der Lippe.

»Arthur«, begann er bedächtig und mit einer Seelenruhe, die nur dem zu eigen wird, der bei Very gespeist hat und den sonst nichts drückt, »Arthur, du hast mit mir von ernsten Dingen zu reden?«

»Allerdings.«

»Gut. Ich muss dir bekennen, dass mich das freut, denn seit vierzehn Tagen schon habe ich die Absicht, mit dir ein Gleiches zu tun.«

»Du? Was könnte dich, den lachenden Kriegsgott, zur Ernsthaftigkeit stimmen?«

»Eine deiner Torheiten!«

»Ach, das wäre! So vermag ich mehr über dich als du selber, mein Freund. Du setzt mich in Erstaunen. Und welcher meiner Handlungen hast du deine väterliche Missbilligung zugewendet?«

»Lieber Arthur, lassen wir einen Augenblick den Humor, ich habe dir ohnehin längst angemerkt, dass er dir heute, aus was immer für einem Grunde, nicht aus der Seele kommt. Aber ich verstehe, du traust mir nicht den rechten Ernst zu und fürchtest, ich werde dich mit Phrasen des Patre[1] St. Martin abfertigen oder mit einem wohlfeilen Calembourg[2] die Situation verderben. Sei indessen versichert, dass ich zu dieser Stunde und dieser Zusammenkunft einen größeren

[1] Eigentlich Hirte, wird aber auch als Anrede für katholische Geistliche verwandt.
[2] Redensart mit einer meist witzigen Doppeldeutigkeit.

Ernst mitgebracht habe, als mein lachendes Gesicht dich glauben machen könnte.«

»Ich glaube dir, was du willst, Eugène, und bin bereit, jede Epistel[1] über mich ergehen zu lassen. Du magst beginnen.«

»Dir käme freilich das erste Wort zu, da du mich zur Besprechung ernster Dinge hierher beschieden, doch es mag sein, wer weiß, wozu es frommt. Arthur, ein gewisses Verhältnis hat dich seit einiger Zeit den Salons, deinen Gewohnheiten, deinen Freunden sogar entfremdet. Seit sechs Wochen sehe ich dich heute zum ersten Male – erlaube mir, daran meine Betrachtungen knüpfen zu dürfen.«

»Und das Resultat derselben?«

»Du hast mit deiner schönen Spanierin gebrochen?«

»Du irrst.«

»Nun, umso schlimmer. Lass mich offen mit dir reden. Ich beweise dir nicht allein meine Achtung und Freundschaft dadurch, dass ich dir blindlings in das Gelobte Land der Trüffel Horsd'œuvres[2] folgte, ich sage dir auch schon nach dem dritten Glase die Wahrheit, unbekümmert was daraus entstehen möge. Arthur, du bist auf dem besten Wege, dich völlig zugrunde zu richten.«

»Du täuschest dich – Dolores kostet mich keinen Sous[3]!«

»Wer redet davon?! Ich wiederhole, du bist auf dem besten Wege, dich zugrunde zu richten, – moralisch unterzugehen, – in den Augen der guten Gesellschaft und, was noch mehr ist, in den Augen deiner Freunde. Du bist ein Mann von Welt, ich kenne keinen vollendeteren Kavalier, ich weiß niemanden, dessen Herzensadel, dessen edle Eigenschaften ihn mehr als dich berechtigten, einen geachteten, einen hohen Rang in der Gesellschaft zu behaupten. Aber seit einiger Zeit erkenne ich den Arthur de Ransay nicht mehr, der mir stets als ein nacheiferungswürdiges Vorbild, als ein Muster weltmännischer Tadellosigkeit erschienen. Arthur, halte der aufrichtigen, der innigen Freundschaft diese Sprache zugute. Du glaubst nicht, wie sehr es mich schmerzt, dir alles dieses sagen zu müssen – aber ich hatte es mir längst vorgenommen. Dein Verhältnis zu der schönen Spanierin kostet dich mehr als du wähnen magst und mehr, als dir die Liebe zu

---

[1] Mitteilung, Vorhaltung.

[2] Meist kalte Vorspeise, um den Appetit anzuregen.

[3] Französische Münze. Zur Zeit der Handlung waren diese Münzen nicht mehr im Umlauf; in der Umgangssprache wurde damit aber die 5-Centime-Münze bezeichnet.

ersetzen vermag, – deine Reputation. Man wird dich in der Gesellschaft für tot erklären.«

»Was kümmert mich die Gesellschaft?«

»Aber du bist in ihr aufgewachsen, glaube mir, jede Faser deines Seins ist eng mit ihr verknüpft, eine Existenz wie die deine ist ohne sie nicht denkbar – Arthur, man schüttelt seine Heimat nicht ungestraft wie den Staub von seinen Füßen!«

»Aber ich liebe!«

»Ich fühle es fast, denn nur eine blinde, leidenschaftliche Liebe treibt einen Mann zu solchen Extremen. Hätte man mir vor einigen Monaten gesagt: Eugène, du mit deinen fünfundzwanzig Jahren wirst dich gezwungen sehen, die gewöhnlichsten Lehren einem Manne zu geben, der dich an Geist und Erfahrung überragt, der mehr gelebt als du, der tausend Fallstricken mit sicherer Gewandtheit entgangen, tausend Torheiten den Lebensnerv mit seinem Takt zerschnitten, noch bevor du in das Gaukelspiel der eleganten Welt eingeweiht wurdest, – ich – ich würde aufrichtig den Kopf geschüttelt haben. Und jetzt? Soll ich ernstlich an dir erfahren, dass ein kurzes Fieberschauern der Leidenschaft ein ganzes, geregeltes, erfahrungsreiches Dasein über den Haufen zu werfen vermöge, dass man selbst in der Kunst zu leben nie zur Meisterschaft gelangen könne?«

»Mein Freund, ich habe nur ein Wort der Entgegnung für dich – ich liebe –, und der Mann von zweiunddreißig Jahren liebt anders als der von fünfundzwanzig.«

»Gut. Gestehen wir selbst dieser Liebe eine Berechtigung zu – wenngleich ich nie einer Leidenschaft traue, die uns zum Leben in eine schiefe Stellung drängt. Nun gut, du liebst, und ein Mädchen, das außerhalb unserer Kreise steht, ja außerhalb der bürgerlichen Gesellschaft – das haben viele vor dir getan, der eine eine Tänzerin, der andere eine Dame des *Cirque Olympique*[1] usw. – für niemanden aber entstand die Notwendigkeit einer Verbannung aus den Kreisen der großen Welt daraus. Doch man hüllt seine Liebe in den Schleier der Heimlichkeit, man opfert den Grazien in der Stille, man verträumt liebliche Stunden – und zeigt dennoch der Welt ein Antlitz voll makelloser Gleichgültigkeit!«

»Das alles passt auf deine fünfundzwanzig Jahre, mein Freund. Du nimmst die Liebe als Tändelei, wie du sie jetzt nur begreifen kannst,

[1] Im 19. Jahrhundert ein bekanntes, großes Zirkusunternehmen in Paris.

wie ich sie in deinem Alter nur begriff. Aber man scheut weder das Tageslicht noch die Welt, wenn man endlich wahrhaft liebt!«

»Schon recht, doch nur wenn man dieser Welt zeigen kann, dass man durch die Wahl seines Herzens sich selber ehrt.«

»Dolores ist ein ungewöhnliches Mädchen! Sie ist tugendhaft!«

»Es handelt sich hier weder um ihre Tugendhaftigkeit noch ihre außergewöhnlichen Gaben, aber sie ist eine Kunstmacherin, eine Seiltänzerin, eine Luftschifferin, eine was weiß ich – das wollest du nicht vergessen, mein Freund!«

»Sind wir nicht in Paris?«

»In der Tat, Paris ist Paris, man darf sich hier mehr erlauben als irgendwo sonst in der zivilisierten Welt. Jeder von uns weiß das zur Genüge. Aber ein Skandal bleibt überall ein Skandal, mein Freund, und Paris vergibt uns Exzesse, die aus Leichtsinn begangen werden; für andere Motive hält es den Fluch des Lächerlichen bereit, wenn es nicht etwa den Sünder am guten Ton aus seinen Listen zu streichen beliebt.«

»Mag Paris tun, was ihm gut dünkt – ich bin ein unabhängiger Mann!«

»Und du benutzest diese Unabhängigkeit, eine Luftspringerin des Hippodrom im offenen Tilbury[1] in Longchamps an Herzoginnen vorüberzuführen, deren Soireen[2] du stets zur Zierde gereicht hast, sie in die italienische Oper und den Konzertsaal zu begleiten, um dort ringsumher bekannten, vornehmen Gesichtern zu begegnen, die dich aus Anlass der Gesellschaft, in der du vor ihnen erscheinst, mit leicht zu enträtselnden fremden Blicken anstarren.«

»Ich gehe sogar noch weiter, Freund Eugène. Dolores unternimmt heute ihre letzte Luftfahrt, und ich – werde mit ihr die Gondel besteigen.«

»Im Hippodrom, vor aller Welt – charmant! So bleibt dir nur noch eine Tollheit zu begehen übrig.«

»Und die wäre?«

»Die kühne Luftschifferin Dolores zur Baronin von Ransay zu machen!«

»Nun, so werde ich morgen den Gipfelpunkt meiner Narrheit erreicht haben. Morgen um diese Zeit wird ein glückliches Paar die

---

[1] Leichte, offene, einspännige und einachsige Kutsche.

[2] Festliche Abendveranstaltungen.

Kirche St. Roche verlassen. Zugleich benachrichtige ich dich, dass ich mir heute diese Stunde nicht allein von dir erbat, um noch ein kleines vertrauliche Tête-à-Tête[1] mit dir vor meiner auf morgen angesetzten Abreise von Paris zu haben, sondern dich auch zu ersuchen, mir morgen um ein Uhr als einer der beiden Zeugen dienen zu wollen, deren ich zu meiner Trauung mit der Doña Dolores de Costa Leite bedarf – der andere dieser Zeugen wird der Marquis d'Avremont sein.«

»Arthur, du siehst mein Erstaunen! Ich finde nicht Worte –«

»Alles was du mir entgegnen kannst, weiß ich, Eugène – für ein Mädchen vom Stande der Dolores kann man sich ruinieren, doch heiraten darf man sie nicht, sein Herz darf man ihr geben, doch nimmer seinen Namen – und vieles dergleichen – o mein Freund, du weißt, ich kenne das Leben hinreichend, um mir selber alles das sagen zu können, was eine ganze Fakultät von Lebemännern mir vorzuhalten vermag.«

»So habe ich nichts mehr zu sagen, und ich bitte dich nur, mir meine Freimütigkeit zu vergeben!«

»Du wärst nicht mein Freund, hättest du anders gesprochen.«

Die beiden jungen Leute blickten eine bange Minute sinnend vor sich hin.

Arthurs Blick schien sich einen Moment zu verdunkeln, über seine blassen Wangen ging es wie der flüchtige Schatten einer aufdämmernden Empfindung, die er zu unterdrücken strebte.

Dann fuhr er über die Stirne und leerte hastig sein Glas.

Eugène lehnte sich in die Kissen seines Fauteuils zurück und zündete sich eine Zigarre an.

»In der Tat«, begann er nach einigen Zügen, »ich bedauere jetzt, schon um deinetwillen, dass ich vor Kurzem die Gelegenheit versäumte, mich der schönen Doña vorstellen zu lassen. Ich gestehe zu, sie muss ein wunderbares Mädchen sein – ein Schwarm von Eleganz hat sich vergeblich um sie bemüht, wie ich höre, das will in Paris und ihrer Lage allerdings viel sagen!«

»Mein Freund, kenntest du Dolores!«, entgegnete Arthur rasch. »Als sie noch nichts besaß, bot ihr ein gewisser Herzog, den ich jedoch nicht nennen will und der unserem Kaiser sehr nahe steht, ein Palais und zweimalhunderttausend Franken jährlicher Einkünfte – sie wies den Herzog von ihrer Schwelle.«

[1] Rendezvous, vertrauliches Stelldichein.

»Welche du bereits betratest –?«

»O nein, ich lernte Dolores acht Tage später kennen und – lieben.«

»Und diese Liebe ist unerschütterlich?«

»Unerschütterlich, denn es ist die erste wahre Liebe eines Mannes, der viel gelebt hat, die erste glühende Leidenschaft eines erwachten Herzens, das sechzehn Jahre in gefälligem Schlummer vertändelte. Und dann«, setzte er ernst und langsam hinzu, »sind es nicht allein die Bande des Herzens, die mich an die schöne Spanierin fesseln, auch das Schicksal hält mich durch eine merkwürdige Verkettung von Umständen unwiderruflich an sie gebannt.«

»Hoho!«, rief der junge Offizier halb lächelnd, halb erstaunt. »Das nimmt ja einen Anlauf zum Romantischen! Was hat das unwandelbare Fatum[1] mit deinem Verhältnisse zu schaffen?«

»Ich will dir erzählen, was ich niemandem noch mitgeteilt habe«, entgegnete Arthur mit fast düsterem Ernst. »Vielleicht gelingt es mir, durch diese Erzählung dir meine jetzige Handlungsweise in einem anderen Lichte erscheinen zu lassen. An der Meinung der Welt liegt mir nicht mehr, als sie verdient, dass man von ihr halte, ich habe lange genug in dieser Welt gelebt, die Aussprüche einer blinden, oberflächlichen Menge nach ihrem Werte abwägen zu lernen. Ihr gegenüber habe ich kein Wort zu verlieren. Doch die Freundschaft hat andere Rechte an mich. Höre also!«

»Du siehst mich aufs Höchste gespannt!«

»Nun denn! Vor zehn Jahren ging ich auf einer französischen Korvette von Marseille nach Gibraltar. Nachdem ich diese wunderbarste aller Festungen in Augenschein genommen hatte, verweilte ich etwa acht Tage in Kadir, und, angelockt durch die paradiesischen Reize der Umgegend, entschloss ich mich zu einer Reise durch die ganze pyrenäische Halbinsel. Mein erster Ausflug sollte Sevilla und Barcelona gelten. Ich verließ Kadir bei Nacht, denn die glühende Sonne dieses Landes macht das Reisen bei Tage beschwerlich. Ich hatte einen Platz im Innern des Postwagens; neben mir, so viel ich im zweifelhaften Dämmerlichte der Nacht zu erkennen vermochte, befand sich ein Mann, der einem ehrsamen Krämer der lebensprühenden Handelsstadt glich, die wir im Rücken hatten; mir gegenüber saß ein ältlicher, kurzer, gedrungener Herr mit mächtigem Schnurrbart und ausdrucksvollem Gesicht. Dieser Herr begann ein Gespräch mit mir,

[1] Bestimmung, Schicksal.

das mich bald lebhaft fesselte; seine Worte waren voll Geist, Anmut und Lebenserfahrung, doch zog, wie mir schien, eine gewisse Ironie, ein sarkastischer Hohn sich hin und wieder, gleich einem roten Faden, durch seine Rede, als sie um gewisse Verhältnisse und Zustände meines Vaterlandes und seine Stellung zu Spanien sich zu drehen begann. Alle Schlummerlust, die sich im Anfang meiner bemeistern zu wollen schien, war im Verlaufe der Unterhaltung von mir gewichen, und ich empfand, vielleicht auch erhitzt durch die kleinen Debatten, zu denen mich der satirische Schnurrbart reizte, doppelt die Schwüle des engen Raumes, in dem wir saßen. Ich schlug daher dem Herrn vor, mit mir einen Platz außerhalb der Kutsche einzunehmen. Der Vorschlag ward angenommen, der Postillion musste halten, der Konduktor[1], die einzige Person, welche sich auf der Kutsche befand, stieg ab und nahm einen unserer Plätze ein, wir kletterten zu den schwankenden, luftigen Sitzen empor, und fort ging es in frischem Trab. Eine jener herrlichen, unbeschreiblichen Nächte, die nur dem zauberhaften Süden eigen, umflutete uns, ein Duft ging rings umher wie von tausend Blumenkelchen, und ein leiser, kühlender Hauch küsste mir Wangen und Schläfe, wie das Fächeln samtweicher Schwanenfedern. Ich atmete voll Lust alle jene Reize dieser tropischen Natur in mich ein, schaute mit trunkenen Sinnen nach den Sternen, die dem tiefblauen Grunde meteorengleich entfunkelten, und auf das Land, das wie ein elegischer, verkörperter Traum sich vor meinen Blicken ausbreitete. Denke dir meine Gefühle, die Gefühle eines zweiundzwanzigjährigen Herzens!

Mein Gefährte schien diese Empfindungen nicht zu teilen, er plauderte fort und fort und hatte mich bald der schwärmerischen Stimmung, in die meine jugendfeurige Seele tauchen wollte, entrückt; er verwickelte mich nach und nach in ein Gespräch, das die Politik Frankreichs und Spaniens zum Gegenstand hatte, vom gewöhnlichen Plaudern gingen wir zur ernsten Debatte über, nationaler Ehrgeiz mischte sich in die anfangs harmlose Unterhaltung, wir ereiferten uns, wir glühten, eine sarkastische Bemerkung folgte der anderen, und bald loderte ein heller Streit aus unseren Reden hervor.«

Die letzten Worte sprach Arthur mit großer Beklommenheit, er schien bleicher geworden zu sein, und seine Stimme bebte fast. Es

[1] Schaffner, Zugbegleiter.

war einen Augenblick, als ob er unschlüssig sei, wie er seine Erzählung fortsetzen solle – er stockte.

»Und dann –?«, fragte Eugène mit wachsendem Interesse.

Arthur fuhr mit der Hand über die Stirne.

»Dann – weiß ich doch kaum, wie es geschah – fiel eine boshafte Bemerkung meines Gefährten über meine Nation – mit Blitzesschnelle fuhr ich empor – da sah ich den Spanier wanken und vornüber zwischen die Pferde stürzen.«

Eugène schaute seinen Freund scharf an, der seine Augen vor dem durchdringenden Blicke des jungen Offiziers zu Boden schlug.

»Wie?«, rief Eugène nach einer kurzen Pause.

»Der Schlag hatte ihn gerührt!«, entgegnete Arthur fast tonlos.

Er fuhr von Neuem mit der Hand über die Stirne und sagte dann ruhiger:

»Du wirst begreifen, dass die Erinnerung an diese Situation mich noch jetzt in eine eigentümliche Stimmung versetzt. Doch weiter! – Ich schrie auf, der Postillion hemmte den Lauf seiner Pferde, doch zu spät – der schwere Postwagen war über den Spanier hinweggegangen; blutend, besinnungslos, mit gebrochenen Gliedern lag er auf der Landstraße. Ich stürzte neben ihm nieder, mit welchen Gefühlen, vermag ich dir nicht zu schildern, – ich – sah mich als den Urheber seines Todes an, mein Wunsch hatte den ältlichen Mann verleitet, die Höhe der schwankenden Postkutsche zu besteigen, ein unüberlegtes Wort vielleicht ihm das Blut in die Schläfe getrieben, der Zorn den Sanguiniker[1] schwindeln gemacht und – die entsetzliche Katastrophe herbeigeführt. Ich war kaum meiner Sinne mächtig!«

Hier stockte Arthur von Neuem einen Augenblick und ein leises Schauern durchzuckte ihn, als bebe seine Seele vor einem Schreckensbilde zurück.

Eugènes Blicke hafteten unbeweglich auf dem blassen Antlitze seines Freundes.

Arthur fuhr fort:

»Die nächste Station, ein armseliges Dorf, war nicht weit von dem Orte dieses unglücklichen Ereignisses entfernt, wir schleppten den Zerschmetterten zum Wagen und in wenigen Minuten öffnete uns eine elende Schenke ihr unsauberes Tor. Hier erst, auf einem traurigen, morschen Bette, kehrte die Besinnung des Unglücklichen wie-

[1] Hitzkopf, Heißsporn.

der – ich kniete neben ihm, ich weinte bittere Tränen, ich verzieh ihm tausendfach im Herzen, dass er mich reizte, und bat ihm mit verstörtem Sinne flehentlich meine Heftigkeit ab, die so unselige Folgen nach sich zog. Er lächelte bitter und sagte mit matter Stimme: ›Mein Herr, ich bin ein ehemaliger Offizier, ich gehöre einer Partei an, die noch nicht wagen darf, wieder frei und offen mein schönes Vaterland zu betreten; als ihr Emissär[1] reise ich seit einem Jahre unerkannt in Spanien umher. Ich habe eine Tochter, ein Kind von acht Jahren, die ich in London bei fremden Leuten zurückließ, – schwören Sie mir, dieses Kind aufsuchen zu wollen.‹ – Ich schwur, dieses Mädchen als meine Schwester, als mein eigenes Kind betrachten zu wollen. Er lächelte seltsam. ›Gut‹, flüsterte er, ›setzen Sie sich, ich werde Ihnen einen Brief an mein Kind diktieren.‹ – Ich tat, wie er mir geheißen, und er richtete an seine Tochter mit halbgebrochener Stimme Worte voll väterlicher Ermahnungen, die ich niederschrieb.«

»Und dieser Brief enthielt keine Silbe eures Streites und seiner traurigen Folgen?«, fragte Eugène rasch.

»Keine Silbe. Es hieß darin nur: ›Ich sterbe, und der Überbringer dieser Zeilen ist derjenige, der mir die Augen zugedrückt hat, er wird für dich sorgen!‹ – Nachdem der Brief beendet war, musste ich dem Unglücklichen die Feder reichen; mit unsäglicher Anstrengung und schwacher, bebender Hand schrieb er einige Worte unter den Brief und siegelte ihn selbst. Dann musste ich ihm auf das Kreuz schwören, das Schreiben nur von seiner Tochter erbrechen zu lassen. Sein Auge blitzte freudig, als ich den Schwur geleistet, er ließ mich mehrere Papiere verbrennen, gab mir die Adresse der Kleinen, sagte, dass das Kostgeld für sie auf drei Jahre im Voraus bezahlt sei und sie kein Vermögen besitzen werde. Ich erneuerte meine Beteuerungen, die er ruhig anhörte, ohne mir auch nur ein Wort zu erwidern, dann schloss er die Augen und verfiel eine halbe Stunde darauf in Konvulsionen[2]. Der rasch herbeigerufene Arzt eines nahen Fleckens fand nur noch eine Leiche.«

Arthur schwieg düster, auch Eugène schien in ernste Betrachtungen versunken zu sein, – er hatte zu rauchen aufgehört.

»Und dann?«, fragte endlich Letzterer.

»Du wirst mir glauben«, fuhr Arthur fort, »dass ich nicht daran

[1] Abgesandter, Botschafter.

[2] Krämpfe, Koliken.

dachte, meine Reise nach Barcelona fortzusetzen; ich eilte nach Kadir zurück, und von dort auf dem kürzesten Wege nach London. Ich fand das von der Adresse bezeichnete Haus, doch von den Leuten verlassen, denen das Kind des Unglücklichen anvertraut worden. Der Mann hatte sich im Spiele ruiniert und war nach Amerika entwichen, die Frau sich dem Trunke ergeben und war dann, arm und siech, nach ihrem Geburtsorte, einer kleinen Stadt der Grafschaft Wales, mit der Kleinen gewandert. Im Fluge war ich auch dort, ich fand die Spur der Alten, sie war als Bettlerin gestorben und hatte das Kind fremden Vagabunden überlassen, die längst nicht mehr im Orte verweilten. Was war zu tun? Ich bot die Polizei der Grafschaft auf, durchstreifte ganz England, erließ Aufforderungen in allen Londoner Blättern – vergebens! Dann kehrte ich nach Paris zurück und erneuerte von Jahr zu Jahr die Annoncen in Betreff des Mädchens – vergebens! Der Brief blieb in meinem Portefeuille[1]. Der Hang zu den Naturwissenschaften trieb mich in ferne Länder, ich sah die Kapstadt, Indien, Brasilien, den Stillen Ozean, das Polarmeer – der Brief wanderte mit. Reisemüde kehrte ich nach Paris und zu den vergoldeten Salons zurück, das Vermächtnis des Armen begleitete mich – ich hegte es wie ein geheiligtes Kleinod. Vor zwei Monaten –«

»Ich errate!«, rief Eugène.

»Vor zwei Monaten, weißt du, tauchte im Hippodrom die wunderbare Erscheinung auf, welche in wenigen Tagen Paris von sich reden machte, die kühne Luftschifferin Señora Dolores. Der Ruf ihrer Schönheit, verbunden mit ihrer beispiellosen Waghalsigkeit, gründete binnen Kurzem ihr Glück und ließ mehr als einen vornehmen Kavalier sich, wiewohl vergeblich, um sie bemühen. Ich sah das seltsame junge Mädchen zufällig, suchte ihre Bekanntschaft, und erhielt, wie alle Welt, einen Korb. Ich weiß nicht, was mich an dieses Mädchen bannte, vielleicht ihr Widerstand, vielleicht ein unerklärliches Etwas, vielleicht dass sie eine Spanierin – genug, ich warb unausgesetzt um ihre Gunst, und in diesem Werben offenbarte sich mir der edle, stolze Reichtum eines Frauenherzens, den ich hier nicht erwartet hatte. Dolores zwang mich, sie trotz ihres abenteuerlichen, verrufenen Standes zu achten, und von der Achtung zur glühenden, unbegrenzten Verehrung und Liebe war es nur ein kurzer Schritt[2].

---

[1] Aktenmappe, Sammelmappe.

[2] Im Original steht »… war nur ein kurzer Schritt …«

Sie sah in mir zum ersten Male einen Mann der guten Gesellschaft, der sich ihr mit ehrerbietigen, uneigennützigen, edlen Gefühlen näherte, ihr Herz erschloss sich nie geahnten Regungen, sie liebte mich heiß, inbrünstig, edel, als sie noch glaubte mich nur zu achten, bevor sie noch ihrer tiefen Empfindungen sich völlig bewusst ward. Kurz, es kam zu einem Bekenntnis unserer gegenseitigen Gefühle und – du wirst es erraten haben[1] – zur endlichen Enthüllung eines Geheimnisses, dem ich solange vergeblich nachgeforscht – denn Dolores ist die Tochter des vor zehn Jahren vor meinen Augen verunglückten Spaniers.«

»Und wie nahm sie die Nachricht von dem Tode ihres Vaters auf? Sagtest du ihr mehr, als er dich schreiben ließ?«

»Nein. Bevor sich die gewissenlose Kostgeberin der Kleinen entäußerte, hatte sie ihr den Tod des Vaters vorgespiegelt, ohne zu wissen, dass sie nur allzu sicher die Wahrheit rede. Dolores war also gewöhnt, sich ihren Vater als tot zu denken. Sollte ich dieser trüben Erinnerung ein unvergängliches Bild des Schreckens hinzufügen?«

»Und jener Brief?«

»Ich übergab ihn ihr am Tage nach unserer stillen Verlobung und entfernte mich aus Delikatesse[2] noch bevor sie ihn öffnete – ich wollte sie, jenen traurigen Verhältnissen gegenüber, nur den heiligen Erinnerungen ihrer Kindheit überlassen. O wie tief ist Dolores zu empfinden fähig! Ich kehrte am folgenden Tage zu ihr zurück, sie konnte mich nicht sehen – sie war krank. Der Brief musste sie tief erschüttert haben!«

»So, so!«

»Erst drei Tage später war es ihr möglich, mich zu sehen. Sie trat mir lächelnd entgegen, doch war sie blass, hatte verweinte Augen, und ihre Hand zitterte, als ich sie drückte.«

»Und seit jener Zeit?«

»Seit jener Zeit sind acht Tage verflossen. Sie ist ruhig und lächelnd, kein Wort, das ihren Vater betrifft, kommt über ihre Lippen, ihr Gemüt scheint noch von einer stillen Schwermut erfüllt zu sein, die selbst der Gedanke an unsere nahe Vermählung nicht völlig zu bannen vermag. Ich ehre die Gefühle einer Tochter! O Freund, wüsstest du, was ich diese zehn Jahre hindurch erlitten! Diese Ehe ist meine

---

[1] Im Original steht »… du wirst erraten haben …«

[2] Feingefühl.

einzige Hoffnung, ich betrachte sie als die Sühne einer düsteren Vergangenheit, als eine Notwendigkeit, vor der alle Einsprüche der Gesellschaft verstummen müssen! Eugène, wirst auch du noch[1] mich schonungslos verdammen?«

Eugène reichte seinem Freunde bewegt die Hand.

»Lass mich schweigen, Freund, und – dich beklagen!«, sagte er. »Du bist in einer Lage, der gegenüber die Meinung eines anderen, selbst die des redlichsten Freundes, nur leicht in die Waage fällt! Gott gebe, dass diese Ehe deine Hoffnungen erfülle.«

Arthur erhob sich rasch von seinem Sitze.

»Es ist vier Uhr!«, rief er. »Dolores erwartet mich. Kann ich mich morgen auf dich verlassen?«

»Du kannst es!«, versetzte Eugène aufstehend.

Die jungen Leute verließen das Kabinett; Arthur zahlte.

Sie gingen schweigend nebeneinander.

In der Rue Vivienne blieb Eugène stehen.

»Leb wohl!«, sagte er. »Ich muss in dieses Haus, zu meinem Agenten.«

»Leb wohl, Freund, auf morgen also!«

»Auf morgen! – Noch eins! Ich habe etwas auf dem Herzen, das mich beunruhigt.«

»Nun?«

»Die Luftfahrt –«

»Es ist die letzte, die Dolores unternehmen wird.«

»Muss es sein?«

»Sie ist kontraktlich[2] dazu verpflichtet.«

»Du kannst Franconi einen Schadenersatz geben.«

»Sie wollte nicht.«

»Und du musst sie begleiten?«

»Es ist der erste Wunsch, den sie gegen mich geäußert hat. Und dann – welchen köstlichen Anblick werde ich haben!«

»Arthur, ich bitte dich inständigst, unterlasse die Fahrt!«

»Du bist töricht, mein Freund! Dolores ist so geschickt wie kühn.«

»Das ist es nicht, – ich weiß nicht, was mich um dich besorgt macht –!«

»Soll sie an meiner Entschlossenheit zweifeln?«

---

[1] Im Original: »… wirst auch du noch …«

[2] Vertraglich.

»Nun gut. Leb wohl! Auf morgen, um ein Uhr!«

»Leb wohl!«

Die Freunde trennten sich.

Eugene trat in das von ihm bezeichnete Haus, Arthur eilte in die Rue de la Chaussée d'Antin.

II

Im ersten Stock eines Hauses der Straße Chaussée d'Antin saß Dolores in ihrem Boudoir.

Ein reizender, erlesener Luxus umgab die schöne Bewohnerin dieses kleinen Gemaches.

Die weiß und silber lackierten Möbel waren mit himmelblauem Samt und weißer Seide in zarten Arabesken überkleidet, rings an den Wänden herum lief statt der Tapete eine fantastische, zeltartige Draperie aus blauer[1] und weißer Satin-Chine[2] mit Silberstickereien, und um die Fenster erhob sich, statt der üblichen Gardinen, eine reiche Komposition Valencienner Spitzen. Die neuere französische Schule blickte in farbensprühenden Gemälden von den Wänden herab, und unter einem mächtigen Trumeau[3], dessen breiten Goldrand zierliche Liebesgötter, aus verschlungenem Laubwerk sich emporwindend, in Basrelief schmückten, erhob sich auf vergoldeten Satyrfüßen ein Tischchen, dessen Mosaik Vögel, Blumen und Früchte bildete, und welches kostbare, seltsam geformte Flakons in Gold, Silber und bunten Kristallen trug. Den Kamin von carrarischem Marmor[4] zierten als Randausschmückung liebliche kleine Engel, mit goldig angehauchten graziösen Girlanden spielend, und auf der glänzenden Platte desselben prangten Vasen von Sèvres[5], China und Indien, denen eine Fülle der herrlichsten duftenden Blumen entquoll.

Hätten Leute aus der Provinz sich dem anmutigen Zauber dieses kleinen Boudoirs gegenüber befunden, sie würden darauf geschworen haben, hier müsse wenigstens eine Herzogin wohnen.

Und doch thronte hier nur eines jener jedenfalls stets eigentümli-

[1] Im Original: blau
[2] Auch »Satin de chine«: Seide
[3] Spiegel an einem schmalen Wandstück, zwischen zwei Fenstern oder Türen.
[4] In der Toskana gebrochener Marmor von hoher Güte.
[5] Französische Porzellanmarke aus der königlichen Porzellanmanufaktur in Sèvres.

chen und interessanten Wesen, deren vage Existenz sich auf die Launen einer Masse gründet, die morgen vergessen hat, was sie heute vergöttert. Darum gleichen auch solche Wesen Meteoren, – sie glänzen, versprühen, und im nächsten Augenblicke bleibt nichts von ihnen als – Schlacken.

Ausgenommen – ein Mann von Stand begehe eine Torheit ihrethalben und gebe ihnen eine Stellung in der Gesellschaft.

Nur Paris kennt das Wunder solcher Erscheinungen, die gestern noch im tiefsten Dunkel vegetierten und heute alle Welt von sich reden machen – die Begeisterung des Parisers ist gleich fertig, gleichviel ob für Kriegshelden oder Kunstmacherinnen, und eine heroische Tat umgibt nicht rascher mit ephemerem[1] Ruhm und Glanz als ein kühner Luftsprung. –

Dolores saß an einem mit Seidenstickerei verzierten Schreibtische von rotstreifiger Jacaranda[2].

Sie trug ein Kleid aus perlgrauem Atlas mit breiten Volants[3]. Ihr schwarzes, reiches Haar hatte jenen bläulichen Schein, der nur den Südländerinnen eigen ist, und fiel in kunstloser, anmutiger Wellenform um ihre Schläfe. Das schöne, ebenmäßige Antlitz umgab eine zarte Blässe, die indes nicht jene leichte dunkle Färbung des Teints zu verdrängen vermochte, welche ebenfalls die feurigen Kinder des Südens charakterisiert.

Dolores hatte den Kopf gestützt, ein offener, vergilbter Brief und ein Medaillon lagen vor ihr.

Das Medaillon trug die Züge Ransays.

Das schöne Antlitz der Doña war über jene beiden Dinge geneigt, eine tiefe Schwermut verlieh den zauberisch gemeißelten Zügen dieses klassisch vollendeten Kopfes einen unbeschreiblich weichen Ausdruck und dämpfte die leidenschaftliche Glut der großen braunen Augen.

Fast unmerklich zuckten die Lippen.

Dann perlte eine Träne um die andere auf das Bild nieder. Doch nur wenige Augenblicke währte diese Äußerung einer schmerzerfüllten Seele.

Die Stärke, die Entschlossenheit dieser Seele war nur auf Momente zu bewältigen, sie begann sich allmählich von Neuem klar und

---

[1] Begrenzt, kurzlebig.
[2] Tropisches Holzgewächs aus Mittel- und Südamerika.
[3] Borte, Besatz.

entschieden in diesen reizenden Zügen widerzuspiegeln und nahm ihnen die kaum erst angehauchte Weiche.

Stolz und Festigkeit beherrschten die blasse Stirn, ihre schmalen Lippen umzog wieder jener kühne Ausdruck, der den blasierten[1] Parisern zu imponieren gewusst hatte, und der dem edlen Antlitze einen wunderbar energischen Charakter verlieh, ihre Blicke flammten, – die Tropenblume hatte den nächtigen Tau von ihren Wangen abgeschüttelt.

»Es muss so sein!«, murmelte sie vor sich hin.

Sie erhob sich und überschritt einige Male rasch das Zimmer.

Dann trat sie zum Schreibtische zurück und schellte.

Eine Dienerin erschien.

»Zünde im Kamin ein Feuer an!«

»Ein Feuer?«, fragte das erstaunte Mädchen.

»Sogleich! Was siehst du und gaffst?«

»Im Juli –«

»Du wirst die Gefälligkeit haben, mir sogleich zu gehorchen!«, entgegnete die Herrin in gewissermaßen gereiztem Ton.

Das Mädchen beeilte sich – nach wenigen[2] Augenblicken prasselte ein lustiges kleines Feuer im Kamin.

»Jetzt geh!«, sagte Dolores zu dem wartenden Mädchen. »Ich bin für niemanden außer für den Baron von Ransay zu sprechen, doch auch dieser darf nicht unangemeldet vorgelassen werden.«

Dolores trat zum Kamin und starrte in die Glut.

Die Dienerin entfernte sich schweigend, kopfschüttelnd.

Einige Minuten vergingen, die schöne Spanierin war in tiefes Sinnen verloren.

»Warum musste ich ihn lieben lernen, bevor dieser unselige Brief in meine Hände kam!«, murmelte sie vor sich hin. »Warum trieb mich die Vorsehung, den Mann anzubeten, den zu hassen sie mich durch die Bande der Natur bestimmte! Sein Anblick macht mich schauern, und dennoch liebt ihn meine Seele fort und fort! O ich bin namenlos elend!«

Sie trat zum Schreibtische und blickte kummervoll die halberloschenen Worte an, welche ihr Vater unter jenen Brief schrieb, den er Arthur diktierte – ihre Energie schien von Neuem gebrochen.

---

[1] Arrogant, hochmütig, gefühlslos.

[2] Im Original: wenig

»Vater! Vater!«, begann sie fiebrig schluchzend, und ihre Tränen flossen nieder. »Hättest du in deiner Sterbestunde geahnt, welchen Jammer du über dein armes Kind heraufbeschwören werdest, du hättest deine zitternde Hand sinken lassen, statt jene entsetzlichen Worte zu schreiben! O mein Gott«, fuhr sie fort ihre Tränen trocknend, »du weißt, was der schreckliche Entschluss mich gekostet hat, zu dem das unerbittliche Schicksal, die grauenvolle Notwendigkeit, das Gebot eures unglücklichen Vaters mich drängt! Werde ich mich emporraffen können und ausführen, was ich mir gelobte, wenn der Augenblick gekommen? Großer Gott, gedachtest du dieser Stunde, als du dem Kinde so viel männliche Entschlossenheit in die Wiege gabst und seinen Mut durch Not und Gefahren stähltest? Aber es ist übermenschlich, was ich ausführen soll – übermenschlich, und ich bin doch nur ein schwaches Weib, und ein liebendes Weib!«

Dolores sank in einen Sessel und verbarg ihr Antlitz in den Hände[1], Tränen perlten durch die bleichen, schmalen Finger; sie weinte bitterlich.

So saß sie stundenlang; es war, als ob ein Krampf durch ihren Körper ginge, der ihr Herz zu zerreißen drohe. Endlich ließ sie die Hände sinken, ihr Auge war trocken, ihr Antlitz bleich, doch ruhig.

»Es muss so sein!«, sagte sie fast tonlos. »Nirgends[2] ein Ausweg, wohin ich blicken mag! – Armes Herz, eine Welt voll süßer Liebesfreuden erschloss sich dir, und nun sollst du brechen, du träumtest von einem Himmel auf Erden, bevor der Brief kam! Ich könnte diesen Brief vernichten, doch werde ich auch mit ihm die Kenntnis jener furchtbaren Vergangenheit zerstören können? Kann ich Arthur liebeglühend umfassen, indes meine Seele sich schaudernd von ihm wendet, kann ich lächelnd ihm die Hände drücken und ihm selig, voll Hingebung in die dunklen Augen schauen, wenn es in mir flüstert: ›Arthur, an deinen Fingern klebt das Blut meines Vaters, aus deinen Blicken nachtet die Schuld mich an?!‹«

»Nein! Nein!«, fuhr sie bebend auf. »Für mich ist alles dahin, alles! Und er – sollte er Ruhe, Zufriedenheit, Glück an meiner Seite gewinnen? Nein, nein! Düsteren Schatten gleich würden wir nebeneinander wanken und einander durch ein ärmliches Lächeln belügen! Die Schuld lastet auf seiner Seele, wie ihre Kenntnis auf der meinen,

[1] Im Original: »… in die Hände …«
[2] Im Original: Nirgend

und unsere heiligsten, feurigsten Empfindungen würde sie zu Grabe tragen!

Es muss so sein!«, fuhr sie, mit wachsender Energie ihre Seelenangst bekämpfend, fort. »Hinweg mit den süßen Träumen von Frühling, Liebe und Glückseligkeit! Was bin ich ohne ihn, den ich schaudernd nur zu nennen wage?! Mein Entschluss ist gefasst!«

Ihre Blicke leuchteten, ihre Züge wurden fest, beinahe ehern für ein Frauenantlitz.

Sie erhob sich mit rascher Bewegung und eilte zum Schreibtische.

Eine verborgene Feder sprang unter dem Drucke ihrer Finger, ein geheimes Fach öffnete sich; sie nahm ein Päckchen Briefe daraus hervor, die Ransays Handschrift trugen, presste leidenschaftliche, heiße Küsse auf sie und das Medaillon, und – fort ging alles in die Flammen.

Ein Seufzer entbebte ihren bleichen Lippen, als sie Bild und Briefe hell auflodern und verglühen sah.

Dann drückte sie ihre Hand auf das Herz, ihr schönes Antlitz verriet keine Spur einer Aufregung mehr, – sie hatte ausgekämpft, und alles war still im kleinen Gemache. – Die Dienerin meldete den Herrn Baron von Ramsay.

Der Brief des unglücklichen Spaniers war vom Schreibtische verschwunden, Dolores hatte ihn in das Busentuch geschoben.

Lächelnd empfing sie den Geliebten.

Nur ein Weib versteht es, mit gebrochenem Herzen zu lächeln, ja zu scherzen.

»Du kommst spät, mein Freund!«, sagte sie. »Wärest du weniger Kavalier, ich hätte längst besorgen müssen, du fürchtest dieses Stelldichein! Du wusstest ja, dass ich heute mit dir in gefährliche Regionen fahren werde, in denen die Kühnheit sogar der Geschicklichkeit nachstehen muss.«

»An deiner Hand ginge ich mit Freuden zur Hölle, umso sicherer werde ich also entzückt mit dir gen Himmel schweben. Und dann – soll ich fürchten, was mir täglich dein Herz eröffnet? Ich gelange heute auf einem anderen Wege dahin, das ist alles.«

»Ich weiß, der Herr Baron von Ransay ist nie um eine anmutige Wendung verlegen!«

»Seit die verkörperte Poesie mir verstattet[1], ihr huldigen zu dürfen. Doch wie? Du bist heute so bleich?«

[1] Heute nicht mehr übliche Form von »erlauben«, »genehmigen«, »zulassen«.

»Es ist nichts! Ich habe die Nacht schlecht geschlafen.«

»Hm! – Man hat hier ein Feuer angezündet? Und es ist etwas in der Luft hier –! Womit parfümierst du deine Salons?«

»Ich will dir sagen, was du denkst – mit Liebesbriefen, die der künftigen Gattin würden unbequem geworden sein.«

»Ich rechne zu meinen Fehlern weder Eifersucht noch Indiskretion.«

»So wirst du das Muster aller Ehemänner sein. Doch es ist spät, mein Freund. Man darf eine Menge nicht warten lassen, die ihr Vergnügen bezahlt. Celine!«

Die Dienerin erschien mit einem reizenden florentiner Hütchen und einem weißen Schal, dessen zartes Gewebe wie Silberwellen niederfloss.

»Gestatte mir, in deiner Gegenwart meine Toilette beendigen zu dürfen.«

»Gestatte mir zuvor, liebe Dolores, dich einen Augenblick durch andere Dinge zu beschäftigen.«

»Wie, mein Freund?«

Arthur antwortete nicht, er schritt zur Tür, öffnete sie und rief einen[1] seiner Diener, der ihn bereits eine Stunde beim Portier erwartet hatte und ihm dann bis in den Vorsaal gefolgt war.

Der Diener erschien mit einem umfangreichen Karton und verschiedenen kleinen Etuis, und entfernte sich sogleich, nachdem der Baron ihm alles abgenommen.

»Ich habe mir erlaubt«, begann Arthur, den Karton öffnend, »nach einem deiner Kleider etwas anfertigen zu lassen, das sich hoffentlich deinen Beifall erringen wird.«

Ein herrliches Kleid von weißem, silberdurchwirktem Moiré[2] mit kostbarem, reichem Besatz von wunderbar schönen Brüsseler Spitzen und einer zarten Liliengarnierung, auf der Diamanten gleich Tautropfen hervorblitzten, entquoll dem Karton.

»Dein Brautkleid!«, flüsterte Arthur.

Dolores bebte leise, fast unmerklich, sie schwankte und musste sich an der Lehne eines Sessels halten.

Doch das war nur ein Augenblick. Arthur sah nichts davon in der Freude seines Herzens.

---

[1] Im Original: einem

[2] Gemasertes Gewebe.

»Mein Brautkleid!«, stammelte sie, in tiefster Seele erschüttert.

»Und hier«, rief Arthur froh bewegt, ein Etui öffnend, »ist ein Schmuck. Doch wenn du ihn trägst, so schlage den Blick zu Boden, deine Brillanten nicht durch die Edelsteine deines Angesichts zu beschämen!«

Dolores sah weder die funkelnden Diamanten noch hörte sie die einschmeichelnden Worte des Mannes, an dem ihre ganze Seele hing. Das sonst so starke Mädchen rang einen Moment vergeblich nach jener Fassung, die sie bis jetzt in Gegenwart ihres Geliebten so energisch sich bewahrt hatte.

»Mein Brautkleid!«, stammelte sie von Neuem und sank schluchzend auf Arthurs Schulter.

Armer Arthur! Er nahm den letzten Ausbruch eines qualerfüllten Herzens für Freudentränen. Er küsste die Hände, den Hals, die Lippen seiner Braut, er schwelgte in Wonne.

Und Dolores?

Auch dieser letzte Kampf ging vorüber. Sie ward ruhig, nicht einmal die Wimper ihres schönen Auges zuckte mehr – sie lächelte wieder.

»Du tust so viel für mich, Arthur, zu viel!«, begann sie.

»O trübe meine Seligkeit nicht durch solche Worte!«, flüsterte er. »Dolores, ich bin unendlich glücklich! Doch fort von Paris! Hier regiert nur der Sinnenrausch oder das sarkastische Lächeln. Die Atmosphäre der Salons, das kaltherzige Treiben einer ungläubigen, gleichgültigen Menge umstarrt die tiefe, leidenschaftliche Glut einer reinen, süßen Liebe. Hier berechnet man die Empfindungen nach Effekten und treibt mit den heiligsten Gefühlen ein gleißnerisches, frevelhaftes Spiel. Fort von hier! Unsere Liebe soll unter Blumen tändeln, in die geheimnisvollen Schatten des Waldes tauchen, auf Bergeshöhen im Glanze der Abendröte sich sonnen! Ich habe eine Villa am Comer See gemietet, aus Lorbeer- und Orangenbüschen blickt sie nieder auf die sanfte Flut, und ein Himmel lächelt darüber hin wie stille blaue Verklärung. Dort lass uns lieben und träumen!«

Welcher Sterbliche litte nicht die Qualen[1] des Tantalus[2] in der Lage der armen Dolores?

---

[1] Im Original steht »… litte nicht Qualen …«

[2] Figur der griechischen Mythologie. Weil er den Göttern frevelte, wurde er schwer bestraft und in einem Reich gefangen, in dem er nicht trinken konnte und über dem Früchte hingen, die er nicht erreichen konnte.

Doch auch dem Schmerze sind seine Grenzen gesteckt, und Dolores hatte mit sich abgeschlossen. Jegliche Empfindung in ihr trug nur noch die Farbe eines verzweifelten Entschlusses, doch auf den Lippen hatte sie ein Lächeln für alles – Arthur hätte ihr ein Paradies zu Füßen legen können, sie würde mechanisch gelächelt haben.

Und Arthur ahnte nichts – er war zu lebhaft mit seinem Glücke beschäftigt.

Auch der erfahrenste Beobachter täuscht sich leicht da, wo sein Herz mit im Spiele ist – das Herz ist nichts weniger als die Mutter objektiver Ruhe.

»Ein schöner Traum«, sagte Dolores lächelnd. »Zu schön für diese Erde!«

»Er verwirklicht sich in wenig Tagen, und diese Wirklichkeit wird schöner sein als der Traum! Doch ich vergesse«, fügte Arthur hinzu, fast unmutig und gewaltsam eine Fülle der lieblichsten Empfindungen unterbrechend, »dass du heute noch die Sklavin des vielköpfigen Ungeheuers Paris bist – Paris erwartet dich!«

»Du hast recht«, sagte Dolores, »wir haben keine Zeit mehr zu verlieren!«

Sie umarmte den Geliebten und – lächelte.

Der Karton schloss sich, mit ihm eine Welt zauberischer Gefühle, die holde Fantasie eines süßen Liebesrausches.

Die Toilette der Doña war rasch beendet.

»Du hast noch keine Anstalten zur Abreise getroffen, bemerke ich!«, sagte Arthur, während sie die breite Stiege des Hauses hinuntergingen.

»Ich werde nur mit leichtem Gepäck reisen, mein Lieber, und das ist in einem Augenblicke zusammengelesen.«

»Und deine Möbel, deine kleinen Schätze?«

»Ein Agent, an den ich alles verkaufen werde, ist auf morgen zu mir beschieden.«

Die Equipage[1] des Barons, ein graziöser Tilbury mit herrlichen Schimmeln bespannt, hielt im Portale. Ein kleiner Neger in reicher Livree[2] grinste am Schlage.

Ransay stieg ein, Dolores folgte ihm, das kleine schwarze Ungetüm kletterte mit der Gewandtheit eines Affen auf den Dienersitz,

[1] Kutsche.
[2] Dienstkleidung.

und fort ging es im Galopp über die Boulevards des Capucins und Madelaine.

III

Auf dem Platze de la Concorde, in den Champs-Élysées, bis hinauf zur Barriere de l'Etoile wogte eine bunte, unabsehbare Menge.

Selbst der Triumphbogen war mit Menschen übersät, und bis zum Boulogner Wäldchen sogar fluteten die Wogen des Volksgedränges.

Man hatte drei Tage lang an allen Straßenecken von Paris die kolossalen Anschlagezettel gelesen, welche verkündeten, dass Señora Dolores zum letzten Male mit dem Riesenballon »Mexiko« aufsteigen werde; Veranlassung genug, halb Paris um das Hippodrom zu scharen.

Das Wetter war einer Luftfahrt nicht allzu günstig, die Sonne lachte wohl hernieder, doch erschien der Himmel nicht völlig klar, und eine starke Luftströmung in den höheren Regionen trieb lange Wolkenstreifen mit rasender Eile von Osten nach Westen.

Der Eingang zum Hippodrom ward bestürmt – alles drängte, zerrte, tobte – noch nie hatte dort ein größeres Gedränge stattgefunden. Korpulente Herren, angsterfüllte Damen schwankten händeringend in diesen tosenden Menschenwellen, ohne mit ihren Füßen den Boden berühren zu können, Hunde wurden zertreten, an Kindern fast buchstäblich der Ausspruch Salomos vollführt[1], kreischende Mütter übertönten die Donnerrufe nach Billets, Mantillen[2] und Kleidersäume wurden zerknittert und zersetzt, von Fracks verschwanden die Schöße, von Köpfen die Hüte, Wehklagen, Gelächter, Schreien, Zanken, Jubeln durbrauste die Stickluft, die wie Nebelqualm das tolle Gewirre umkreiste.

Im Hippodrom fand eine Festvorstellung statt; mit reißender Schnelligkeit überwogte der Menschenstrom Logen, Sperrsitze, Amphitheater, kein Fußbreit Raumes blieb unbesetzt, der Zirkus glich einem mächtigen unbedeckten Treibhause.

---

[1] König Salomo schlichtet den Streit zweier Frauen um ein Kind mit dem Urteil, das Kind zu zerschneiden und jeder Frau eine Hälfte zu geben. Als eine der beiden Frauen daraufhin auf das Kind verzichtet, erkennt er in ihr die wahre Mutter und spricht ihr letztlich das Kind zu (1. Könige 3:3-28; 4:29-34)

[2] Schulterumhänge.

Inmitten des Rundteiles, um den sich die Rennbahn zieht, schwankte gleich einem Trunkenen der Ballon, durch starke Stricke an den Boden gehalten. Um das Ungetüm waren Diener des Hippodroms beschäftigt und ordneten dieses und jenes.

Um das Ankleidesimmer der Amazonen, die vor der Luftfahrt ihre üblichen Wettritte halten sollten, scharte sich eine Anzahl Verehrer und Sportsmen, dieser mit Blumen, jener mit Zuckerwerk und gefüllten Bonbons. Man scherzte, lachte und verabredete Partien für den Abend.

Zierliche Grooms[1] führten die schnaubenden Renner auf und nieder.

Endlich ward das Zeichen zum Beginn der Vorstellung gegeben.

Die Amazonen brausten dahin, zahllose Rufe folgten ihnen, ein wildes Kreuzfeuer von Bravos schallte ihnen von allen Seiten anspornend entgegen.

Die Siegerin ward mit Hurra und Beifallsklatschen begrüßt.

In diesem Augenblicke hielt Ransays Tilbury an jenem kleinen Eingange, der ausschließlich für die Mitglieder des Hippodroms bestimmt ist.

Dolores entschlüpfte dem Wagen, Arthur warf dem Schwarzen die Zügel hin und folgte ihr in den Zirkus.

Die schöne Spanierin schritt rasch zum Ballon, man erkannte sie, ein Murmeln, gleich der Brandung des Meeres, lief rings umher und ward zu lautem Beifallsjubel.

Dolores achtete dessen nicht.

Sie prüfte ernst den Ballon, das Ventil, die Gondel, die Stricke, den Füllapparat, und erteilte ihre Befehle an die geschäftigen Diener.

Sie legte selbst Hand mit an – in wenigen Minuten war alles zur Luftfahrt geordnet.

Arthur blieb an der Seite seiner Geliebten, eine eigentümliche Empfindung hatte sich seiner bemächtigt, gewissermaßen eine bange Erwartung, doch lächelte er bei den Zubereitungen und sein Antlitz trug den ruhigsten Ausdruck.

Und nun bestieg Dolores mit Arthur die Gondel.

Ein Flüstern ging rings umher.

»Wer ist der junge Mann?«

»Ein Bruder vielleicht!«

---

[1] Pferdepfleger, Stallburschen.

»Nein, ein Engländer, der geschworen hat, auf irgendeine Weise den Hals brechen zu wollen.«

»Ein Anbeter, der sich über seine Nebenbuhler erheben will.«

Einige der eleganten Zuschauer erkannten Ransay.

»Was Teufel«, hieß es, »er wird dieses Weibes halber den Verstand verlieren!«

»Und sein Vermögen obendrein!«

»Sie wird es ihn als Ballast betrachten lehren!«

»Das gibt ein Bild für den Charivari[1]!«

»Ein *devilish*[2] kluger *fellow*[3]«, sagte Lord Mutton, »er wird jedenfalls haben ein Rendezvous ohne Zeugen!«

In einiger Entfernung stand der einarmige Hauptmann Eugène, der Freund Arthurs. Er hatte sich's nicht versagen können, den Zirkus in aller Stille aufzusuchen.

»Also doch!«, murmelte er vor sich hin und schüttelte den Kopf.

Arthur saß, Dolores stand hoch aufgerichtet in der Gondel. Sie hatte Schal und Hut entfernt, ihr reizendes Antlitz war bleich, wie das einer Marmorstatue, ihr Blick flammte kühn in die Runde.

Ein gebieterisches Wort, ein Wink – die Stricke lösten sich, und der Ballon erhob sich pfeilschnell in die Luft.

Beispielloses Jubelgeschrei ertönte aus hunderttausend Kehlen vom Hippodrom und den Champs-Élysées. Aus den Logen, von der Höhe des Triumphbogens, in den Promenaden, selbst von den Fenstern der angrenzenden Häuser aus schwangen unzählige Damen ihre Taschentücher, und eine Armee von Operngläsern und Lorgnetten[4] setzte sich in Bewegung.

Der Ballon erhob sich fast senkrecht bis zu einer Höhe von etwa zwölfhundert Fuß.

Noch immer stand Dolores hoch aufgerichtet da, ein Lächeln des Triumphes schwebte auf ihren Lippen, ihre Wangen waren leicht gerötet.

Arthur schaute mit sprachlosem Erstaunen in die Tiefe hinab.

Dort unten lag die kolossale Arena, die sie vor wenigen Sekunden erst verlassen, zu einem kleinen Fingerring zusammengeschrumpft. Die bunte Menge des Hippodroms und seiner Umgebung glich tau-

---

[1] *Le Charivari*; eine französische Satirezeitschrift.

[2] Teuflisch.

[3] Bursche.

[4] Eine Art Lesebrille, die mit einem Griff vor die Augen gehalten wird.

sendfarbigen Punkten, die, kaum dem Auge sichtbar, massenhaft durcheinander wimmelten. Aus den hohen, üppigen Laubdächern der Champs-Élysées, des Tuileriengartens wie des Boulogner Wäldchens waren liebliche Rasenplätze geworden, deren frisches Grün sich kaum von der Erde abhob. Die ineinander verschlungenen Promenaden, die fernhin sich durchkreuzenden Chausseen, erschienen wie ein zartes Gewirre drappfarbener[1] Bänder auf tiefgrünem Samtteppich. Und der stolze Triumphbogen an der Barriere de l'Etoile, an der soeben noch der Ballon vorüberstreifte, wie die kühne Pyramide von Luxor des Eintrachtsplatzes und der majestätische Dom der Invaliden, sie alle waren durch die schwindelnde Höhe, von der Arthur niederschaute, zu winzigen Spielereien herabgedemütigt.

Doch vor allem gewährte Paris einen unbeschreiblichen Anblick, Paris mit seinen zahllosen Giebeln, seinem düstergrauen Häusermeere, seinen labyrinthartigen Gassen, seinen Palästen, Kirchen, Plätzen, Monumenten, Kais, Brücken, Festungswerken und Boulevards. Über allem lag ein leichter Dunst, wie Abendnebel in feuchten Tälern, und durch alles hin schlängelte sich, einem Silbergürtel gleich, die prächtige Seine, blitzend im Sonnenglanze, der lieblich verklärende Reflexe auf diese Wunder der zauberischen Weltstadt warf.

Und rings umher, wie mit sanften, laubigen Kränzen umwoben und vom Sonnenlichte vergoldet, tauchten in bläulicher Ferne Neuilly, St. Cloud, Versailles, Montmorency, Autenil, Passy und viele kleine Ortschaften auf.

Es war ein feenhafter Anblick!

Arthurs Lippen entrang sich ein leiser Ausruf der Bewunderung.

Dann pries er begeistert die Schönheit dessen, was er sah.

Dolores war beschäftigt, den Ballon zu lenken, der, in leiser Strömung schwankend, über Paris dahinschwebte.

Ein Summen und Brausen, das dem Geräusche glich, welches eine ans Ohr gehaltene Muschel verursacht, tönte von dort herauf.

Dolores schaute nicht hinunter, sie prüfte ernst den Lauf der nahe über dem Ballon hinstürmenden Wolken, die eine nordwestliche Richtung verfolgten.

Hastig warf sie Ballast aus, der Ballon stieg, bis er fast den Saum der untersten Wolkenschicht berührte, und folgte dann plötzlich,

[1] Sandfarben.

von der heftigen Luftströmung erfasst, schnell wie der Blitz dem rasenden Laufe der Wolken.

Arthur klammerte sich an die Gondel; die rastlose Schnelle, mit der das Luftschiff sich fortbewegte, benahm ihm fast den Atem und ließ ihn kaum mehr die Gegenstände tief unten erkennen, die er soeben noch bewundert hatte, und von denen sie sich jetzt auffallend rasch entfernten.

Dolores saß ihm gegenüber – das stereotype Lächeln umspielte wieder ihre Lippen.

Paris war unter ihnen in nebelgrauer Ferne verschwunden, St. Denis zur Rechten, St. Germain zur Linken folgten der Hauptstadt mit Windeseile, und die Seine blieb ihre Gefährtin, gleich einer riesigen, glänzend sich dahin windenden Schlange.

Doch auch sie, fast der einzige Anhaltspunkt des umherirrenden Auges, sollte bald vor Arthurs Blicken erlöschen.

Dolores warf von Neuem Ballast aus, der Ballon verschwand in den Wolken und undurchdringlicher Nebel umhüllte die Segler.

Arthur gewahrte nichts um sich her, nicht einmal die kühne Geliebte, deren Antlitz doch nur eine Elle etwa von dem seinigen entfernt war.

Dem sonst so entschlossenen jungen Manne begann das Herz hörbar zu klopfen.

»Dolores«, sagte er, nach ihrer Hand tastend, »bist du gesonnen, mich in den Mond zu führen?«

»Wir müssen diese Wolkenschicht durchkreuzen!«, sagte sie ernst.

Nach wenigen Augenblicken schwebte der Ballon wieder im klaren, tiefblauen, unendlichen Äther. Die scheidende Sonne warf all ihr Gold auf die Liebenden.

Unter ihnen aber wogte und schäumte jetzt das weiße, glitzernde Wolkenmeer, weithin in den wunderbarsten Gestaltungen; mächtige Risse enthüllten ihnen von Zeit zu Zeit die ferne Erde, die gleich einem matt beleuchteten Panorama fast nebelhaft in unbestimmten Farben heraufdämmerte.

Der Ballon hatte nicht die Strömung verlassen, die ihn mit Sturmeseile nach Nordwesten trug.

Arthur schwelgte im Vollgenusse all der Herrlichkeiten[1], die sein trunkener Blick zu erspähen vermochte. So gewaltig ergriff ihn die

[1] Im Original steht »... aller der Herrlichkeiten ...«

Erhabenheit der majestätischen Schöpfung, dass er, keines Wortes mächtig, zusammengekauert dasaß, staunend, selbstvergessend, verzückt, das Herz voll ungeahnter, wunderbarer Empfindungen.

Stunden strichen mit raschem Fittich[1] an seinem Haupte vorüber – er ahnte es nicht.

Dem kleinlichen Erdentreiben weit, weit entrückt, erhebt sich die Seele auch über Zeit und Raum.

Und Dolores saß schweigend dem Manne ihrer Liebe gegenüber, schweigend, ernst, hoffnungslos. Für sie war nicht das Gold der Sonne, nicht das Paradies der hehren Schöpfung – sie starrte nach Nordwesten, all ihr Sinnen, Trachten, Spähen ging dorthin.

Plötzlich zerteilten sich die sturmgepeitschten Wolken unter ihnen mehr als vordem, ein großer Teil der Erde ward sichtbar und mit ihm der blitzende Schlangenlauf der Seine, an deren einer Krümmung es sich wie felsiggrauer, kompakter Schatten ausdehnte.

»Was ist das?«, rief Arthur, nach jenem Schatten deutend. »Jetzt ist es dort – weit, weit hinter uns schon! Siehst du? Was ist es?«

»Rouen!« versetzte Dolores.

»Rouen?! Wie ist es möglich? Rouen ist fünfunddreißig Lieues[2] von Paris!«

Dolores wies stumm auf die untergehende Sonne.

»Mein Gott!«, rief Arthur erstaunt. »Hab ich geträumt? Wie kann es sein –? Die Sonne sinkt –«

»Den Parisern ist sie bereits untergegangen!«, entgegnete Dolores, sich hastig aufrichtend. »Wir müssen ihren letzten Strahl erhaschen!«

Und sie warf massenhaft Ballast aus, der Ballon verließ die furchtbare Strömung und erhob sich in unglaublich kurzer Zeit zur schwindelnden Höhe von elftausend Fuß.

In leichte Nebel gehüllt lag, einer Landkarte gleich, tief unten das schöne Frankreich.

Dolores starrte, ängstlich fast, nach Nordwesten.

Ein Silberstreifen zeigte sich am Horizont. Dieser Streifen erweiterte sich mehr und mehr.

Eisige Ruhe kam über das Antlitz der Spanierin.

Betroffen starrte Arthur nach jenem Silberglanze hinüber, der sichtlich an Ausdehnung gewann.

[1] Flügel, Schwinge.
[2] 1 Lieue marine entsprechen etwa 5,56 km.

»Was bedeutet dieser Glanz, der dort wie ein funkelnder Spiegel sich auszubreiten beginnt?«, fragte er hastig.

»Es ist der Kanal La Manche, der Atlantische Ozean!«, sagte Dolores ruhig.

»Um Gotteswillen!«, rief Arthur in höchstem Erstaunen. »Wohin geraten wir denn? Dort ist das Meer, die Sonne sinkt –! Wie lange noch soll diese Luftfahrt währen?«

»Sie ist zu Ende!«, sagte Dolores mit dumpfer Stimme.

Arthur blickte seine Geliebte an – jetzt erst gewahrte er den unbeschreiblichen Ausdruck todesmutiger Entschlossenheit in ihren Blicken, die geisterhafte Blässe ihres Antlitzes, ihrer Lippen.

»Was ist dir, Mädchen?«, rief er beunruhigt.

»Ich gedenke meines Vaters!«, sagte Dolores mit fester Stimme.

Arthur entfärbte sich.

»Deines Vaters?«, stammelte er. »In diesem Augenblicke –«

»Du warst der Zeuge seines Todes«, fuhr Dolores langsam fort. »Hast du vergessen, dass heute sein Sterbetag ist?«

»Sein Sterbetag!«, murmelte Arthur, den plötzlich alle Fassung zu verlassen schien.

»Du sahst sein brechendes Auge, du hörtest sein letztes Röcheln. Und ihn rührte der Schlag, sagst du?«

»Ja, ja!«, lallte Arthur verstört.

»Arthur«, sagte Dolores mit fast strengem Ernst, »wir schweben zwischen Himmel und Erde, jede Sekunde kann uns Verderben bringen, jeden Augenblick müssen wir bereit sein, vor Gott treten zu können! Sag – traf meinen Vater der Schlag, hast du die Wahrheit geredet?«

Arthur schien nach Entschlossenheit zu ringen; er bebte.

Dann entgegnete er mit leiser, unsicherer Stimme:

»Die Wahrheit!«

»So strafe den Lügen, der diese Zeilen schrieb!«

Und Dolores nahm den Brief ihres Vaters vom Busen.

Sie entfaltete das Schreiben und hielt es dem Geliebten hin.

»Da, lies!«, sagte sie.

Arthur empfing das Blatt mit zitternden Händen.

Die Sonne war im Ozean untergesunken, brennende Abendröte hatte den Horizont in Glut versetzt, verklärte den Äther rings umher und leuchtete von tausend fernen Wölkchen wieder.

Auch das vergilbte Blatt, das Arthurs Hände krampfhaft pressten, war rosig angehaucht.

Auf dem Blatte aber stand, unter Arthurs Schriftzügen, von der Hand des Spaniers:

> »Tochter, meine Augenblicke sind gezählt. Ich liege hier mit zerschmetterten Gliedern, mein Mörder wird mir die Augen zudrücken, er bringt dir den Brief, aber er weiß nichts von diesen Zeilen. Bei meinem letzten Lebenshauche, bei der Seligkeit einer Mutter beschwöre ich dich – räche mich!«

Arthur las, seine Knie schlotterten, seine Lippen zuckten, sein Auge umflorte sich, ihn schwindelte, er stürzte, sinnlos fast, zu den Füßen seiner Geliebten nieder.

»Dolores«, stöhnte er, während ein kalter Schweiß über seine Stirne rann und verzweiflungsvolles Schauern ihn rüttelte, »Dolores, verdamme mich Unglückseligen nicht, ohne mich zu hören. Eine traurige Verkettung von Umständen führte das Schreckliche herbei. Dein Vater reizte mich, der ältere Mann den heißblütigen Jüngling, er beschimpfte meine Nation – der Zorn übermannte mich – ich – ich –«

»Du –«

»Weh mir! Ja, ja – in rasendem Zorn wollte ich ihn erfassen und stieß – stieß ihn vom Wagen hinunter unter die Pferde. O Dolores, weinend, in tiefster Seele zerknirscht rang ich an seinem Sterbebette die Hände, ich flehte zu Gott, dass sein Blitz mich vernichte. Ich würde mir verzweiflungsvoll das Leben genommen haben, hätten nicht die letzten Worte des Sterbenden dich an mich verwiesen. Trotz unsäglicher Seelenqualen hatte ich den Mut, die Kraft zu leben – für das Kind meines Opfers zu leben! Ich fand dich nicht. Bitterer Schmerz, namenlose Foltern ließen mich nirgends rasten, unstet wanderte ich von Land zu Land, doch mit mir zog die Erinnerung an jene entsetzliche Stunde und stand grell vor meiner Seele, mochte ich Trost suchen im Gebet oder Vergessenheit im Rausche betäubender Genüsse!«

Arthur schwieg erschöpft und rang die Hände.

Dolores blickte erschüttert zu Boden, alles Blut war aus ihren Wangen gewichen, doch das arglose Abendrot verklärte mit rosigem Hauche ihr Schmerzensantlitz – so glänzt oft ein lebensfrischer Blütenstrauß an gramerfüllter Brust.

»Ich fand dich«, fuhr Arthur bebend fort, »und eine Liebe zog in mein Herz, jene heiße, unnennbare Liebe, die Gott zu Lust und Qualen geschaffen, die Paradies und Hölle auf Erden ist. Und als sich mir enthüllte, wer du seiest, als mir das Geständnis deiner Gegenliebe ward – o Dolores, da klammerte sich meine Seele an die einzige Hoffnung auf Sühne des Vergangenen, da nahm ich deine Liebe als den Palmenzweig des Friedens, den der Geist deines Vaters durch dich mir bot, als ein Zeichen des Himmels, dass mir noch Vergebung lächeln werde.«

Er schwieg von Neuem und sein angsterfüllter Blick haftete an den Lippen seiner Geliebten.

»Arthur«, begann Dolores mit fester Stimme, »höre mich! Seit jenem Tage, da dieser Brief in meine Hände kam, habe ich die schrecklichsten Martern der Verzweiflung empfunden, – entsetzlich litt ich, litt wie du leidest. Arthur, es gibt nichts Unseligeres auf Erden als du und ich. Ich liebe dich, kein Weib hat so geliebt, wie ich dich liebe – aber hier ist meine Sendung die Liebe nicht – ich gehöre mir nicht mehr an – ich darf nur noch das Werkzeug der Rache sein!«

»Was willst du beginnen?«

»Ein Leben fordert das andere. Ich bin eine Spanierin. Ich muss das Gebot eines sterbenden Vaters erfüllen. Du darfst nicht lebend zur Erde zurück.«

»Töte mich!«, rief Arthur außer sich. »Töte mich – doch nein, nein! Beflecke nicht deine reinen Hände mit meinem schuldigen Blute! Ein Wink von dir, und ich stürze mich aus der Gondel hinab.«

»Und du wähnst, ich könne leben ohne dich?«, rief Dolores leidenschaftlich. »Ich werde ein elendes Dasein hinschleppen, dem ein trübseliges Schicksal seine Kränze raubte? Arthur, kein Weib hat so geliebt, wie ich dich liebe! Du musst sterben – aber ich sterbe mir dir!«

»Dolores!«, schrie Arthur entsetzt.

»Blicke hinab, Geliebter! Von dort unten schimmert es bläulich herauf – das ist der Ozean, dort ist unser Ziel. Bete zu Gott, dass er unseren Seelen gnädig sei!«

Dolores erhob sich, ihr Blick strahlte seltsam, sie raffte von der Gondel ein scharfes, verborgen gehaltenes Messer auf.

»Halt ein, Unglückliche!«, schrie Arthur mit dem Tone des Wahnsinns, umschlang die Geliebte und presste sein Angesicht krampfhaft an ihre Brust.

Dolores küsste seine Stirn.

»Du wolltest den Himmel mit mir teilen«, rief sie, »ich teile die Hölle mit dir!«

Mit Blitzesschnelle zerschnitt sie den Strick, der die Gondel an den Fallschirm knüpfte. – –

Hoch auf bäumten sich die schäumenden Wogen des Meeres, und der wildkochende Gischt blitzender Kreise dehnte sich, gleich einem tobenden Strudel, weiter und weiter.

Am folgenden Tage trieb eine zerschmetterte Gondel bei Dieppe ans Land – Matrosen fischten sie auf.

Vierundzwanzig Stunden später stand in den Pariser Zeitungen, dass die kühne Luftschifferin Dolores und der Baron von R… auf einer Luftfahrt verunglückt seien.

In Paris ward eine halbe Stunde davon geredet.

Eine Luftfahrt mit einem Wahnsinnigen

Aus den Papieren eines Aeronauten

Zu Anfang September des Jahres 18** langte ich in F... an, um wenige Tage später angesichts einer zahlreichen Zuschauermenge in einem großen Ballon aufzusteigen. Einige Herren er Stadt hatten mir ihre Begleitung zugesagt, nahmen aber im letzten Augenblicke ihr Versprechen zurück, und so entschloss ich mich denn, die Fahrt allein zu machen.

So oft ich in der letzten Zeit meine Luftfahrten angetreten, hatte ich, obgleich dies in verschiedenen, einander oft ziemlich fernliegenden Orten geschah, unter den Zuschauern stets einen jungen Mann bemerkt, der mir noch ganz besonders wegen seiner blassen Gesichtsfarbe und seiner großen, tiefliegenden Augen auffiel. Er legte stets das lebhafteste Interesse für mein Unternehmen an den Tag und drängte sich eifrig herbei, wo es galt, vielleicht einige kleine Dienste dabei zu leisten. Ich hatte mich nach und nach so an seine Anwesenheit gewöhnt, dass ich mich auch in F... unwillkürlich nach ihm umsah, während ich meinem Gehilfen zurief, alles fertig zu machen. Der Unbekannte stand dicht an der Schranke, noch bleicher und hagerer als sonst. Ich sprang in den Korb und befahl, die Stricke des Ballons zu lösen.

In dem Augenblick, wo diesem Befehle Folge geleistet wurde, sah ich eine Bewegung unter den Zuschauern gegen den Ballon, konnte jedoch derselben keine Aufmerksamkeit schenken, da ich noch einiges am Boden des Korbes in Ordnung bringen musste und noch in gebückter Stellung verharrte, als der sehr schnell aufsteigende Ballon sich bereits in einer bedeutenden Höhe befand. Wer beschreibt daher mein Erstaunen, als ich, aufblickend, den bereits erwähnten jungen Mann neben mir sah!

»Ihr ganz ergebener Diener, mein Herr«, sagte er sehr artig.

Ich konnte mich nicht entschließen, ihm in gleichem Tone zu antworten, sondern fragte ihn ziemlich barsch, mit welchem Rechte er hier sei.

»Sie können mich nicht entfernen, folglich habe ich ein Recht, hier zu sein«, entgegnete er.

Ich war betroffen von dieser Entgegnung und vermochte nicht sogleich zu antworten; er aber fuhr unbekümmert um mein Erstaunen fort:

»Auf diese Weise werden wir niemals aufsteigen.«

Mit diesen Worten ergriff er zwei Säcke des mitgenommenen Ballastes und warf sie hinaus.

»Sie sind einmal hier, mein Herr, und so muss ich Sie natürlich mit mir nehmen«, sagte ich, wohl einsehend, dass mir keine andere Wahl blieb, »ich muss Sie jedoch entschieden bitten, mir ganz allein die Leitung des Ballons zu überlassen.«

»Gewiss«, entgegnete er, »treffen Sie nur ihre Maßregeln so, dass sie mit meinen Ansichten übereinstimmen, und ich werde nichts dagegen sagen.«

Ich sah mir meinen Begleiter jetzt etwas näher an. Er war ungefähr dreißig Jahre alt, sehr einfach gekleidet und schien trotz seiner Blässe und Magerkeit von ungeheurer Muskelkraft.

»Ich musste Sie überraschen«, sagte er nach einer Pause, »da ich kein Geld hatte, die Fahrt zu bezahlen und sie doch mitmachen musste.«

»Das besprechen wir, sobald wir wieder auf der Erde sind«, erwiderte ich.

»Wieder auf der Erde?«, fragte er erstaunt.

»Sie werden doch nicht glauben, dass Ihre unbefugte Begleitung mich verhindern wird hinabzusteigen, wenn ich es für gut finde?«

»Bah«, sagte er verächtlich, »wir werden nicht hinabsteigen«, und wieder warf er zwei Säcke Ballast aus dem Ballon.

»Herr«, rief ich, unwillig seinen Arm ergreifend, »ich kann das nicht dulden!«

Der Barometer[1] belehrte mich, dass der Ballon inzwischen zweitausend Fuß hoch gestiegen war.

»Wir wollen niedersteigen«, sagte ich, auf die uns umgebenden Wolken deutend, welche, je mehr wir uns nach Süden wendeten,

[1] Die Verwendung des maskulinen Genus von »Barometer« anstelle des üblichen Neutrums deutet darauf hin, dass der anonyme Verfasser der Geschichte aus dem süddeutschen Raum oder aus dem österreichischen bzw. schweizerischen Sprachraum zu kommen scheint, wo man statt »das Barometer« »der Barometer« zu benutzen pflegt.

schwärzer und schwerer wurden, »wir werden ein Gewitter bekommen.«

»Nein«, rief er, »wir müssen die Wolken durchschneiden, tief unter uns sollen die Blitze zucken!«, und abermals flogen zwei Säcke Ballast hinab.

Ich versuchte, ihn davon zurückzuhalten, er drückte mich jedoch mit der einen Hand zu Boden und führte mit der andern sein Vorhaben aus, indem er sagte:

»Es tut mir leid, aber ich sehe, Sie verstehen die Sache nicht, also muss ich sie in die Hand nehmen; stören Sie mich jetzt nicht weiter.«

Wir waren nun nahe viertausend Fuß über der Erde. Je höher wir stiegen, desto heftiger wurden seine Bewegungen.

»Um Gottes Barmherzigkeit, lassen Sie uns niedersteigen«, flehte ich.

»Niedersteigen? Sind nicht schon Aeronauten, die meine Geschicklichkeit nicht besaßen, zwanzigtausend Fuß hoch gestiegen?«

Er fuhr fort, Sack auf Sack hinabzuwerfen, und hielt mich fest, sobald ich ihn daran zu verhindern suchte.

Ich sah ein, dass ich es mit einem Wahnsinnigen zu tun hatte, der mir an physischen Kräften weit überlegen, und beschloss, meine Zuflucht zur List zu nehmen. Ich suchte, ihn in eine Unterhaltung zu verwickeln, während der ich mich des Strickes zum Ventil zu bemächtigen und ohne dass er es bemerkte, den Ballon hinabzubringen hoffte. Mit Bewunderung sprach ich deshalb von seinen Kenntnissen in der Luftschifffahrt, worauf er beinahe aus jeder Tasche seines Rockes ein diesen Gegenstand behandelndes Manuskript hervorzog, mir in den überschwänglichsten Ausdrücken die von ihm gemachten Erfindungen auseinandersetzte und sich bitter beklagte über die Verachtung und den Spott, mit welchem die Welt sie aufgenommen.

»Und haben Sie jetzt alle Hoffnung verloren, Ihre wunderbaren Ideen zur Ausführung zu bringen?«, fragte ich anscheinend mit großem Interesse.

»Alle, alle«, entgegnete er. »Erst als ich sah, dass ich das Unrecht und die Täuschung nicht länger ertragen könne, beschloss ich, mein Leben auf dieser Fahrt zu beenden.«

Diese Antwort ließ mich erheben; indes war es mir gelungen, das Ventil zu öffnen, und ich bemühte mich, recht laut zu sprechen, damit er das Rauschen des ausströmenden Gases nicht vernehme.

»O, hätte ich nur noch ein Jahr leben dürfen, so würde ich der Welt eine Erfindung geschenkt haben, welche sie mit Staunen erfüllt. Hier ist ein Plan«, rief er, eine Rolle entfaltend, »zu einem Luftschiff, das ganze Armeen und die denselben zur Kriegsführung nötigen Instrumente tragen kann; wer dieses Projekt ausbeutet, ist Herr der Welt!«

»Und haben Sie diese ungeheure Entdeckung wirklich nur Ihren Studien allein zu danken?«, fragte ich aufatmend, denn der Ballon senkte sich.

»Ich kann die Ehre der Erfindung nicht ganz allein für mich in Anspruch nehmen«, sagte er bescheiden. »Jahrelang war ich nur ein einfaches Werkzeug der Wissenschaft wie Sie; aber ich warf mich mit einem solchen Eifer auf das Studium, dass die Götter endlich Erbarmen mit mir hatten und mir den Plan enthüllten, den ich Ihnen hier vorlege. Ich habe denen, welchen ich Andeutungen davon gemacht, nie verhehlt, aus welcher Quelle ich geschöpft, was ihre Blindheit gegen seine Vortrefflichkeit noch unbegreiflicher macht. Ihr Verstand kann die Größe des Planes nicht fassen, und so muss ich den erhabenen Göttern ihr Geschenk zurückbringen.«

Er schwieg einige Augenblicke wie erschöpft, plötzlich sagte er:

»Sie haben gegen meine Befehle das Ventil geöffnet.«

Ich ließ augenblicklich den Strick los.

»Glücklicherweise«, fuhr er fort, indem er wieder einige Säcke über Bord warf, »haben wir noch zweihundert Pfund Ballast. Ich erlaubte Ihnen, das Ventil zu öffnen, weil das Gas den Ballon zu zersprengen drohte, tun Sie es aber nicht wieder.«

Die Wolken schifften unter uns in glänzenden Strömen, auf welche der Ballon einen tiefen Schatten warf. Weit unter uns grollte der Donner.

»Lassen Sie uns jetzt niedersteigen«, bat ich.

»Niedersteigen? Nimmermehr, die Sonne erwartet uns!«

Wieder erleichterte er den Ballon um fünfzig Pfund, worauf derselbe wie ein Pfeil aufwärts stieg. Das Delirium meines unheimlichen Gefährten schien sich zu steigern, je weiter wir uns von der Erde entfernten.

»Sagen Sie mir nur, wohin Sie eigentlich wollen?«, fragte ich endlich.

»Höher, höher, mehr brauchen Sie nicht zu wissen«, mit diesen Worten schleuderte er den Kompass hinab.

»… Die Stunde ist da, die uns zum Tode ruft, jetzt die Stricke losgeschnitten …«

Ich kam mir dem Wahnsinnigen gegenüber hilflos wie ein Kind vor. Auf meine nochmaligen dringenden Bitten, den Lauf unseres Luftschiffes der Erde zuzurichten, rief er nur:

»Sie machen mich ungeduldig, jetzt sollen Sie gar nicht mehr wissen, ob wir auf- oder absteigen!«

Damit sandte er den Barometer und die Hälfte des übrigen Ballastes dem Kompass nach. Immer höher stieg der Ballon, mein Herz hämmerte, als wollte es zerspringen, das Blut tropfte mir aus Mund und Nase.

»Wie herrlich ist es, zu sterben als ein Märtyrer der Wissenschaft!«, jauchzte der Wahnsinnige und entledigte wie zur Bekräftigung dieser Worte den Ballon noch seines letzten Ballastes. »Die Stunde ist da, die uns zum Tode ruft, jetzt die Stricke losgeschnitten, der Korb mag fallen, wir aber segeln in den Weltenraum, und wenn wir sterben, so finden wir ein Grab in der Sonne!«

Die Verzweiflung lieh mir Kräfte, ich rang mit dem Wahnsinnigen; aber ich musste endlich unterliegen. Er warf mich zu Boden, und während er mir dort das Knie auf die Brust stemmte, um mich niederzuhalten, schnitt er mit einem Messer, das er aus der Tasche zog, die Stricke los.

»Eins, zwei, drei«, rief er.

Noch ein Strick und der Korb hingen nur noch von der einen Seite mit dem Ballon zusammen. Mit einer übermenschlichen Anstrengung stieß ich den Wahnsinnigen von mir und richtete mich auf. Er hielt noch immer das Messer, um die Stricke zu zerschneiden; aber seine Gedanken mussten plötzlich eine andere Richtung nehmen.

»Wir wollen jetzt gehen«, sagte er, indem er die Hand nach mir ausstreckte und Miene machte, aus dem Korbe zu springen, »kommen Sie!«

Mit einem Schrei floh ich vor ihm bis an das äußerste Ende des Korbes, klammerte mich instinktmäßig an die ihn noch haltenden Stricke und schloss, überwältigt vor Entsetzen, die Augen. Als ich sie wieder öffnete, befand ich mich in dem gänzlich umgedrehten Korbe allein, zehntausend Fuß über dem Erdboden – mein Begleiter war verschwunden.

Noch stieg ich immer höher, die Luft mit einer solchen Schnelligkeit durchschneidend, dass jeder Atemzug mir die empfindlichsten Schmerzen verursachte. Ein heftiger Frost ließ meine Zähne klappernd aneinander schlagen; plötzlich aber trat eine erstickende Hitze an die Stelle der Kälte. Ich fand mich inmitten einer glühenden, feurigen Wolke, vernahm einen entsetzlichen Krach – das Gas hatte seine Bande gesprengt. Eine Zeit lang drehte sich der Ballon mit entsetzlicher Geschwindigkeit um sich selbst, eine hässliche, gestaltlose Masse.

Dennoch währte das Niedersteigen verhältnismäßig lange; nach und nach kam ich der Erde näher, sah, dass ich vielleicht zwei Meilen vom Meere entfernt war, und musste ernstlich befürchten, vom Winde dahin getrieben zu werden. Ich hatte während der ganzen Niederfahrt an dem einen Ende des Korbes gestanden, mich krampfhaft an die Stricke klammernd. Ein heftiger Stoß riss mir den Halt aus den Händen und schleuderte mich rücklings aus dem Korbe. Ich fiel –

»Wir wollen jetzt gehen, kommen Sie!«

nicht wie ich vermutete in den Luftraum, sondern in das weiche Gras einer Wiese. Ich war der Erde näher, als ich in meiner unglücklichen Lage hatte wahrnehmen können, und der auf dem Boden dahinschleifende Anker hatte glücklicherweise einen Ort gefunden, wo er sich festhaken konnte. Kaum verließ ich jedoch den Ballon, so riss er sich, von seiner Bürde befreit, wieder los und flog eilig dem Meere zu.

Ein Wunder hatte mich gerettet aus der entsetzlichsten Lage, in welcher ich mich in meinem viel bewegten Leben je befunden. Von meinem unglücklichen Gefährten hat man nie wieder etwas gesehen, wahrscheinlich ist er ins Meer gefallen, jedoch muss er lange tot gewesen sein, ehe er dasselbe erreicht hat.[1]

[1] In einer späteren Fassung des Textes, die im Band *Ein Drama in den Lüften* der *Dornbrunnen Taschenschmöker* abgedruckt war, weicht der Text am Ende ein wenig von der hier wiedergegebenen Fassung ab: »Von meinem unglücklichen Gefährten hat man nie wieder etwas gesehen, wahrscheinlich ist er ins Meer gefallen! Jedoch hatte sein verlorenes Leben wohl schon sein Ende erreicht, bevor die Wellen des Meeres ihn umfingen und sanft begruben.«

Ein Erlebnis in dreitausend Meter Höhe

Ein amerikanisches Abenteuer von einem unbekannten Autor

Wir hatten schon manche Festtage im Sommer bei den Melvilles in »The Cedars« zugebracht – einem schönen alten Familienhause, das ungefähr 100 englische Meilen von unserer eigenen Wohnung in einem der malerischsten Teile des Landes lag.

Emily und ich waren Schulfreundinnen, und nun, da meine letzte Ferienzeit angekommen war, hatte sie es bei ihrer verwitweten Mutter durchgesetzt, dass diese mir und meinem Dick eine herzliche Einladung sandte, den Monat mit ihnen zuzubringen. Es erwarteten uns fröhliche Ausflüge und andere Vergnügungen, und da wir gleichzeitig noch andere Freunde in »The Cedars« treffen sollten, sahen wir einer angenehmen Zeit entgegen.

»The Cedars« war seit Generationen der Landsitz der Melvilles gewesen, und ich glaube, es gehört zu den schönsten Punkten unseres Kontinents. Es liegt unweit eines wichtigen Seehafens, ist von schönen Wäldern und Seen umgeben und hat ein Tal, das die wahre Heimat der Blumen und des Immergrüns zu sein scheint.

Dies alles und Emilys Gesellschaft hätte mich wohl schon mit Freude bewegen können, einige Zeit daselbst meinen Wohnsitz aufzuschlagen; aber dann kam noch, dass Dick das Herz Emilys, und Henry, der Bruder des letzteren, seit langem das meine gewonnen hatte.

Ungefähr ein Jahr früher als in der Zeit, von welcher ich hier schreibe, waren meine Angehörigen mit einem jungen Manne von Vermögen und guter Familie bekannt geworden, namens Edwin Wells, und ich sah im ersten Momente, als ich ihm vorgestellt wurde, dass ich einen großen Eindruck auf ihn machte.

Aber auch wenn mein Herz noch frei gewesen wäre, würde die persönliche Erscheinung dieses Mannes, sein Temperament, mich von ihm zurückgeschreckt haben, denn ein eigentümliches, wildes Feuer leuchtete aus seinen Blicken. Ich vermied seine Gegenwart bei jeder Gelegenheit und wies seine Bewerbungen mit Entschiedenheit zurück. Endlich erfuhr ich sogar, dass der Unglückliche an epileptischen Anfällen leide.

In meinen Korrespondenzen mit Henry erwähnte ich dieses Mannes niemals, teils, um ihn nicht zu beunruhigen, teils, weil ich glaubte, dass mit dem Verschwinden Wells aus unserer Nachbarschaft unsere Beziehungen ihr Ende erreicht hätten.

Ich war die einzige Tochter meiner Eltern und Henry der einzige Sohn der seinigen; unsere Familien waren beide wohlhabend, und so konnten wir hoffen, nie von Gedanken an den kommenden Morgen beunruhigt zu werden. Henry hatte indes auch eine seltene Eigentümlichkeit an sich. Er war ein Aeronaut zu seinem Vergnügen, und er besaß einen Ballon, mit dem er, Emily und ich schon mehrmals recht kühne Ausflüge gemacht hatten[1].

Unsere erste Luftreise war so bezaubernd und erheiternd, dass ich sehr gerne beistimmte, eine zweite zu machen, und nachdem wir jetzt, nach einer recht angenehmen Reise »The Cedars« erreicht hatten, war ich fest entschlossen, wieder einmal unter den Wolken zu hängen, über dem prächtigen Tale, und inmitten einer Flut von Sonnenschein im fernen Westen den mächtigen Ozean schimmern zu sehen.

Wir hatten eine recht fröhliche Gesellschaft, und die Mauern des schönen alten Baues hörten vom Morgen bis in die späte Nacht lusterfüllte Stimmen und Gesänge. Im Parke gab es auf dem samtenen Rasen verschiedene Zelte für Herren, die es vorgezogen, die schönen Mondnächte da zuzubringen, nachdem die Damen sich zurückgezogen; und inmitten dieser lustigen und gebrechlichen Wohnungen erhob sich der Ballon in seiner Majestät, bereits mit Gas gefüllt für die Luftfahrt und mit einem starken Seile an einen Pfahl gebunden, der in das Erdreich getrieben war.

Der Ballon war zwei Tage nach unserer Ankunft gefüllt worden, und ich war so begierig, durch den unendlichen Raum dahinzuschweben, dass ich ein unwiderstehliches Verlangen fühlte, in den Korb zu steigen und dort mit geschlossenen Augen zu sitzen, während ich meine Imagination zu Hilfe rufen wollte, mir vorzustellen, ich sei bereits unter den Wolken.

---

[1] Im Original scheint der Text fehlerhaft gesetzt zu sei: »… mit dem ich bald er und Emily schon mehrmals recht kühne Ausflüge gemacht hatten.« Für die vorliegende Ausgabe haben wir eine sinnvolle Rekonstruktion vorgenommen.

Zur Zeit, als mich diese Idee ergriff, saß ich mit Henry in einem Sommerhäuschen, nahe dem Platze, wo das Luftschiff befestigt war, und als ich ihm meine Ansicht mitgeteilt, bat er mich, ruhig nach dem Hauptgebäude zurückzukehren und mich warm zu kleiden, da es in den oberen Regionen der Atmosphäre sicher sehr kalt sein würde, er wolle inzwischen Dick und Emily benachrichtigen von meinem Wunsche, eine Ausfahrt zu machen, und wir sollten alle insgeheim in den Korb steigen, um den Andrang anderer zu verhindern, da nur vier Personen bequem Platz hätten.

Es war etwas später am Nachmittage, als ich mich gut verhüllt und unbeachtet wieder nach dem Sommerhause begab, wohin Dick und Emily bald folgen sollten. Ich war eben in das zierlich gebaute Häuschen getreten, als ich Henry aus dem Korbe des Ballons steigen sah, wohin er verschiedene Erfrischungen und warme Kleider gebracht, und zu ihm eilend, bat ich ihn, mir in den Korb zu helfen, wo ich bleiben wollte, bis die anderen fertig wären, sich mit uns zu vereinigen.

Er stimmte meiner Bitte bereitwillig bei und bemerkte nur, dass er den Ventilstrick gerade oberhalb des Platzes befestigt habe, wo ich nach seiner Absicht sitzen sollte, sodass ich ihn, wenn ich der Wolken müde sei, nur herabzuziehen brauche. Der Strick war aber etwas zu kurz und er verließ den Korb, um ein Stück zu finden, womit er ihn verlängern könne, sodass ich ihn in meinem Bereich hätte. Gleichzeitig wollte er ein neues vortreffliches Teleskop aus dem Hause holen.

Alles das geschah im Verlaufe weniger Augenblicke, und er war gerade hinter dem Sommerhause verschwunden, nachdem er mir im Korbe einen bequemen Sitz zurecht gemacht, als zu meinem Entsetzen ein Mann, barhäuptig, aus einem nahen Gebüsche sprang, mit einem blanken Messer in der Hand, und mit einem Sprunge sich neben mir im Korbe befand, während ich sah, dass aus seinen weit geöffneten Augen der helle Wahnsinn leuchtete. Es war Edwin Wells. Ich erkannte, dass kein Moment zu verlieren sei, und all meine Kraft zusammennehmend, schrie ich laut um Hilfe.

Henry hörte mich und eilte zurück; aber gerade als er uns erreicht hatte, zerhieb Wells mit seinem Messer das Seil, das uns an der Erde festhielt, und wir schossen wie ein Pfeil empor in die Luft, während Wells ein dämonisches Lachen hören ließ.

Ich erhaschte nur noch einen Blick von Henry, der dastand mit einem Ausdruck des Entsetzens, und im nächsten Moment war ich allein in den Wolken mit einem Wahnsinnigen!

Während sein schreckliches Lachen in ein Schluchzen und in unverständliche Worte dahinstarb, warf er sein Messer auf den Boden des Korbes und begann mich in entsetzlicher und feindseliger Weise zu betrachten. In Gegenwart der näheren Gefahr vergaß ich ganz, dass ich mich bereits einige tausend Fuß oberhalb der Erde befand, ohne Hoffnung, dem gewissen Tode zu entfliehen. Ich bemerkte nur, dass die Waffe, die er hatte fallen lassen, sich nahe an meinen Füßen befand, und als ich durch eine mächtige Anstrengung meiner Willenskraft meine Fassung wieder gewonnen, schob ich das Messer mit einem Fuße näher zu mir, und unbemerkt von ihm, als er einen Augenblick in die Landschaft hinabstarrte, deren Details für uns bereits etwas undeutlich wurden, erfasste ich es.

Ich bin von Natur aus mutig, und als ich einmal die furchtbare Waffe in meinem Besitze hatte, wurde ich mehr gesammelt. Ich entdeckte aber bald wieder, dass mein Gefährte begann, mich in verdächtiger und verstohlener Weise zu betrachten, als beabsichtigte er, sich auf mich zu stürzen, sobald ich einen Moment nicht genügend auf der Hut sei, und mich vielleicht aus dem Korbe zu werfen. Ich dachte indes, dass ich dies wohl verhindern könnte, denn ich sah, dass sich außer dem erwähnten Messer keine andere Waffe, weder zum Angriff noch zur Verteidigung, in dem Korbe befand.

Bisher hatte er nicht ein einziges verständliches Wort gesprochen, aber jetzt bemerkte er das Messer in meiner Faust und sah, dass meine Augen fest auf ihn gerichtet waren, und in einem neuen Ausdruck von Raserei begann er mich zu verhöhnen und meiner Hilflosigkeit zu spotten.

»Ich kümmere mich nicht um Ihr Messer!«, rief er, während seine Augen wieder flammten. »Ich werde meine Rache haben und mit Ihnen hinausspringen, wenn wir erst drei Meilen hoch sind. Ihr Messer kann mich nicht erreichen. Ich werde Sie eher niederschlagen, und dann werden wir durch die Luft fliegen, hinab zwischen die Rauchfänge von ›The Cedars‹, wo Ihr Geliebter, Henry Melville, Sie stückweise auflesen mag, da er Sie mir geraubt hat! Ich folgte euren Schritten, und meine Zeit kam, und nun sind wir hier allein unter den Wolken, mit niemand, der zwischen uns treten kann, oder der mich abhalten wird, Sie zu küssen, wenn wir hinabstürzen in den Rachen des Todes!«

Und wieder lachte er laut und lange, als ob er seine schreckliche Drohung sofort ausführen wollte.

Auf all das gab ich keine Antwort, aber ich war fest entschlossen, sein Leben zu opfern, sobald er mir nur einen Schritt näher träte. Ich hätte meine Waffe so tief als möglich in seinem Herzen begraben, denn es fehlte mir weder an Kraft noch Mut, mich selbst zu verteidigen.

»Bilden Sie sich nicht ein«, rief er mit einem wahrhaft dämonischen Blick, »dass ich Ihrer nicht Meister werden kann, denn sehen Sie –«, fuhr er fort, indem er ein Stück Holz vom Boden des Korbes losriss, »damit kann ich Ihnen in einem Moment das Gehirn zerschmettern!«

Das losgerissene Holzstück hatte auf dem Boden des Korbes dazu gedient, gekreuzt mit einem andern, dem unteren Teile des Korbes die nötige Festigkeit zu geben. Als er es nun losgerissen hatte und sich wieder auf seine Füße stellte, brach der Boden des Korbes an der Stelle, wo der Wahnsinnige stand, durch, und er sank bis zu den Achselhöhlen durch die Öffnung, sodass er in die entsetzliche Tiefe hinabgestürzt wäre, hätte er sich nicht an dem zweiten Balken festgehalten, der den Boden des Korbes noch kreuzte.

Da, wo ich saß, war ich in keiner unmittelbaren Gefahr, aber sogleich meinen Vorteil ersehend und begreifend, dass ich nun fähig wäre, das schreckliche Schicksal, mit dem er mich bedroht hatte, von mir abzuwenden und vielleicht auch sein eigenes Leben zu retten, erhob ich mich vorsichtig von meinem Sitze, und mit einem Bündel Stricke band ich seine Arme an dem Querholze fest und band dann das Ende des Strickes so um einen Teil des Korbes, dass der Mensch nicht mehr durchschlüpfen konnte.

Dies alles tat ich, während er fürchterliche Schreie ausstieß und die verzweifeltsten Versuche machte, mein Kleid zu erfassen und mich in die Hände zu beißen.

Nachdem ich solch einen Erfolg erreicht, zollte ich ihm keine weitere Aufmerksamkeit, sondern wendete meine Blicke sogleich dem Stricke zu, der an dem Ventil befestigt war, in der Hoffnung dieses zu öffnen; denn gelang mir das nicht, so wäre mein Verhängnis besiegelt gewesen.

Es ist mir unmöglich, zu sagen, wie lange ich in dieser schrecklichen Lage war, ich weiß nur, dass es mir schien, als sei sie endlos. Bald nachdem ich den Wahnsinnigen festgebunden, kamen wir in eine eisig kalte Luftschicht; die Kälte durchdrang mich wie Nadelsti-

… und er sank bis zu den Achselhöhlen durch die Öffnung …

che, obgleich die Sonne noch über uns stand, und ich dachte, ich müsste gewiss erfrieren, wenn wir nicht rasch der Erde näherkämen. Jetzt bemerkte ich glücklicherweise einen kleinen Korb an meiner Seite, den ich sogleich öffnete, und eine Flasche Wein herausnehmend, trank ich ein wenig.

Das belebte mich wieder, und da ich auch gut bekleidet war, konnte ich meinen Blick aufs Neue dem Ventil zuwenden, aber der Strick dazu war für mich zu hoch befestigt; ich hatte zufällig auch meinen Sonnenschirm bei mir, nahm diesen, und auf meinen Sitz steigend, wobei ich mich mit der Hand an einem Stricke festhielt, gelang es mir zu meiner unaussprechlichen Freude, den Strick zum Ventil zu erreichen und das letztere zu öffnen, worauf das Gas zu entweichen begann.

Ich sah nun, dass der Ballon im Sinken war, denn die Gegenstände unter mir wurden wieder deutlicher erkennbar. Mein Glück war, dass ich in keine Luftströmung kam, die mich in die Weite geführt hätte, denn ich kannte noch die Landschaft unter mir. Das Wetter war völlig windstill. Wir sanken nicht zu schnell und der Wahnsinnige starrte mich nur an, ohne ein Wort zu sprechen. Ich schrieb dies entweder einer plötzlichen Furcht oder einer Erschöpfung seiner Kräfte zu, und war froh, von dem Schrecken seiner Worte und Gebärden befreit zu sein. Aber ich selber wurde jetzt schwach und war einer Ohnmacht nahe. Ich bemühte mich indes, mein Bewusstsein aufrechtzuerhalten, bis ich unter mir eine große Menschenmenge sah und Stimmen der Freude und des Willkommens in meine Ohren drangen; dann schwanden mir die Sinne.

Als ich wieder erwachte, lag ich in einem Zimmer in »The Cedars«, wo ich lange in tiefer Ohnmacht zugebracht hatte. Henry und Emily waren bei mir, und von ihnen erfuhr ich, dass sie mich, obgleich sie mich für verloren gehalten, doch nicht aus den Augen gelassen hatten, bis der Ballon ungefähr eine Viertelstunde von dem Punkte, wo er aufgestiegen war, sich zur Erde gesenkt hatte.

Als man den Wahnsinnigen von dem Korbe losmachte, fand man, dass er tot war. Ein Streifen Blut ging von einem seiner Mundwinkel in seine Kleidung herab. Eine Arterie war ihm geborsten und er war ohne Todeskampf gestorben.

Henry ist jetzt mein Gatte, aber er hat die Luftschifferkunst für immer aufgegeben.

Über den Wolken

Auszug aus dem gleichnamigen Kapitel der Novelle *Wanda*
von Karl May

Wie alles beginnt: *Wanda von Chlowicki ist ein reiner Wildfang, weshalb man sie mit dem Spitznamen »die wilde Polin« belegt. Sie zieht mit ihrer Stiefmutter, der Baronin von Chlowicki aus der Residenzstadt, wo sie allen jungen Männern den Kopf verdrehte, in ein einfaches Provinzialstädtchen, wo sie ebenfalls die Herrenwelt in helle Aufregung versetzt. Indes, die Herren haben bei ihr keine Chance, und das nicht nur, weil sie bereits mit dem Baron von Säumen verlobt ist. Die beiden wurden sich bereits im Kindesalter von ihren Vätern versprochen, um ein dunkles Familiengeheimnis verborgen zu halten. Im Provinzialstädtchen treffen die beiden aufeinander und es zeigt sich schnell, dass Wanda den Baron nicht ausstehen kann. Nur die Rücksicht auf die Familie lässt Wanda überhaupt an eine eheliche Verbindung mit dem Baron denken. Allerdings hält es sie nicht davon ab, dem Baron ihre ganze Verachtung zu zeigen. Bei einem Stiftungsfest der Stadtgesellschaft »Die Erheiterung« nimmt sie deshalb an einer Auktion teil, in der die anwesenden Herren ihre Dame für den Abend ersteigern können. Wanda wird dabei von dem Essenkehrer Emil Winter ersteigert, dessen Wesen sie irgendwie fasziniert, und dies umso mehr, als sie erfährt, dass sie beide einander schon einmal als Kinder begegnet sind. Trotz dieser Faszination trennen sie sich mit einem gegenseitigen Vorbehalt, da sie sich vom jeweils anderen nicht richtig verstanden fühlen.*

Weil er mit Wanda verlobt ist, zeigt der Baron von Säumen nur wenig Verständnis dafür, dass Wanda sich mit einem Essenkehrer abgibt. Er gerät darüber auch mit Emil Winter aneinander, wobei der Essenkehrer zu erkennen gibt, dass er vom Baron ebenfalls nicht viel hält, ja es zeigt sich in der Folge, dass er ihn für einen Betrüger hält, da er dem Baron von Säumen in früherer Zeit schon einmal begegnet ist. Und in der Tat ist der hier als Baron von Säumen Anwesende nur ein Hochstapler, der sogar von der Polizei wegen Falschmünzerei in Paris gesucht wird. Er ist auch weniger an Wanda, als an dem ihr zustehenden Familienerbe interes-

siert. Deshalb schreckt er auch nicht davor zurück, seine Verlobte ermorden zu wollen. Ein erster Anschlag in einem Steinbruch scheitert. Dank des wagemutigen Einsatzes von Emil Winter kann Wanda aus einer gefährlichen Lage befreit werden.

Kurze Zeit darauf taucht ein mysteriöser Professor in der Stadt auf, der als Aeronaut sein Geld verdient. Er ist ein früherer Verbündeter des falschen Barons von Säumen. Als die beiden Ganoven erneut aufeinandertreffen, schmieden sie einen höllischen Plan, um Wanda endgültig aus dem Weg zu schaffen. Durch einen Zufall kann Emil Winter einen Teil dieser Unterredung belauschen; doch leider erfährt er nicht, worin der Plan konkret besteht. Es bleibt ihm nichts weiter übrig, als auf der Hut zu sein, und dies umso mehr, als er und Wanda sich inzwischen einander angenähert haben und langsam ihre Liebe zueinander erkennen. Und dann erfahren sie auch noch, dass Wandas Stiefmutter Emil Winters verschollen geglaubte Tante ist. Dies bringt ihn und Wanda noch näher zueinander.

Der Tag des Sängerfestes war gekommen und mit ihm eine ungewöhnliche Aufregung unter der Bevölkerung der Stadt. Wanda hatte die Vorstellungen der Ihrigen mit dem Bemerken von sich gewiesen, dass sie sich nur lächerlich machen würde, wenn sie noch in der letzten Stunde zurückträte.

Am Abend vorher war der Professor in einem öffentlichen Lokale mit der Behauptung hervorgegangen, dass er es bei günstiger Luftströmung mit der Schnelligkeit eines Bahnzuges aufzunehmen gedenke. Trotz des allgemeinen Zweifels war er bei dieser Behauptung geblieben und hatte sogar mehrere Wetten angenommen, welche ihm von den Gegnern seiner Meinung angeboten wurden.

Infolgedessen hatte man einen Extrazug bestellt, welcher bestimmt war, im Augenblick des Aufsteigens abzufahren und zugleich denjenigen Sängern, welche bis dahin zurückbleiben wollten, Gelegenheit zum Fortkommen zu bieten.

Noch andere hatten gemeint, den Ballon mit einem schnellfüßigen Gespann schon ausstechen zu können, und versprochen, mit ihrem Geschirr an der Wettfahrt teilzunehmen. Zu ihnen gehörte auch der Baron von Säumen, welcher an der Seite der Baronin von der Equipage derselben Gebrauch machen wollte.

Der Platz, auf welchem der Ballon zum Füllen bereitlag, war von einer Barriere umgeben, und der Gehilfe des Aeronauten hatte alle

Mühe, die Menschenmenge, welche sich schon am Vormittage hier versammelt hatte, in der nötigen Entfernung zu halten. Nicht bloß das noch nie gesehene Aufsteigen eines wirklichen Luftschiffes von bedeutender Größe war es, was die Schaulustigen herbeizog, sondern vor allen Dingen der Umstand, dass die wilde Polin ihren Ungewöhnlichkeiten heut die Krone aufsetzen und mitfahren wollte.

Deshalb fiel es auch gar nicht auf, dass ihr Verlobter zugegen war und im lebhaften Gespräche mit dem Professor innerhalb des freien Platzes auf und ab promenierte. Jedenfalls erwartete er die Prüfungskommission, welche im polizeilichen Auftrage die Sicherheit des Ballons zu untersuchen hatte.

»Also die Hälfte der Summe hast du und den gefährlichen Revers auch. In welcher Weise wirst du die Sache nun ausführen?«

»Erst hatte ich die Absicht, den Ballast auf einmal fallen zu lassen und so ein plötzliches und rapides Auffliegen des Ballons in jene Regionen zu veranlassen, wo der Tod des Menschen unvermeidlich ist.«

»Und der deinige mit.«

»Doch nicht. Ich hätte mich natürlich des Fallschirmes bedient.«

»Eine gefährliche Sache!«, sprach Säumen; aber im Herzen wünschte er nichts mehr, als dass diese gefährliche Sache versucht werde. Freilich war der Professor in dem Besitze jenes Papieres, welches nicht in fremde Hände kommen durfte. Es lag also sehr im Interesse des Barons, dass der Luftschiffer ohne Unfall wieder niederkomme. Er fuhr also fort:

»Du hast dich anders besonnen?«

»Jawohl. Ich werde die beiden Leute einfach fallen lassen.«

»In welcher Weise?«

»Ich habe die letzte Nacht durch an einer Vorrichtung gearbeitet, welche mir das Experiment sehr leicht macht. Ich steige, um nicht Teil an dem Schicksale der andern zu nehmen, in das Netzwerk und habe dann nur an einem Seile zu ziehen, um die Gondel zu einer raschen, einseitlichen Senkung zu bringen, auf welche die darin Sitzenden nicht vorbereitet sind und durch sie mithin ausgeschüttet werden.«

»Dann aber fliegst du in jene Regionen, von denen du vorhin sprachst; denn der Ballast wird mit ausgeschüttet werden.«

»Dass ich dumm wäre! Der ist in der unteren Abteilung der Gondel so wohl befestigt, dass er mir nicht verloren geht.«

»Und dann? Was wird aus den Wetten?«

»Du begreifst wohl, dass ich dieselben nur eingegangen bin, um allen Verdacht zu vermeiden. Will ich sie gewinnen, so muss ich noch vor den andern am Rendezvous eintreffen. Werde ich aber durch den Unfall in eine andere Richtung verschlagen, so wird man denselben nicht mir zur Last legen. Auf die dabei statthabenden Vorfälle wird es ankommen, ob auch ich verschwinden muss.«

»Ich muss das deiner eigenen Klugheit überlassen. Wo wir uns treffen, weißt du. Die andere Hälfte der Summe wirst du gegen die Rückgabe des Reverses erhalten. Verwahre ihn gut. Wo hast du ihn?«

»Natürlich bei mir.«

»Aber wenn dir ein Unglück begegnet!«

»Habe keine Sorge; ich bin meiner Sache gewiss. Zurücklassen durfte ich ihn nicht, da ich vielleicht in die Notwendigkeit versetzt bin, meine hierbleibenden Effekten aufzugeben. Auf diese Weise werde ich zugleich meinen Gehilfen los, der mir mit seiner Kenntnis meiner früheren Verhältnisse höchst lästig geworden ist.«

»Kennt er mich?«

»Nein. Er scheint sonst ein sehr beschränkter und gutmütiger Kerl zu sein. Dort kommen die Herren der Kommission. Sie untersuchen den Ballon zwei Male, jetzt und kurz vor dem Aufsteigen. Jetzt ist das Tauwerk zu sehr verwickelt, als dass sie etwas bemerken könnten; aber bei der nächsten Besichtigung, während welcher alles an seiner Stelle und stramm angezogen ist, dürfte es möglich sein, dass Ihnen meine Vorrichtung nicht ganz unentdeckt bleibt. Ich werde, ehe ich den Anker hebe, dich durch ein Zeichen benachrichtigen, ob das Werk gelingen wird.«

»Ich traue den Leuten keinen großen Scharfblick zu. Sie sind nur ihrer vier: der Polizeirat, ein alter Seilermeister, der jedenfalls die Festigkeit des Netzwerkes prüfen soll, der Bürgermeister und ein Korbmacher zur Besichtigung der Gondel. Es ist lächerlich und kann nur in solch einem Krähwinkel vorkommen! Aber wer kommt da noch?«

»Hagen, mein Passagier, und an seiner Seite ein Fremder, den ich nicht – doch halt, das ist ja ein Jude aus der Residenz, ein reicher Kauz, der gern in dunklen Geschäften macht! Ich habe ihn bei meinem Aufenthalte dort auch besuchen müssen. Was wird der hier wollen?«

»Wir werden ja sehen.«

Die Herren begrüßten einander, und während die vier zuerst Angekommenen mit dem Professor an die Besichtigung gingen, trat Hagen mit seinem Begleiter zu Säumen.

»Der Herr Bankier Levi Blumenbach aus der Hauptstadt, dessen Besuch ich mir erbeten habe, um bei unserem Kaufunternehmen von seinem Kredite Gebrauch zu machen.«

Die Stirn des Barons zog sich in tiefe Falten. Er hatte das Anerbieten ausgesprochen, bloß um Zeit zu gewinnen, und nun kam dieser Kommissar grad in dem Augenblicke mit einem obskuren Menschen, dessen Mitwisserschaft von den übelsten Folgen sein konnte.

»Ich bin überrascht zu sehen, dass Sie in dieser noch sehr fraglichen Angelegenheit ganz ohne meine Kenntnis entscheidende Schritte tun, Herr Kommissar! Jedenfalls ist heute nicht der Tag zu geschäftlichen Verhandlungen; morgen aber werde ich Ihnen zur Verfügung stehen.«

Die Vorsicht gebot ihm, diesem Verweise nicht auch noch eine Unhöflichkeit hinzuzufügen. Er blieb deshalb bei den beiden Männern stehen, um zugleich dem Juden zu imponieren und so späteren Eventualitäten vorzubeugen. Da schritt der Bruder des Essenkehrers[1] über den Platz und wurde von dem Handelsmanne erblickt.

»Wer soll sein dieser Mann, der da in Verkleidung geht vorüber? Ist mir doch, als kleide ihn besser die Uniform, weil er ist der gefürchtetste Polizist in der Residenz und heißt Winter!«

Sofort trafen sich die Blicke der beiden andern. Das Gesicht des Barons war erdfahl geworden; denn er brachte die Anwesenheit dieses »gefürchteten« Mannes sofort in Verbindung mit sich selbst. Jedenfalls musste es ein wichtiger Grund sein, der ihn bestimmte, sich von dem Professor, dessen Vergangenheit er kannte, als Gehilfen engagieren zu lassen. Dieser Mensch, welchen noch kurz vorher der Aeronaut einen »beschränkten und gutmütigen Kerl« genannt hatte, war mehr zu fürchten als die andern zusammen. Hier galt rasches und zugleich vorsichtiges Handeln.

Auch Hagen war von der unerwarteten Bemerkung seines Begleiters nicht sehr erbaut. Säumen musste natürlich ein Einverständnis vermuten, und in Folge davon konnte leicht der prachtvolle Handel verloren gehen. Er entgegnete also mit der möglichsten Gelassenheit:

»Sie irren sich. Winter ist mein Untergebener; ich weiß also bestimmt, dass hier nur eine kleine Ähnlichkeit vorliegt. Der Mann ist Gehilfe des Luftschiffers.«

Säumen aber ließ sich nicht täuschen. Es fiel ihm sofort die Fami-

[1] Esse = regional für Schlot oder Schornstein.

lienähnlichkeit des Betreffenden mit dem verhassten Schornsteinfeger auf, der damals die Anzeige in Beziehung des Felsenbruches gemacht hatte. Ferner erinnerte er sich der Begegnung am Bahnhofe und des erst jetzt ihm verständlichen Winkes, den der eine Bruder dem andern gegeben hatte. Beide waren der Baronin verwandt – er wagte nicht, weiter zu schließen; aber rasch, sehr rasch musste jetzt gehandelt werden.

Zunächst war es notwendig, sich zu überzeugen, wie weit das Einverständnis der beiden Polizisten reiche, und sodann war die nötige Summe zu gewinnen, sich der Gefahr entziehen und an einem unzugänglichen Orte angenehm situieren zu können. Jedenfalls hatte der Jude Geld bei sich, und wenn mit vorsichtiger Kühnheit verfahren wurde, so konnte auf die Besitzung zweimal, erst hier und dann am Orte selbst bei irgendeinem Bankhause, Geld gezogen werden. Er tat also, als sei er vollständig beruhigt und lud, nachdem das günstige Resultat der Besichtigung abgewartet war, die beiden ein, das Frühstück in seiner Wohnung einzunehmen.

Das Erbleichen Säumens war nicht unbemerkt geblieben, sondern der Gegenstand seines Schreckes selbst hatte es scharf beobachtet. Er wusste genau, dass er dem Juden bekannt sei und ahnte sofort den Inhalt der Mitteilung, die dieser gemacht hatte. Mit gewohnter Ruhe überlegte er die Folgen derselben nach allen Richtungen hin und kam zu dem Ergebnisse, dass für den Augenblick nichts zu fürchten sei. Aber als er unter den Anwesenden des Schmiedes ansichtig wurde, trat er zu ihm.

»Herr Gräßler, wollen Sie meinem Bruder eine dringende Botschaft bringen?«

»Warum denn nich? Her dermit!«

»Der Baron von Säumen ist jetzt mit zwei Herren in seine Wohnung gegangen. Von einem derselben wird er sich eine Summe Geldes leihen und damit die Flucht ergreifen.«

»Halt, da muss ich doch gleich – warten Se, ich will rasch loofen –!«

»Nur Geduld, mein Lieber; gar so eilig ist es noch nicht. Es ist das vielmehr nur der eine Fall, welchen ich setze, neben welchem noch andere möglich sind. Und selbst, wenn meine Vermutung die richtige ist, wird sich der gnädige Herr vorher noch an der Wettfahrt beteiligen. Mein Bruder wird wahrscheinlich mit ihm im Wagen sitzen. Er soll ihn nicht aus den Augen lassen und sich für den Notfall mit einer Waffe versehen. Kurz vor der Abfahrt werde ich unbemerkt nahe treten und auf dem Kofferbrette Platz nehmen. Sie fahren mit Thomas per Extrazug und halten sich nach dem Aussteigen immer in unserer Nähe. Es ist möglich, dass diese Vorsichten alle unnötig sind; aber ich kann ihnen nicht entsagen, da ich Rücksicht zu nehmen habe auf die Unzulänglichkeit meiner Beweise und die Distinktion der Baronin. Also gehen Sie.«

»Wird besorgt. Mir wär's am liebsten, wenn er wirklich ausreißen wollte; das wäre so een Spaß nach meinem Geschmacke!« –

Die Stunde des Aufsteigens war gekommen. Vor den Waggons des Extrazuges hielt die Lokomotive und stieß mit schnaubenden Lauten die überflüssigen Dämpfe aus. Sämtliche Fenster der Wagenreihe waren geöffnet, und in jeder Öffnung hielten mehrere Köpfe erwartungsvollen Ausguck. Nur einer saß in seiner Ecke und kümmerte sich nicht im Mindesten um die Dinge, welche draußen vor sich gehen sollten.

Es war der Jude Levi Blumenbach, welcher heut das glänzendste Geschäft seines Leben abgeschlossen hatte. Die Zahlen wirbelten ihm im Kopfe herum, und um sein Hirn nicht von der Schwere der Prozente erdrücken zu lassen, musste er der überschwänglichen Freude seines Herzens Ausdruck geben.

»Darf ich fragen, ob der Herr ist hier aus dem Städtchen?«, wandte er sich an den Gegenübersitzenden. Es war Gräßler, welcher neben Thomas Platz genommen hatte.

»Freilich bin ich von hier. Warum?«

»Ist der Herr bekannt mit den Persönlichkeiten, welche es gibt an diesem Orte?«

»Een bisschen. Mit wem denn, zum Beispiel?«

»Kennen Sie den Baron oder Fürst von Säumen, welcher ist ein prächtiger und charmanter Herr und wiegt viele tausend Pfund in Gold?«

»Na und ob! Der is mir bekannt wie mein Amboss, off dem ich herumhämmern möchte, wenn ich ihn nur sehe. Er is es wert, dass mer ihn in Gold fasst.«

»Was werden Sie sagen, wenn Sie hören, dass ich hab gekauft vor einer Stunde sein ganzes Fürstentum!«

»Wa– wa– was, er hat verkooft? An wen denn; an Sie?«

»Nicht direkt an mich, sondern an den Herrn Polizeikommissar Hagen, welcher auch ist ein Herr, der zu machen versteht Geschäfte.«

»Soso! Wollen Sie auf das Sängerfest?«

»Ja. Ich darf mir gönnen heut ein Vergnügen und habe mir gekauft eine Karte für den Zug, welche ist sehr teuer. Aber ich will sehen, wer ankommt eher, mein Freund der Fürst oder mein Freund der Herr Baron von der Polizei oder ich. Zwar bin ich gewesen zu vorsichtig, um zu machen eine Wette; aber ich werde gewinnen dieselbe und haben viele Pläsier.«

Zwischen dem vor der Stadt liegenden Bahnhof und dem freien Platze, auf welchem sich eine zahlreiche Menschenmenge um den Ballon drängte, waren die Geschirre, welche teilnehmen wollten, aufgefahren. In dem ersten derselben saß die Baronin mit der Zofe. Säumen und Winter hatten den Vordersitz inne.

Es hatte das Zartgefühl der alten Dame verletzen wollen, in eigener Person an der Fahrt teilzunehmen. Aber da Wanda auch durch die triftigsten Gründe und die dringendsten Vorstellungen nicht zu bewegen gewesen war, so gebot ihr das Mutterherz, in der einzig möglichen Weise an dem gefahrvollen Unternehmen sich zu beteiligen. Winter las in den angsterfüllten Zügen der Tante die Gefühle, welche sie bestürmten; er wusste, welch ein Opfer sie brachte, ihre Person und ihren geachteten Namen einer Art Schaustellung bloß zu geben, und fühlte zum ersten Male einen wirklichen und ernstlichen Zorn gegen das Mädchen, dessen Eigentümlichkeit er bisher immer entschuldigt hatte.

Die Auffüllung des Ballons war glücklich beendet. Zwar hatte er sich noch nicht bis zur größtmöglichsten Ausdehnung aufgebläht; aber er musste diese Ausdehnung bei dem Eintritte in höhere und infolgedessen auch leichtere Luftschichten erreichen und bot dann jedenfalls einen stolzen Anblick. Bei der zweiten Besichtigung war nichts Sicherheitswidriges bemerkt worden, und so konnte das Einsteigen der beiden Passagiere vor sich gehen.

Der Professor hatte die eingesammelten Gelder in Empfang genommen und dem Gehilfen einen kleinen Teil davon mit der Weisung, seine Rückkehr hier abzuwarten, eingehändigt. Jetzt hing er in den Seilen und prüfte die Luftströmung. Diese war eine durchaus günstige und versprach ein rasches Vorwärtskommen.

Jetzt stieg er nieder, trat an den Rand der Gondel und winkte zum Einsteigen. Wanda stieg, seine Hilfe abweisend, die kurze Strickleiter hinauf und nahm Platz, ohne der Umgebung einen Blick der Aufmerksamkeit zu schenken. Langsam dagegen ging es bei Hagen. Er schien seinen Entschluss schon jetzt zu bereuen, seine Blicke waren unsicher, und seine Stimme hatte einen zitternden Klang, als er, sich neben Wanda setzend, sprach:

»Ich konnte eine Dame von Ihren Eigenschaften, Fräulein von Chlowicki, der Unbeständigkeit der Luft nicht ohne Schutz anvertrauen und hoffe deshalb, dass Sie mir eine freundliche Gesinnung bewahren.«

»Sie erlauben, dass ich gegen Ihre Gesellschaft nichts einzuwenden habe, da die Mitfahrt einem jeden gegen Erlegung des Preises gestattet ist. Was den Schutz betrifft, so wird sich ja wohl zeigen, wer dessen bedarf.«

Jetzt wurde der Anker gelöst und die festhaltenden Seile gelockert. Der Ballon stieg eine Strecke in die Höhe, wiegte sich majestätisch hin und her und zerrte an dem einen Taue, an welchem er, von Menschenhänden gehalten, noch hing. Nochmals prüfte der Professor die Luft, dann wandte er sich der Richtung zu, in welcher der Wagen der Baronin stand, und gab mit der Hand ein zustimmendes Zeichen, welches von Säumen erwidert wurde. Darauf winkte er, das Seil loszulassen.

Für die Menge der Umstehenden hatte das gegebene Zeichen die sehr natürliche Bedeutung, dass er die anvertraute Braut und Tochter behüten werde. Anders aber war es bei Emil Winter.

Er traute Säumen das Schlimmste zu, hatte sein Mienenspiel beobachtet und bemerkt, mit welcher Spannung sein Auge auf Wanda geruht und dann befriedigt aufgeblitzt hatte, als sie eingestiegen war. Und als er den Zug diabolischer Freude bemerkte, den der Baron trotz aller Anstrengung nicht unterdrücken konnte, als der Professor das Zeichen gab, da leuchtete in ihm die Überzeugung auf, dass die Geliebte seiner Seele in einer schrecklichen Gefahr schwebe.

Er sah nur noch, dass sein Bruder, unbeachtet von den Umstehenden, sich auf das Kofferbrett setzte; dann sprang er mit einem Satze aus dem Wagen, brach sich mit fast übermenschlicher Kraft durch die Menge Bahn und langte gerade in dem Augenblicke bei den Haltenden an, als dieselben das Tau losließen. Es war die höchste Zeit gewesen, und mit beiden Händen griff er zu.

Das Luftschiff stieg, als es nicht mehr an die Erde gebunden war, mit einem einzigen raschen Rucke mehrere hundert Fuß hoch empor, dann schwebte es scheinbar still an einem Punkte, wie um die Richtung zu suchen, die es einzuschlagen habe, und endlich bewegte es sich, von dem herrschenden Luftstrome getrieben, vorwärts.

Schon längst hatte die Musik begonnen; aber so stark das Orchester und so rauschend das Stück auch war, welches gegeben wurde, sie vermochten doch nicht den Schrei des Entsetzens zu übertönen, welchen die Menge ausstieß, als sie einen Menschen so hoch da droben an dem Seile hängen sah. Das Letztere war nicht mehr zu erkennen, und es schien, als schwebe der Mann frei in der Luft und werde jeden Augenblick herabstürzen. Vor Bestürzung vergaß der Maschinist, den Zug in Bewegung zu setzen, und ebenso hielt auch die Reihe der Wagen noch still.

Die Baronin war in den ihrigen zurückgesunken und bedeckte das Angesicht mit dem Taschentuche. Sie hatte sich die schnelle Bewegung ihres Neffen nicht erklären können, war ihm mit den Augen gefolgt und wusste also, dass er es war, der in so furchtbarer Lage schwebte. Da ertönte neben ihr eine gebieterische Stimme, die sie nicht kannte.

»Kutscher, fahr zu, was die Pferde laufen können, und halte dich wo möglich immer unter dem Ballon!«

Sie blickte auf. Vor ihr saß der junge Mann, welcher ihr kürzlich als Gehilfe des Professors vorgestellt worden war. Während die Pferde im Carrière[1] davon flogen, wandte er sich mit einem ruhigen Lächeln, welches ein Beweis seiner ungewöhnlichen Selbstbeherrschung war, an die Insassen des Wagens.

»Verzeihung, Herr Baron, wenn ich aus Familienverhältnissen das Recht herleite, auch ohne vorherige Aufforderung den Platz für mich in Anspruch zu nehmen, welchen mein mutiger Bruder verlassen hat. Und Verzeihung, meine gnädige Tante, dass ich erst jetzt in einem so kritischen und unpassenden Augenblicke mich Ihnen in meiner wahren Eigenschaft vorstellen darf. Ich bin der Polizist Winter, der Bruder Emils.«

»Mein Gott, ich bin zu verwirrt, als dass ich mich fassen und das Passende sagen könnte! Warum ist er mit in die Höhe gegangen?«

»Ich weiß es nicht; aber ich vermute den Grund. Jedenfalls werden wir von ihm das Nähere erfahren. Er hat nicht aus Vermessenheit gehandelt und steht unter dem Schutze Gottes, der ihn uns wiedergeben wird. Wir wollen uns fassen und das Übrige in einer ruhigeren Stunde besprechen.«

---

[1] Eigentl.: plötzlicher Angriff zu Pferde, hier offensichtlich im übertragenen Sinn verwendet.

Im ersten Augenblicke wusste der Baron nicht, was er von seiner gegenwärtigen Lage denken solle. Es war ihm, als sei er nun verloren, da er den Gefürchteten neben sich sitzen sah; aber bei der unwillkürlichen Bewegung, welche er mit der Hand nach dem Herzen machte, fühlte er die beiden Revolver, welche er für alle Fälle heut in die Brusttasche seines Rockes gesteckt hatte, und diese Berührung gab ihm sofort die gewohnte Fassung wieder.

Die drei da oben in der Luft waren verloren; das war sicher. Und hier unten gab es außer dem Juden, der aber nicht sehr zu fürchten war, nur diesen einen Menschen, der ihm Gefahr bringen konnte. Sollte nicht auch er unschädlich gemacht werden können? Säumen hatte sein Gewissen nie um Rat gefragt, wenn es eine Tat galt, die ihm von der Sorge für seine eigene Person geboten wurde, und so war er auch jetzt nicht zu Skrupeln geneigt. Der Tag war noch lang; man musste abwarten, was er bringen werde.

Indessen schwebte der Ballon ruhig weiter, ruhiger als seine Insassen waren. Wanda hatte sich nach unten gewendet, um die Gegend aus der Vogelperspektive zu betrachten, und dabei den an dem Seile Hängenden zuerst bemerkt.

»Um Gottes willen, Herr Professor, es hat sich jemand in dem Taue verwickelt und ist mit in die Höhe gezogen worden!«, rief sie erschrocken.

Der Angeredete beugte sich über die Brüstung der Gondel hinaus, und auch Hagen schickte sich an, diese Bewegung zu machen, zog aber den Kopf sofort wieder zurück, weil er sich vom Schwindel erfasst fühlte.

»Der Mensch ist verloren!«, sagte der Luftschiffer nach einem beobachtenden Blicke in die Tiefe. »Zwar scheint es, als ob er sich in die Höhe turnte; aber seine Kraft wird bald zu Ende gehen!«

»Wir müssen helfen, müssen ihn retten, müssen das Seil einziehen!«

»Das wird kaum statthaft sein, denn durch dieses Experiment müsste die Gondel sich auf die Seite neigen, und wir selbst kämen dabei in die größte Gefahr.«

»Daran dürfen wir nicht denken. Vorwärts, zugegriffen!«

Der Professor erfasste ihren Arm. Seine Passagiere sollten den festen Erdboden nicht lebendig wieder berühren; ein Dritter musste ihm also unbequem sein. Es blieb sich ja ganz gleich, ob derselbe jetzt gleich oder mit den beiden anderen den tödlichen Sturz machen werde.

»Lassen Sie, Fräulein! Wir werden nichts weiter erreichen, als dass das Seil in schwingende Bewegung gerät und den Unglücklichen abschleudert. Warten wir ab, wie weit seine Kräfte reichen!«

Sie musste sich, wenigstens einigermaßen von diesem Grunde überzeugt, fügen und lehnte sich vornüber, um die Anstrengungen des Mannes zu beobachten.

Obgleich das wirbelnde Drehen des Taues seine Bemühungen bedeutend erschwerte, griff er sich doch Hand um Hand stetig und gleichmäßig vorwärts, als habe er auf dem Turnplatze eine Seilübung vorzunehmen. So kam er näher und immer näher, und als er jetzt das Angesicht nach oben kehrte, um die noch zurückzulegende Entfernung abzumessen, erkannte sie ihn.

»Emil, mein Gott, es ist Winter! Wir müssen ihn retten, Professor, sonst ist er verloren.«

Abermals machte sie Miene zuzugreifen, und die grässlichste Angst prägte sich ihrem Angesichte auf. Aber mit einer gebieterischen Handbewegung hielt der Aeronaut sie zurück.

»Sie wissen, Fräulein, dass dem Kapitän eines Schiffes der unbedingteste Gehorsam zu leisten ist, und dieses Gebot findet auch hier bei uns seine strenge Anwendung. Ich bin es, auf dem alle Verantwortlichkeit ruht, und ich muss am besten wissen, was zu tun ist.«

»Nun gut; dann muss ich gehorchen; aber ich werde Sie zur Rechenschaft ziehen!«

»Die ich sehr leicht ablegen kann. Wir können nichts tun, wenn er nicht selbst sich rettet.«

Winter hatte sich jetzt das Seil um die Beine geschlungen und ruhte, in halb sitzender, halb hängender Stellung, aus. Als er bemerkte, dass Wandas Auge auf ihn gerichtet war, ließ er mit der Rechten los, um einen grüßenden Wink zu geben, und das sorglose Lächeln, welches dabei in seinen Zügen lag, überzeugte sie, dass sie seiner Kraft vertrauen könne. Seine bald fortgesetzten Bewegungen waren so frisch, als ob er sie erst jetzt beginne, und in wenig Augenblicken befand er sich an der Gondel.

»Tretet auf die andere Seite, sonst geht das Gleichgewicht verloren!«, rief er und befand sich einige Sekunden später im Innern des Geflechtes.

Nie in ihrem Leben hatte Wanda eine Angst wie die soeben gehabte ausgestanden. Als sie den Cousin in so entsetzlicher Lage erblickte, war ihr die Liebe zu ihm in ihrer ganzen, bisher noch nicht bekannten Größe ins Bewusstsein getreten, und jede Fiber ihres Innern hatte gebebt bei dem Gedanken an seinen Verlust, an welchem sie selbst mit ihrem harten, unerweichbaren Sinne die Schuld trug. Aber als er sich jetzt munter herumschwang, löste sich diese Angst in einen Schrei der Freude auf, und sie konnte nicht anders, sie musste die Arme um ihn schlagen und ihr Köpfchen fest, fest an seine tief atmende Brust legen.

»Emil, mein lieber, lieber Emil!«, flüsterte sie leise, mit tränendem Auge zu ihm aufblickend. »Hat dich das Seil aus dem Wagen gerissen?«

»Nein, Wanda«, entgegnete er ebenso leise. »Ich komme freiwillig, um in einer dir wahrscheinlich drohenden Gefahr bei dir zu sein.«

»Du hast geglaubt, ich werde hier oben doch noch Angst bekommen?«

»Nein, das ist es nicht. Es wird sich zeigen.«

Er ließ sie auf den Sitz nieder und wandte sich dann an die beiden anderen.

»Ihr Diener, meine Herren! Ich hoffe, Herr Professor, Sie werden mich nicht fortweisen, da ich wirklich nicht wüsste, an welcher Stelle ich wieder abspringen könnte.«

»Gratulieren Sie sich ob des ungeheuren Glückes, welches Sie haben. Nächst diesem haben Sie Ihre Rettung dem Umstande zu verdanken, dass ich Sie Ihrer eigenen Anstrengung überließ.«

»Unsere Meinungen stimmen sehr überein; denn ich habe mich gleich anfangs auf nichts anderes verlassen. Doch bitte lassen Sie sich durch meine unerwartete Anwesenheit in den notwendigen Beobachtungen nicht stören. Sie haben Ihre Wetten zu gewinnen.«

»Allerdings«, antwortete der Professor und richtete das Fernrohr nach unten. Noch konnte er jede Einzelheit der Gegend unterscheiden, und also eben so deutlich musste man von der Erde aus auch ihn beobachten können. Es war notwendig, zu steigen und dann eine andere Richtung einzuschlagen. Deshalb nahm er aus dem unteren Raume ein Säckchen mit Sand hervor und schickte sich an, dasselbe zu öffnen.

»Sie wollen noch höher steigen?«, fragte Winter.

»Allerdings.«

»Sie erlauben, dass ich dies nicht für notwendig halte. Der Zweck dieser Art ist eine bloße Luftpartie nach einem bestimmten Orte der unter uns liegenden Gegend, nicht aber eine wissenschaftliche Beobachtung in den oberen Regionen.«

»Da haben Sie sehr recht; aber über die Art und Weise, wie dieser Zweck am sichersten und schnellsten zu erreichen ist, steht mir als Fachmann wohl das bestimmende Urteil zu. Wir befinden uns jetzt mitten in dem Grenzgebiete zweier entgegensetzter Luftströmungen und müssen uns bis in die Mitte der günstigeren erheben.«

Er wusste sehr genau, dass Winter aus freiem Antriebe das Seil ergriffen haben müsse; denn hätte ihn dasselbe unvermutet umschlungen und mit fortgerissen, so wäre es ihm jedenfalls nicht gelungen, sich loszumachen. Auch wäre ihm bei einer so unvorgesehenen Lage die Besinnung geschwunden und also die Sicherheit, mit der er sich empor bewegt hatte, eine Unmöglichkeit gewesen. Er hatte es also hier mit einem Gegner zu tun, welcher durch irgendeinen Umstand zu der gehabten Kühnheit veranlasst worden war. Und bei der Ungeheuerlichkeit des Wagnisses musste dieser Umstand ein bedeutender sein, sich vielleicht gar auf die Entdeckung des mit dem Barone verabredeten Planes beziehen.

Während er unter diesen Gedanken eine Handvoll der feinen Sandkörner nach der anderen fallen ließ, riss Winter ein Blatt seines Notizbuches in Stücke und ließ sie nacheinander fliegen, um an der Schnelligkeit, mit welcher sie entschwanden, diejenige des Steigens zu erkennen.

»Wollen Sie nicht innehalten, Herr Professor? Ich glaube sehr, dass wir zu hoch kommen. Die Wolken liegen schon tief unter uns, und die Erde ist mit bloßem Auge gar nicht mehr zu erkennen. Von solcher Dimension dürfte unsere Strömung wohl kaum sein!«

»Ja, wir sind zu hoch; gehen wir weiter nieder!«, rief Hagen, dem die Angst aus allen Zügen zu lesen war.

»Hier bin ich Herr«, sprach der Professor ruhig und fuhr in seiner Beschäftigung fort. »Ich verbiete mir jeden Einspruch, zu dem übrigens jemand, der das Passagegeld nicht entrichtet und uns seine Rettung zu verdanken hat, am allerwenigsten berechtigt sein dürfte.«

Winter schwieg und nahm den an seiner Uhrkette hängenden Kompass zur Hand. Er bemerkte nach einiger Zeit, dass der Ballon eine vollständig andere Richtung eingeschlagen hatte, und hielt deshalb auf jede Bewegung des Professors ein scharfes Auge. Dieser blickte durch das Perspektiv[1] und griff dann von Neuem nach dem Sande.

[1] Eigentl.: kleines Fernrohr; hier als Synonym verwendet.

»Sie werden Ihre Wette verlieren!«, meinte Hagen, und auf seiner Stirn standen helle Tropfen. »Der Zug wird in wenigen Minuten sein Ziel erreicht haben.«

»Wir sind auch gleich da. Noch einige tausend Fuß und dann sinken wir. Ich werde unterdessen zur Klappe steigen.«

Er schwang sich auf den Rand der Gondel und kletterte in das Netzwerk hinauf. Der Ton seiner Stimme hatte den eigentümlich heiseren Klang gehabt, welchen die menschliche Sprache oft zeigt, wenn die Seele in ängstlicher Spannung sich befindet oder der Wille etwas bezweckt, was mit dem Rechtsgefühle nicht im Einklange liegt.

Das fiel Winter sofort auf. Dieses Emporklettern musste einen besonderen Grund haben; denn das Ventil war ja sehr bequem durch eine Schnur zu öffnen, welche bis in die Gondel herabreichte.

»Sehen Sie sich vor, Herr Kommissar! Der Mann führt etwas im Schilde«, flüsterte er und blickte gespannt nach oben. Da griff der Professor nach einer Schlinge und zog an derselben, um sie zu öffnen. Dies schien jedoch einige Schwierigkeit zu haben, da bei der Passage durch die Wolken der Strick Feuchtigkeit angezogen hatte, infolgedessen aufgequollen war und die Schleife sich schwer öffnen ließ.

Durch diesen Umstand erhielt Winter einige Augenblicke Zeit, dem Laufe des Strickes zu folgen und die Bemerkung zu machen, dass die Hälfte der Gondelhalter an ihm befestigt waren und nachgeben mussten, sobald er gelockert wurde. Sofort erkannte er, worauf es abgesehen war, riss mit beiden Armen Wanda und den Kommissar herüber auf die weniger bedrohte Seite und rief:

»Haltet fest, sonst seid ihr verloren!«

Instinktmäßig klammerten sie sich an, obgleich sie den Grund dieses angstvollen Zurufes nicht begriffen, und im nämlichen Augenblicke bekam die Gondel einen Ruck, die Halter fielen nieder, und die drei Menschen hingen, den Boden unter den Füßen verlierend, frei in der Luft.

»Einen Augenblick nur halte fest, Wanda!«, mahnte Winter und die grässlichste Angst sprach aus dem Tone seiner Stimme. Er schwang das eine Bein über den Gondelrand, und so auf demselben reitend, zog er das Mädchen herauf zu sich und sprach:

»Sei nur jetzt stark, Wanda, und verliere das Bewusstsein nicht, sonst bist du verloren!«

»Ich halte fest, Emil! Rette nur – Herr Gott, wo ist der Kommissar?«

Er war verschwunden. Im Augenblicke der Gefahr hatte ihn die Besinnung verlassen oder war die Kraft seiner Arme zu schwach zum Festhalten gewesen, und so war er hinabgestürzt.

Die beiden Zurückbleibenden hatten jetzt nicht die Zeit, dieses Unglück zu betrauern; sie mussten an sich selbst denken. Für den Augenblick freilich waren sie gesichert. Wanda saß auf der Stelle, wohin er sie gezogen hatte, und hielt sich mit den Händen an den beiden Haltern fest, zwischen denen sie sich befand. Obgleich ihr das Herz zitterte, suchte sie doch ein Lächeln hervorzubringen, um den Geliebten zu beruhigen. Es gelang, und nun wagte Emil den ersten Blick in die Höhe.

Die Last war verrückt worden, und so hatte sich der Ballon auf die Seite geneigt. Der Professor war nicht zu sehen. War auch er hinabgestürzt oder – doch nein, die Neigung des Ballons hatte ihn dem Auge Winters entzogen, und gerade jetzt kam er vorsichtig von der anderen Seite heruntergestiegen, um den Erfolg seines Experimentes in Augenschein zu nehmen. Mit Schrecken aber bemerkte er, dass nur einer von den drei Leuten fehlte und die beiden anderen sich festgehalten hatten.

Auch sie mussten hinunter; denn jetzt war ihr Tod die einzige Rettung für ihn. Er kletterte weiter, bis er über ihnen auf dem Ringe stand, welcher sich um den unteren Teil des Ballons legte. Während er sich mit der Linken festhielt, zog er mit der Rechten ein Messer aus der Tasche, öffnete es mithilfe der Zähne und bog sich nieder, um die Seile zu zerschneiden, an denen Winter und das Mädchen sich festhielten.

Letzterer hatte bisher kein Wort gesprochen; jetzt aber griff er in die Tasche und zog ein Terzerol[1] hervor. Er segnete die Mahnung seines Bruders, für den Notfall eine Waffe zu sich zu stecken und rief drohend:

»Halt, elender Mörder! Sobald du den ersten Schnitt versuchst, bist du des Todes!«

Der Angeredete blickte herab. Er sah die Waffe; aber er durfte auf sie keine Rücksicht nehmen. Gehorchte er, so befand er sich in den Händen Winters und war verloren. Ein Schnitt jedoch in das Seil, an

[1] Kleine ein- oder zweiläufige Vorderladerpistole, die wegen ihrer geringen Größe auch Taschen- oder Damenpistole genannt wurde.

Winter hatte sich jetzt das Seil um die Beine geschlungen und ruhte.

welchem dieser sich festhielt, musste ihm die Sicherheit des Zielens rauben und zugleich ihn in die Tiefe stürzen. Rasch bückte er sich und bewegte die Hand zum Schneiden. Da krachte der Schuss, dessen Schall durch die Dünne der Luft bedeutend abgeschwächt wurde, und der Getroffene zuckte zusammen.

Die Kugel war ihm in den Oberarm gedrungen und hatte den Knochen verletzt. Einen Schmerzenslaut ausstoßend, ließ er das Messer fallen, schien ins Schwanken zu geraten, raffte sich aber zusammen und klammerte sich mit dem anderen Arme wieder fest.

»So, du bist mir sicher!«, sprach Winter, das Terzerol wieder einsteckend. Dann musterte er, ihm weiter keine Aufmerksamkeit schenkend, das Netzwerk.

»Die Gondel ist nur mit Hilfe mehrerer Menschenkräfte in ihre frühere Lage zu bringen; ich allein vermag es nicht. Ich werde dich festbinden, damit du für jetzt wenigstens gesichert bist, und dann versuchen, den Ballon zum Sinken zu bringen.«

Er glitt vorsichtig vorwärts, zog sein Federmesser[1] und schnitt einen der niederhängenden Gondelhalter von dem Ringe los, an welchem er befestigt war. Dann kehrte er ebenso behutsam zurück und bildete mit Hilfe des Strickes um Wanda ein Flechtwerk, welches sie vor jedem Falle behüten musste. Dann schickte er sich an, nach oben zu steigen. Die Klappenschnur war ihm jetzt unzugänglich, und er musste die Hälfte des Ballons umklettern, um sie zu erreichen.

»Wo willst du hin, Emil?«, fragte Wanda, für ihn zitternd; denn jede seiner Bewegungen konnte ihn dem Tode in die Arme liefern.

»Ich muss die Klappe öffnen, damit wir sinken.«

»Tue es nicht. Du wirst hinabstürzen!«

»Es muss geschehen, wenn wir wieder zur Erde kommen sollen. Du darfst nicht Angst um mich haben. Seit ich dich in Sicherheit sehe, bin ich ruhig.«

Während der letzten Worte zuckte ein flammender Wetterschein tief unter ihnen hin. Es war, als stände das ganze unter ihnen flutende Luftmeer in Flammen, und kurze Zeit darauf tönte ein leises, rollendes Gemurmel zu ihnen empor.

»Ein Gewitter. Es war mittags sehr heiß. Aber jetzt dürfen wir nicht sinken, sonst kommen wir mitten in das Wetter hinein und werden von den verschiedenen Strömungen hin und her geschleudert.«

Diese Strömungen äußerten ihren Einfluss auch auf die äußeren Luftschichten. Zwar boten die unter ihnen sich ballenden Wolken, da sie sich selbst in Bewegung befanden, keinen sicheren Augenpunkt, aber es war trotzdem zu bemerken, dass der Ballon eine andere Richtung eingeschlagen hatte und mit vermehrter Geschwindigkeit vorwärts ging. Die Luftbewegung hatte also ihre Richtung geändert und auch ihre Schnelligkeit verstärkt.

In einer gesicherten Lage hätte der großartige Anblick des unter ihnen leuchtenden Wetters ihnen einen noch nie von oben gehabten, fesselnden Genuss gewährt. Jetzt aber waren ganz andere Gedanken zu hegen. Winter arbeitete sich empor bis zu dem Professor, zog sein Taschentuch und versuchte, den Arm desselben an dem

[1] Sehr kleine und schräge, an einem Heft (= Griffstück) befestigte Klinge, die ursprünglich zum Zurechtschneiden von Schreibfederkielen verwendet wurde.

Netzwerk zu befestigen. Es gelang nach einigen vergeblichen Versuchen, bei welchen von beiden Seiten nicht ein Laut gesprochen wurde. Der Verwundete hielt die Augen geschlossen, ob aus Schwäche oder Scham, es war auch gleichgültig. Es galt nur, sich den Menschen zu sichern, da seine Aussagen notwendig gebraucht werden konnten.

Sodann kletterte er um den Ballon herum und gelangte auf diese Weise zur Schnur. Ein Blick in die Tiefe zeigte ihm das Gewitter seitwärts und unter sich die reinste Luft.

Er zog. Das Ventil öffnete sich; mit einem leise pfeifenden Rauschen strömte das Gas heraus, und die Wolken schienen in der Ferne in die Höhe zu steigen. Das war ein Beweis, dass der Ballon fiel. Die erst so glatt angespannte Taffetmasse[1] legte sich nach und nach in Falten, wodurch die Schwierigkeit des Kletterns etwas vermindert wurde; aber durch die Verschiedenheit der hier unten herrschenden Strömungen wurden die Bewegungen des Ballons so Gefahr drohend, dass Winter, um nicht hinabgeschleudert zu werden, sich mit Aufbietung aller Kräfte festklammern musste.

Vorsichtigerweise ließ er das Gas nur in einzelnen Zwischenräumen ausströmen, sodass das Sinken langsam vor sich ging, und mit gespannter Aufmerksamkeit richtete er den Blick hinunter, wo sich bald der Anblick der Erde bieten musste.

Zwischen einzelnen leichten Wolkenstreifen drangen die Reflexe des niederfallenden Sonnenlichtes empor. Die Streifen näherten sich, und als ihre Feuchtigkeit, die sich in Nebelform um die Luftschiffer legte, durchdrungen war, lag die Oberfläche der Erde in von dem Regen erfrischten Grün unter ihnen.

Winter strengte die ganze Sehkraft seines Auges an, die Gegend zu erkennen, welcher sie sich nahten. Es war ein dicht bewaldetes Gebirgsvorland, welches in der Ferne einige Dörfer und Flecken zeigte; aber unter ihnen lag dichter Forst, in welchem keine Spur einer menschlichen Wohnung zu entdecken war.

Gern wäre er wieder um etwas emporgestiegen; aber es war unmöglich, zu dem Sande zu gelangen, und da hier unten die Luft fast bewegungslos war und der Ballon sich langsam und gleichmäßig fortbewegte, so versuchte er, vollends niederzugehen.

[1] Ballonhülle; eigentl.: Taftmasse, also die Gesamtheit des Tafts, einem engmaschigen Gewebe aus Seide, dem Stoff, aus dem Ballons hergestellt wurden.

An eine Anwendung der hierbei gewöhnlichen Vorrichtungen war allerdings nicht zu denken; aber das Seil, an welchem er vor Beginn der verhängnisvollen Fahrt emporgeklettert war, wurde noch jetzt nachgeschleppt und konnte auch jetzt von Nutzen sein.

Ehe er aber das Letztere versuchen wollte, stieg er soweit zurück, dass er Wanda zu Gesichte bekam. Noch saß sie an derselben Stelle und blickte mit angsterfüllten Zügen empor zu dem Punkte, wo sie ihn verschwinden gesehen hatte.

»Bist du noch wohl, Wanda?«

»Ja, aber ich bin fast tot vor Sorge um dich!«

Trotz der bedenklichen Lage, in welcher sie sich befanden, konnte er doch ein Lächeln über diese sich selbst widersprechende Antwort nicht unterdrücken.

»Sei vorsichtig und halte dich fest. Wir werden gleich den Wald erreichen.«

Er stieg wieder empor und zog das Ventil. Der Ballon sank und strich im Sinken über die Wipfel der Bäume hin. Winter griff fester zu, um bei einem Rucke nicht herabzustürzen, und ließ die Klappe sich schließen. Da – ein Ruck, als sollte der Ballon in die Erde hineingezogen werden, ein Rascheln und Brechen in den Ästen unter ihnen, und dann drehte sich die halb zusammengeschrumpfte Taffetmasse um ihre eigene Achse. Das Seil hatte sich in den Bäumen verwickelt, einen festen Halt gefunden, und so wurde der Ballon gehalten. Aber die Achsendrehung konnte gefährlich werden. Winter zog leise das Ventil auf und gewährte dem Gase einen langsamen und spärlichen Abfluss. Ebenso langsam sank der Ballon vollends nieder, legte sich auf die Seite und ward von den Zweigen, in welchen sich das Netzwerk verfitzte, festgehalten.

Mit einem kräftigen Zuge riss er das Ventil weit auf, sodass der Taffet zusammenfiel und sich wie eine Decke auf die Wipfel legte und so eine Unterlage bildete, auf welcher Emil ohne alle Verletzung zu liegen kam.

»Wanda, Wanda, wo bist du?«, rief er jetzt, da er seine Sorge nun ausschließlich auf sie richten konnte.

»Hier zwischen den Bäumen hänge ich in voller Sicherheit, und du?«

»Auch ich habe keinen Schaden genommen. Ich werde gleich bei dir sein.«

Zwar kostete es einige Anstrengung, von seinem erhabenen Standpunkte herabzukommen, aber es gelang, und als er den festen Boden unter seinen Füßen fühlte, erblickte er auch die Gondel, welche sich zwischen zwei Bäume eingeklemmt hatte, aus deren Zweigwerk ihm das bleiche Gesicht Wandas entgegenglänzte.

»Wie werde ich dich von da oben herunterbringen?«, fragte er in einiger Verlegenheit.

»Das wird nicht so schwierig sein. Ich verlasse mich auf deinen Scharfsinn.«

»Ich muss eine Strickleiter aus dem Netzwerk anfertigen und – aber warte, vielleicht geht es so schneller und besser.«

Er suchte den Baum, an welchem das nachgeschleppte Seil hing, kletterte hinauf und schnitt es ab. Zwar hatte er einige Zeit angestrengt zu arbeiten, ehe er es vollständig klarmachen konnte, aber es gelang endlich doch. Dann kehrte er zurück und versuchte durch kräftiges Ziehen, die Gondel weiter abwärts zu bringen. Auch das gelang. Das in den Ästen hängende Netzwerk hielt das Schiffchen fest, sodass ein Sturz nicht stattfinden konnte; Wanda half durch die Entfernung des hindernden Zweiges nach, und näherte sich auf diese Weise endlich so weit dem Boden, dass sie denselben durch einen etwas beherzten Sprung erreichen konnte.

»Soll ich dich losmachen?«

»Danke, nein. Ich bringe es selbst fertig.«

Sie wickelte das Seil von sich ab, schickte sich zum Sprung an und lag in dem nächsten Augenblicke in den Armen Winters, der sie aufgefangen hatte.

»Wanda!«, rief er im überströmenden Gefühle des Glückes.

Sie aber antwortete nicht, und als er fühlte, wie schwer sie an ihm hing und ihr in das Angesicht blickte, erkannte er, dass sie ohnmächtig sei. Solange die Gefahr angehalten hatte, war sie stark gewesen; jetzt aber, wo alles vorüber und keine Anstrengung mehr notwendig war, hatte sich die kräftig verleugnete Weiblichkeit geltend gemacht und sie in eine wohltuende Bewusstlosigkeit gebettet.

Winter fühlte sich hierdurch nicht im Geringsten beängstigt, er wusste, dass dieser Zustand ihr neue Kräfte geben und bald vorübergehen werde. Er legte sie vorsichtig ins weiche Moos nieder und wollte sich entfernen, um nun nach dem Professor zu sehen; aber als er noch einen Blick zurückwarf auf die Daliegende, wurde er von dem Zauber ihrer Schönheit so erfasst, dass er wieder zurückkehrte und neben ihr niederkniete.

Er nahm ihr schönes, von weichen blonden Locken umwalltes Köpfchen in seine Arme und drückte Kuss um Kuss auf die jetzt bleichen Lippen, gerade so wie damals, als sie in der Höhle des Felsenbruches vor ihm lag und dann bei dem Erwachen vor Zorn erglühend aufgesprungen war.

Auch jetzt schlug sie die Augen, diese wunderbaren Augen auf; aber nicht zornig blickte sie, als sie seinen Kuss fühlte, sondern selige Freude leuchtete aus ihnen, und beide Arme schlang sie, ihn fest an sich ziehend, um seinen Nacken.

»Emil, mein Emil, du lieber, starker Mann, der immer da ist, wenn ich in Gefahr bin und dem mein Leben schon doppelt und dreifach gehört, wie habe ich dich so lieb, so unendlich lieb!«

»Ist das wahr, Wanda?«

»O, du hast es ja schon längst gewusst, viel eher noch als ich.«

»Und nun willst du mein sein, ganz und immer mein?«

»Ganz und immer.«

»Dann bin ich namenlos glücklich und danke von ganzem Herzen dem lieben Gott, der uns einst im Walde zusammenführte für nur kurze Zeit und nun im Walde vereinigt für die ganze Dauer des Lebens. Wanda, welch eine Stunde ist die jetzige!«

»Eine schöne und eine heilige, Emil. Und in dieser heiligen Stunde will ich dir etwas versprechen, was dein Glück verdoppeln wird.«

»Sprich!«

»Ich werde nie, nie wieder so sein, wie ich gewesen bin, sondern fein gehorsam und demütig. Heut, als ich da oben auf dem Rande der Gondel saß und sah, mit welcher Sicherheit und welchem Mute du handeltest, um mich zu retten, und als du dann auf so lange Zeit meinen Augen entschwunden warst und ich mich so allein fühlte in der öden, gefährlichen Höhe, da fühlte ich, welch ein schwaches Wesen ich bin und gelobte, dir untertan zu sein allezeit, wenn Gott uns füreinander erhalten werde.«

»Wanda!« Mehr konnte Winter nicht sagen. Er war tief ergriffen von den frommen, selbstverleugnenden Worten des schönen, sonst so stolzen und selbstbewussten Wesens, und mit bebenden Lippen sog er die Tränentropfen von ihren Wimpern.

Da tönte ein schweres röchelndes Ächzen aus den Zweigen zu ihnen herab.

»Was war das?«, fragte Wanda.

»Das war der Professor, welchen wir über unser Glück vergessen haben«, entgegnete Winter und sprang auf. Er sprang auf und ging den Lauten nach und fand nach einigem Suchen den Urheber derselben, noch mit dem Arme an das Netzwerk gefesselt, an einem abgebrochenen Aste hängen, dessen Rumpf ihm tief in den Leib gedrungen war.

Die Verletzung musste eine tödliche sein. Das Blut lief ihm aus Mund und Nase; das Stöhnen wurde kürzer und schwächer, und als Winter sich zu ihm hinaufgearbeitet hatte, lief ein konvulsivisches Zittern durch den aufgespießten Körper, der dann schlaff zusammensank.

»Bitte, Wanda, tritt von da unten weg. Er ist tot, und sein Anblick ist nichts für dich.«

Sie gehorchte seiner Mahnung. Mit einem kräftigen Aufstemmen des Fußes brach er den Ast los, und der Leichnam stürzte zur Erde hinab. Unten bei ihm angekommen, überzeugte sich Winter, dass keine Spur von Leben mehr in dem Körper sei …

Wie geht es weiter: *Bei der Untersuchung der Leiche des Professors findet Emil Winter die Beweise für dessen Verbrechen. Damit konfrontiert ergreift der vermeintliche Baron von Säumen die Flucht und stürzt dabei in einen verdeckten Brunnenschacht, wo er elendig ertrinkt. Einer zukünftigen glücklichen Ehe zwischen Wanda und Emil Winter steht nichts mehr im Weg.*

Eine Luftschifffahrt

Eine Erzählung von Albert Brixius

Es war ein schöner, heiterer Tag. Die Sonne schien von einem unbewölkten Himmel und Tausende von Menschen harrten auf freiem Felde vor den Toren der Stadt auf das Steigen eines Ballons. Ich befand mich unter den Zuschauern, und da ich vorher niemals einen Ballon gesehen hatte, bewog mich die Neugier, ganz nahe an ihn heranzutreten. Er war bereits mit Gas gefüllt, und man beschäftigte sich eben damit, mit starken Seilen die zierliche Gondel an ihm zu befestigen, als sich der Besitzer des Ballons an die Umstehenden wandte und fragte, ob keiner Lust hätte, die Reise mit ihm in die Luft anzutreten. Gott weiß, was mich bewog, mich ihm mit starkem Mute als Mitreisenden anzubieten. Kurz und gut, bald saß ich in der Gondel und in einigen Minuten erhob sich der Ballon kerzengerade und unter dem tausendstimmigen Beifallsruf der Menge in die Luft. In wenigen Augenblicken befanden wir uns über den höchsten Türmen der Stadt, und tief unter uns bewegte sich das Volk bunt durcheinander, wie ein geschäftiger Ameisenhaufen.

Der Ballon stieg mit rasender Schnelligkeit. Bald konnte ich kaum mehr etwas erkennen. Die Stadt schien nur ein Punkt, der nahe Fluss ein schmaler silberner Faden zu sein, und die Erde wie in einem dichten, grauen Nebel zu liegen.

Ich stand in der Gondel und schaute in die gähnende Tiefe hinab, ich hätte laut aufjubeln können vor Lust, während das überströmende Gefühl der Bewunderung mir die Sprache raubte.

Ein leichter Anfall von Schwindel nötigte mich, die Augen zu schließen und mich einen Augenblick zu setzen. Als ich wieder aufsah, fielen meine Blicke auf meinen Reisegefährten, und ein jäher Schreck durchfuhr mich. Es war wie eine Ahnung des unbekannten Unglücks, welches mich noch treffen sollte.

Mein Gefährte hatte den Rock ausgezogen, ein Messer in der Hand, und aß gemütlich ein Brötchen, zu dem er sich lange Streifen von einem Stück rohen Schinken schnitt.

Er lächelte und warf mir einen durchbohrenden Blick zu.

»Schmeckt es Ihnen?«, und ein Frösteln durchflog bei dieser Frage meinen Körper, das ich mir nicht zu erklären wusste.

»Warum soll es mir nicht schmecken?«, antwortete er sarkastisch. »Wenn man Hunger hat, schmeckt es immer. Haben Sie Appetit und darf ich Ihnen etwas anbieten?«

»Sie sind sehr gütig«, entgegnete ich, »aber ich kann mit dem besten Willen nichts genießen. Ich danke Ihnen.«

Er brach in ein wildes Lachen aus, schleuderte den letzten Bissen von sich und zog, indem er etliche unverständliche Worte murmelte, seine Weste aus, löste die Tragbänder und warf alles ohne Weiteres aus der Gondel.

Ich begann unwillkürlich zu zittern. War es die Kälte in der furchtbaren Höhe oder verursachte es das seltsame Benehmen dieses Menschen? Ich wusste es nicht.

Noch immer stieg der Ballon mit reißender Schnelligkeit. Als ich hinabschaute, bemerkte ich in einiger Tiefe unter uns viele leichte Wölkchen, die schattenhaft vorüberhuschten, und denen eine dichte Wolkenmasse folgte, die sich zwischen uns und der Erde ausbreitete.

»Wie hoch sind wir eigentlich?«, fragte ich meinen Begleiter, welcher schweigend da saß und eben im Begriffe war, Stiefel und Strümpfe auszuziehen.

Er gab mir keine Antwort. Ich fragte nochmals, in der Meinung, er hätte es nicht gehört, da ich bemerkte, dass ich bei der Dünne der Luft kaum meine eigenen Worte verstehen konnte.

»Wie hoch wir sind?«, rief er plötzlich, wie aus einem Traume auffahrend. »Ei, mein Freund, noch lange nicht hoch genug, um Gott in seiner Majestät und Glorie schauen zu können.«

Bei den letzten Worten hatte er sich hoch aufgerichtet und leicht nach vorn gebeugt, gleichsam, als horche er auf den Klang seiner Worte, die in der grausenerregenden Stille, die uns umgab, keinen Nachhall fanden. Ein Schauder durchrieselte meinen Körper und ich erbebte. Was wollte der Mensch mit diesen Worten sagen, welche so geheimnisvoll waren wie er selbst?

Meinen Blicken entging jetzt keine seiner Bewegungen. Erst lächelte er still vor sich hin, dann zog er sein Gesicht in Falten. Jetzt – o Entsetzen – nahm er sein Messer, prüfte dessen Schärfe an seinem Daumen, dass das Blut floss, und legte darauf die Schneide an eines der Seile, mit denen die Gondel an dem Ballon befestigt war.

Ein gellender Angstschrei entfuhr meinem Munde. Er zuckte zusammen, zog schnell das Messer von dem Seile zurück, warf seine Augen wild auf mich und lächelte wild.

Und diese Augen! – Weit geöffnet, starr, leblos und ohne Glanz, mit einem entsetzlichen Ausdrucke auf mich gerichtet, verkündeten den schrecklichsten aller Schrecken – den Wahnsinn.

Mein Blut schien zu starren, die Haare sträubten sich auf meinem Kopfe, ich fieberte und war einer Ohnmacht nahe. Meine Lage war schrecklich. In unbekannter schwindelnder Höhe allein, ganz allein mit einem Wahnsinnigen, der mir an Jahren wie an Kräften bedeutend überlegen war, und ohne von der Leitung des Ballons irgendwelche Kenntnis zu haben. Gott, mein Gott, es war zu grässlich.

Eine unbeschreibliche Angst und Aufregung bemächtigte sich meiner. Ich verfluchte die Stunde meiner Geburt, verwünschte Geschick und Vorsehung, lachte, weinte, stampfte mit den Füßen, rief um Hilfe, beugte mich weit über den Rand der Gondel und spähte hinab in die grausige Tiefe. Nirgends Rettung, nirgends Hilfe! Weit und breit kein lebendiges Wesen. Der kleinste Vogel hätte mich ermutigt. – Doch wohin ich blickte, nirgends Regung, nirgends Leben. – Totenstille! – Furchtbare Situation! – Erschöpft, zitternd vor Aufregung sank ich bewusstlos nieder.

Ein schreckliches, klangloses Lachen brachte mich zur Besinnung. Mein erster Blick fiel auf den Wahnsinnigen.

Entsetzlich! – Ohne das geringste Kleidungsstück am Leibe zu haben, nackt, wie er das Licht der Welt erblickte, hing er zähnefletschend und mich wütend anstarrend an einem der Seile, sich mit der linken Hand festhaltend und in der Rechten mit wilden Gebärden das Messer schwingend. Gewandt wie eine Katze sprang er dann wieder in die Gondel, duckte sich wie zum Sprunge zusammen, grinste wie ein Teufel und brach plötzlich in lautes Lachen aus.

Wild rollten seine Augen in den blutunterronnenen Höhlen, und ein tückischer, mit wahrhaft satanischer Bosheit auf mich gerichteter Blick machte mich erzittern. Noch verharrte er in kauernder Stellung, da plötzlich warf er das Messer von sich, richtete sich auf und begann, die Hände gefaltet, den Blick zum Himmel erhoben, mit heiserer, markerschütternder Stimme zu singen, und was – einen Choral. Ohne ihn jedoch zu vollenden, hörte er jäh auf, ein Schauder durchrieselte seinen Körper, er sah sich scheu um, stieß einen furchtbaren Angstschrei aus und brach sodann wie ohnmächtig zusammen.

In dieser Zeit hatte ich mich etwas gefasst und begann über meine Lage nachzudenken. Ich erinnerte mich, gehört zu haben, dass man einen Wahnsinnigen, wenn man ihm unerschrocken und kühn entgegentritt, leiten kann wie ein Kind. Dieser Gedanke gab mir neuen Mut; der jetzige Augenblick schien mir der günstigste, ich ging auf ihn zu, rührte ihn sanft an der Schulter und sah ihm streng ins Gesicht.

Erschrocken fuhr er auf, schüttelte sich und starrte mich an. Entsetzt fuhr ich zurück. Der Wahnsinnige brach in ein Gelächter aus, durchdringend, gellend, wie Wahnsinnige lachen.

»Wage es noch einmal, mich zu berühren, Erdenwurm, erbärmliches Geschöpf. Staub, aus dem ich dich gemacht«, keuchte er im höchsten Stadium der Wut. »Danke es mir, dass mein Machtwort dich nicht zu Atomen zermalmt. Falle nieder und bete mich an, denn ich – ich bin dein Schöpfer, bin dein Gott!«

Er hielt inne, sein Atem ward kurz und schwer. Ich wagte nicht zu sprechen. Völlig in mein Geschick ergeben, empfahl ich meine Seele Gott, nur von ihm Hilfe und Rettung in der größten Not erwartend.

»Stille, stille!«, rief der Wahnsinnige mit kreischender Stimme, die allmählich zu einem kaum hörbaren Geflüster herabsank. »Stille! – Meine Engel nahen! Hörst du ihren Lobgesang? Sie huldigen meiner Majestät! Horch, wie ihre Weisen klingen, sie gelten mir, mir! – Sieh, sie streuen Rosen auf den Weg, der zu meinem Throne führt! Welcher Strahlenglanz! – Oh! Zurück, Mensch, wie kannst du wagen, meine Göttlichkeit zu schauen! Nur ich darf den Weg zum Throne wandeln, ich, ich, der Beherrscher des Himmels und der Erde.«

Er hielt inne; Seligkeit strahlte aus allen seinen Zügen, doch sollte dies nicht lange dauern.

Beide Hände von sich streckend, fuhr er plötzlich wild auf, die Zornader schwoll ihm auf der Stirn, und:

»Seid verflucht, verflucht!«, rief er in gellendem Tone. »Ihr, die ihr mich nicht gekannt, verhöhnt, verspottet habt, seid verflucht! – Ha, welch ein Heulen, welch ein Knirschen! – Hinweg! Ich kenne kein Erbarmen! Hinweg! – – Zischet, Schlangen, saugt ihr Blut! Seht, wie schwarz es fließt, Stolz und Wollust haben es vergiftet. Martere, Teufel, quäle sie! Schüre besser noch die Glut, sie haben es verdient! Sie sind verdammt auf ewig, – ewig, – ewig!« –

Der Schaum trat ihm bei den letzten Worten vor den Mund; seine Augen rollten und alle Muskeln seines Gesichtes bewegten sich in grässlichen Verzuckungen, dann fiel er plötzlich, als habe ihn der Schlag getroffen, ächzend nieder.

Ich atmete tief auf und wischte mir die Angsttropfen von der Stirn, dann warf ich einen Blick aus der Gondel. Gott sei Dank! Der Ballon war bedeutend gesunken und schwebte langsam über dichten, schweren Wolken, – ein winziges Insekt im Reich der Lüfte.

Jetzt wollte ich nach dem Ventil suchen, um das Gas entströmen zu lassen, wurde aber von dem Wahnsinnigen daran verhindert.

Langsam hatte er sich emporgerichtet; eine unsagbare Ängstlichkeit zeigte sich in seinem Gesichte. Dicht kam er an mich heran und fasste mich beim Arme.

»Höre«, sagte er dann leise und geheimnisvoll, indem er am ganzen Leibe zitterte. »Höre!«

Ich strengte mein Gehör an und vernahm aus unendlicher Ferne den rollenden Ton des Donners.

Der Wahnsinnige zuckte bei diesem Laute zusammen und starrte mich mit Entsetzen an.

»Bleibe nur ruhig«, sagte ich in meiner Angst und drückte ihm leise die Hand, die er mir entgegenstreckte. »Bleibe ruhig, es ist nichts.«

»Es ist nichts, es ist nichts«, sagte der Wahnsinnige zu sich selbst. »Nur ich kann Donner und Blitz versenden, oder ich wäre nicht mehr Gott.«

Er kauerte sich zusammen und nagte an seinen Fingernägeln, doch bemerkte ich bei dem Rollen des Donners, welches sich mit jedem Augenblick lauter vernehmen ließ, wie er jedes Mal zusammenzuckte.

Ein Gewitter war im Anzuge; die Wolken ballten sich zu undurchdringlichen Massen, eine die andere bedeckend. Ein kräftiger Wind fasste den Ballon und trieb ihn pfeilschnell vor sich her. Bald aber ließ er nach, und der Ballon stieg nieder, aber langsam und ungeheuer schwankend.

Plötzlich zuckte ein blendender Blitzstrahl im riesigen Zickzack durch die dichten Wolkenmassen und ein betäubender Donnerschlag erschütterte die unermesslichen Räume, als stürze das ganze Weltall zusammen. Mit einem furchtbaren Schrei war der Wahnsinnige aufgesprungen. Die Hände geballt, alle Muskeln seines Körpers zur äußersten Kraftanstrengung gespannt, warf er sich auf mich.

Ein wütender Kampf begann mit aller Stärke der Verzweiflung, der Angst, der Aufregung, des Entsetzens, stumm von meiner Seite, von meinem Gegner mit unartikulierten Lauten begleitet.

Es dauerte nicht lange; ich war bald überwunden und ein Spielball in den Händen des Wahnsinnigen.

Seine übermenschlichen Kräfte, die schlangenartigen Windungen seines Körpers, an dem meine Hände keinen Halt fanden, seine scharfen Nägel, die mein Gesicht zerfleischten, machten mich widerstandslos.

Ich glaubte, die Qualen eines Sterbenden, die Angst, welche ich jetzt empfand, das Entsetzen, welches meinen Körper durchrieselte, die Aussicht eines gewissen Unterganges, nicht überwinden zu können.

Der Wahnsinnige packte mich mit seinen eisernen Fäusten – jeder Widerstand war vergebens – und hielt mich mit wildem Gelächter über den Rand der Gondel.

Ich schloss die Augen, meine Gedanken fingen an, sich zu verwirren, meine letzte Stunde schien gekommen.

»Du wagst es, mir zu trotzen, mir, deinem Gott?«, schäumte der Wahnsinnige in unbeschreiblicher Wut. »Hörst du den Donner, das Zeichen meines Zornes? Siehst du den flammenden Blitz, welchen meine Hand auf die Häupter der Verruchten schleudert? Ha, ha, krümme, winde dich! Dein Urteil ist gesprochen! Dein Gott verdammt dich zu ewigen Qualen; fahre hin zum Pfuhl der Hölle!«

Ein wildes Gelächter erscholl und mit gewaltiger Kraft ward ich weit, weit – hinausgeworfen. –

Einen gellenden Angstschrei ausstoßend, mich überstürzend, nach Atem ringend, verzweifelt um mich schlagend, erwachte ich, in Schweiß gebadet, denn meine Luftfahrt war – ein Traum.

Ein Abenteuer im Luftballon

Eine Erzählung von einem unbekannten Autor

Die Luftschifffahrten sind wieder in Mode gekommen und Wien genoss kürzlich das interessante Schauspiel einer solchen Ascension[1]. Aber in Wien scheint man heutzutage nicht den Geschmack zu besitzen, die gefährliche Fahrt des »Seglers der Lüfte« zu teilen, und Herr Jacobi musste seine Fahrt allein antreten. In früheren Zeiten gab es Waghälse, die es sich sogar Geld kosten ließen, um an diesem gefährlichen Vergnügen Anteil zu nehmen, und aus den Erinnerungen des berühmten Luftschiffers Godard erzählen wir folgende hochinteressante, tief erschütternde und dabei vollständig wahrheitsgetreue Episode, die bisher noch nicht bekannt war.

Leserinnen, die vielleicht schwache Nerven besitzen, oder die leicht dem Schwindel ausgesetzt sind, bitten wir diese Erzählung zu überschlagen; sie könnten sonst Gefahr laufen, während der Lektüre zum Riechfläschchen greifen zu müssen. Doch beginnen wir ohne weitere Vorrede mit der erschütternden Schilderung der Szene, die sich hoch in den Lüften abspielte.

Der Luftballon stieg an jenem bezeichneten Tage nur mit Godard und mit einer Begleiterin, einer reizenden jungen Dame, deren Kraft und Kühnheit allgemein bewundert wurde, in die Luft. Die stattliche Erscheinung wurde von der nach Tausenden von Köpfen zählenden Menge mit den Blicken verfolgt, bis sie in den Wolken verschwand, und soweit das Auge reichte, sah man sie graziös herabwinken und den Schleier in den Lüften wehen. Die kühne Begleiterin des Luftschiffers hatte als Honorar für die Erlaubnis der Mitfahrt dem Herrn Godard tausend Gulden erlegt und man konnte sich denken, dass dieser Umstand die angeborene Galanterie des französischen Luftschiffers noch um ein Bedeutendes erhöhte. Das Wetter war der Fahrt außerordentlich günstig und der Ballon stieg ungemein rasch in die Höhe.

---

[1] Himmelfahrt.

»Welchen Eindruck macht die Fahrt auf Sie?«, fragte Godard die Begleiterin, die, wie es ihm schien, etwas stumpfsinnig in der Barke saß.

»Gar keinen«, gab sie phlegmatisch zur Antwort.

»Da mach' ich Ihnen mein Kompliment«, erwiderte Godard. »Sie sind die erste Person, die in solcher Höhe emporgestiegen, ohne eine heftige Gemütsbewegung empfunden zu haben, und bei einer Dame ist eine solche Seelenruhe noch mehr zu bewundern.«

»Steigen Sie nur höher«, fällt hierauf die Begleiterin mit einem wahrhaft unerschütterlichen Phlegma ein.

Godard warf Ballast herab und der Ballon flog einer Feder gleich empor.

»Und nun«, begann er neuerdings zu fragen, »pocht Ihnen nicht jetzt das Herz?«

»Nein, nein, gar nicht«, entgegnete sie mit einer heftigen Gebärde, die sogar Ungeduld zu verraten schien.

»*Goddam*[1]!«, rief Godard. »Sie haben in der Tat, Madame, das Zeug in sich, eine Luftschifferin zu werden.«

Der Ballon stieg immer höher. Als er wieder hundert Meter[2] zurückgelegt hatte, frug Godard zum dritten Male die Reisegefährtin:

»Und jetzt?«

»Gar nichts, gar nichts!«, rief sie. »Nicht den leisesten Schatten von Furcht.«

»Umso schlimmer«, warf Godard ein, »ich muss es aufgeben, Ihnen nur ein Atom von Furcht einzujagen. Der Ballon ist aber jetzt hoch genug[3] gestiegen, wir wollen uns wieder zur Erde niederlassen.«

»Herniederlassen?«, fragte mit tonloser Stimme die Dame.

»Natürlich«, erwiderte der Luftschiffer, »es droht gefährlich zu werden, wenn wir noch höher steigen.«

»Das ist mir ganz gleichgültig«, erwiderte die Dame, »ich mag jetzt nicht zur Erde wieder herab.«

»Was sagen Sie da?«, rief Godard ganz bestürzt.

»Ich sage ganz einfach, dass ich noch höher, dass ich fort und fort höher steigen will. Ich habe Ihnen tausend Gulden gegeben, um mir eine Gemütsbewegung zu verschaffen. Ich bedarf einer solchen Be-

---

1 Verdammt.

2 Im Original verwendet der Autor durchgehend die Bezeichnung »Metres«.

3 Im Original »genug hoch«, was sich in der heutigen Zeit eher ungewöhnlich anhört.

wegung. Wir werden uns nicht früher zur Erde herabsenken, bis ich meine Aufregung gefunden.«

Godard fing zunächst zu lachen an, er glaubte ursprünglich, es handle sich um einen schlechten Spaß.

»Wollen Sie wohl wieder in die Höhe steigen!«, schrie jetzt die Dame, warf sich bei diesen Worten mit solcher Heftigkeit an seinen Hals und schüttelte ihn so heftig, dass die Barke ins Schwanken geriet. »Vorwärts!«, rief sie mit unheimlich funkelnden Augen. »Ich muss meine Aufregung haben!«

Godard fühlte sich in diesem Augenblicke verloren. Schreckliche Gedanken durchzuckten sein Gehirn. Indem er die furchtbar erweiterten Augen seiner Reisegefährtin anstarrte, erkannte er, dass er eine Irrsinnige in den Ballon mitgenommen. Wer soll Vernunftgründe vorbringen, wenn man es mit einer Rasenden zu tun hat? Man kann schwer um Hilfe rufen, wenn man in den Wolken schwebt. Wenn er doch eine Waffe mitgenommen hätte; aber in Begleitung einer Dame sich mit Waffen ausrüsten! Man nimmt überhaupt keine Waffen mit, wenn man eine Luftschifffahrt antritt. Im reinen Äther glaubt man sich für ungefährdet und ahnt nicht, dass einen solche Anschläge bedrohen können.

Fünfzehnhundert Meter über dem Erdball schwebte das Luftschiff. Ein Fall aus dieser Höhe herab wäre ein fürchterlicher gewesen und die geringste Bewegung der exaltierten[1] Dame konnte die Barke zum Umkippen bringen.

Godard der bei so vielen gefahrvollen Expeditionen stets seine für dieses Metier so notwendige Kaltblütigkeit sich zu bewahren verstanden hatte, hatte auch diesmal im Verlaufe einer Sekunde seine Entschlüsse gefasst.

»Ah, du machst dir einen Jux mit mir, elender Luftschiffer«, fuhr jetzt das rasende Weib fort, »du prellst mich um tausend Gulden und willst mir nicht einmal dafür eine kleine Aufregung verschaffen. Schon gut, jetzt ist an mich die Reihe zum Lachen gekommen, jetzt musst du tanzen, wie ich es verlange.«

Die närrische Person, die eine unglaubliche Muskelkraft entwickelte, hatte mit ihren Armen wie mit eisernen Reifen den zu Tode erschrockenen Luftschiffer umkrallt, der sich auch nicht zu rühren, noch das Weib von sich abzuwehren wagte.

---

[1] Aufgedreht, durchgeknallt.

»Was willst du denn eigentlich von mir, schöne Begleiterin?«, begann er mit ruhigem Tone und mit äußerlicher Gefasstheit, als wenn er den grausen Zwischenfall nur als einen Scherz betrachten würde.

»Ich hasse die Männer und will mich an ihnen rächen. Einer deines Geschlechtes hat mich betrogen. Mein Rachearm hat ihn nicht erfassen können, der Elende entkam, und vergebens suchte ich ihn auf Erden und selbst in den Lüften. Ein Mann muss meinen Rachegelüsten zum Opfer fallen, jetzt habe ich dich. Es soll mir ein Vergnügen gewähren, dich in der Luft baumeln zu sehen …«, fuhr die Tolle mit heiserem Lachen fort, »aber zuvor«, und dabei schien sie sich auf einen teuflischen Plan zu besinnen, »habe ich meinen Plan. Ich will da oben meine Aufregung finden, ich klettere auf den Bauch des Ballons.«

Bei diesen Worten zeigte die Verrückte auf die höchste Spitze des Ballons, und während sie noch von diesem Plan sprach, begann sie die den Ballon umgebenden Stricke, welche den Nachen[1] mit dem Luftballon verbanden, emporzuklettern.

Mit katzenartiger Behändigkeit glitt sie empor, ein lustig Liedlein trällernd, das in dieser Situation schauerlich wie ein Grabgesang ertönte, und der Windzug trieb das bauschige Gewand auseinander, was sie aber nicht zu genieren schien. Godard, der bisher noch immer standhaft geblieben, begann nun für das Leben der Unglücklichen zu zittern.

»Armes Weib!«, rief er. »Du wirst dich töten, es wird dich plötzlich ein Schwindel erfassen!«

»Hindere mich nicht an meinem Beginnen, keine Vorsichtsmaßregeln, keine guten Lehren, oder wir fliegen sofort beide ins Bodenlose.«

»Das will ich ja verhindern«, entgegnete der Luftschiffer, »erlaube, dass ich dir einen Strick um den Leib werfe, um den Körper wenigstens am Ballon festzubinden.«

»Es sei, ich willige ein«, antwortete der unheimliche Gast, der die Nützlichkeit dieser Vorsichtsmaßregel einzusehen schien.

Ausgerüstet mit diesem Sicherheitsseil begann nun die Verrückte, mit der Flinkheit eines Eichhörnchens die Stricke emporzuklettern. Sie gelangt bis zum Ballon und oben angekommen, setzt sie sich auf

[1] Eigentlich ein aus der Oberdeutschen Mundart entlehntes Wort, welches Kahn bedeutet. Hier im Sinne von »Gondel« gebraucht.

den Reif, der ihn umspannt. In dieser schwindelnden Höhe und auf diesem gefährlichen Posten angelangt stößt sie ein Triumphgeschrei aus und zieht ein Messer aus der Tasche.

»Was wollen Sie beginnen?«, ruft der Luftschiffer, den die Furcht befällt, die Wahnsinnige beabsichtige den Ballon aufzuschlitzen.

»Ich will mir's hier vorderhand behaglich einrichten«, erwidert sie und zerschneidet vor allem das Rettungsseil, das ihr Godard mitgegeben. Der leiseste Windhauch, der den Ballon erschüttern würde, hätte ihren unvermeidlichen Sturz in die Tiefe herbeigeführt. Dem Luftschiffer graute bei diesem Gedanken, er schloss unwillkürlich die Augen, um diesen Fall nicht mit ansehen zu müssen.

Die Verrückte klatscht vor Vergnügen in die Hände, sie kann sich vor Freude kaum fassen, sie schlägt mit den Füßen an den Ballon, wie um den Flug desselben anzustacheln und zu beschleunigen.

»Und nun«, rief sie, indem sie das gezückte Messer schwang, »jetzt wollen wir uns amüsieren, jetzt wollen wir auch lachen! Du Schuft, du hast schon absteigen wollen, du wolltest mir ebenso entkommen, wie es meinem treulosen Geliebten gelungen … jetzt kommt die Reihe an dich, herunterzupurzeln, und schneller noch, als du glaubst. Das sollst du sogleich sehen!«

Der Luftschiffer hat keine Zeit, irgendeine Bewegung zu machen; bevor er noch den teuflischen Plan der Wahnsinnigen durchschaut hatte, hatte diese, auf dem Ballonreifen schaukelnd, mit raschen Schnitten drei oder vier Taue, welche den Kahn am Ballon befestigt hielten, durchschnitten; der Kahn schwankt bereits in gefahrdrohender Weise, er hängt nur noch an zwei Stricken, man kann sagen: Er hängt nur noch an einem Faden.

Um den armen Luftschiffer wäre es bereits geschehen, wenn er sich nicht verzweiflungsvoll und krampfhaft an die zwei letzten Stricke angeklammert hätte, welche den Ballon mit dem Kahn noch verbanden.

Jetzt nähert sich das Messer der Verrückten den letzten zwei Stricken. Nur noch einen Moment und die Komödie des Lebens ist zu Ende! …

»Ein Wort nur, schenken Sie mir Gehör!«, schreit verzweiflungsvoll der Luftschiffer.

»Keine Gnade!«, heult die Wütende.

»Ich will keine Gnade, im Gegenteile –«

»Was willst du denn?«, ruft überrascht die Begleiterin.

»Wir sind in diesem Augenblicke«, rief hastig der Luftschiffer, »in einer Höhe von fünfzehnhundert Metern von der Erdoberfläche.«

»Nun, das wird sich gerade gut machen, von dieser Höhe hinabzupurzeln.«

»Das ist noch zu niedrig«, bemerkte mit verzweiflungsvollem Humor der Luftschiffer.

»Wieso denn?«, fragte etwas verblüfft die Unerbittliche.

»Das will ich Ihnen gleich erklären. Meine Erfahrung als Luftschiffer hat mich gelehrt, dass, wenn man von der Höhe hinabstürzt, in der wir uns jetzt befinden, man Gefahr läuft, sich nicht vollständig zu töten.[1] Wenn es schon sein muss, dass wir herabstürzen«, so ziehe ich es vor, bei dem Falle sofort tot zu bleiben, anstatt als Krüppel fortsiechen zu müssen. Tun Sie mir daher den Gefallen, mich erst zum Falle zu bringen, wenn wir dreitausend Meter über der Erde sind.«

»Angenommen!«, brüllte die Verrückte, welcher der Gedanke eines noch viel schrecklicheren Falles eine diabolische Freude bereitete.

Godard führt heroisch sein Versprechen aus. Er wirft eine starke Ladung Ballast aus dem Nachen. Der Ballon nimmt einen stürmischen Anlauf und steigt in einigen Sekunden um 200 Meter. Während die Verrückte mit drohender Miene die Bewegungen des Luftschiffers verfolgte, führte er insgeheim ein die Pläne der Rasenden durchkreuzendes Manöver aus. Er hatte bemerkt, dass unter den Stricken, welche das Messer der Verrückten verschont hatte, auch jener sich befand, der mit dem Ventil in Verbindung stand, und rasch war sein Plan gefasst.

Er zieht an dem Stricke, das Ventil öffnet sich und es strömt eine reiche Quantität von Hydrogengas aus. Das Resultat dieses kühnen Experimentes lässt nicht lange auf sich warten. Das ausströmende Gas betäubt die in der Nähe der Klappe befindliche Dame, sie schläft ein und befindet sich durch die Einatmung der ausgeströmten Gasdämpfe in leblosem Zustande.

Nachdem sich der Luftschiffer überzeugt, dass die Unbekannte hinreichend betäubt, ließ er mit aller Vorsicht den Ballon sinken, er langt auf festem Boden an, das Drama ist zu Ende, er ist gerettet!

Auf der Erde angelangt, war es sein erstes Bemühen, die Betäubte wieder ins Leben zurückzurufen, und nachdem dies geschehen, wo-

[1] Im Original steht: »… dass, wenn man von der Höhe hinabstürzt, in der wir uns jetzt befinden, so läuft man Gefahr, sich nicht vollständig zu töten.« Möglicherweise handelt es sich um einen Setzfehler.

bei er zuvor zur Vorsicht die Hände und Füße der Wahnsinnigen gebunden hatte, rief er Leute herbei und ließ das rasende Weib unter die Obhut der Behörden bringen. Tief aufatmend kehrte der Luftschiffer heim; unter allen Gefahren, die ihn auf seinen gemachten Expeditionen bedroht hatten, war keine schrecklicher als die, welche er eben überstanden, und er nahm sich vor, künftighin sich die Passagiere genauer anzusehen, mit denen er eine Fahrt zu den Wolken gemeinschaftlich zu unternehmen gedenke.

In der Luft

Eine Herzens- und Schmerzensgeschichte von Moritz Barach

Erstes Kapitel

So wechseln Freud' und Leid im Leben ab!

Für uns Novellisten ist das freilich die Quelle unserer Freude und vielleicht – auch mancher Leiden, aber da »Eins ins And're geht«, so geben wir uns – wir hoffen zum Vorteile unserer Leser – zufrieden. Die Menschen jedoch, welche wir aus dem Leben für unsere Puppenspiele herausholen, sind ganz anderer Meinung, sobald die angenehmen Stunden sich plötzlich von ihnen empfehlen, und die unangenehmen, die ärgerlichen, die geradezu schmerzhaften ihre verwünschte Aufwartung machen.

In dieser bedauernswerten Lage befanden sich Leonore, die einzige Tochter des für die kleine Stadt angesehenen Kaufmanns Wepenried, und ihr Herzensfreund, der junge, kürzlich graduierte Arzt Doktor Roderich. – Gestern noch in dem glücklichen Bewusstsein, dass Papa Wepenried die Neigung der beiden jungen Leute, die sich von Jugend an kannten, offen begünstigt, und heute waren sie bereits aus allen ihren Himmeln gestürzt.

Da saß das Paar, Hand in Hand, mit gesenkten Augen und von Seufzern gequält, auf einer Bank des Wepenried'schen Gartens, und es war, als hätten die beiden, die sich einander sonst nicht genug zu sagen hatten, gänzlich die Sprache verloren. Die armen Liebenden! Sie hatten auch alle Ursache, traurig zu sein, denn am Morgen dieses Tages hatte sich Folgendes begeben. Papa Wepenried hatte den ahnungslosen Doktor Roderich zu einer dringenden Besprechung in sein Comptoir[1] eingeladen. Als der junge Mann, nicht ohne einige Beklemmung hierüber, eintrat – denn etwas, das einem unklar entgegentritt, beklemmt immer – ward er in banger Ahnung förmlich wie gelähmt vor der ernsten, kaufmännisch-steifen und feierlichen

[1] Büro.

Miene, mit welcher ihm Wepenried entgegensah und stumm winkte, neben ihm Platz zu nehmen. Das war sonst nicht die Art des wohlwollenden, freundlichen, herzlich entgegenkommenden Kaufmannes.

Eine Minute lang herrschte unheimliches Schweigen, dann fuhr sich der alte Herr mit der Hand über die Stirne, rückte näher zu Doktor Roderich heran und überraschte diesen mit folgender Mitteilung.

»Lieber Doktor Roderich!«, sprach in ernstem, fast wehmütigem Tone der alte Herr. »Sie wissen, wie ich es von früher Zeit mit Ihnen und meiner Tochter gehalten habe. Ich betrachtete euch als ein Paar, und mein schönster Traum war dies. Aber ich wurde unsanft daraus erweckt. Eine unglückliche Spekulation hat mich neuestens in meinem Geschäfte dermaßen alteriert[1], dass ich den – Bankrott vor mir sehe! … Ein Defizit von nahezu zehntausend Talern weiß ich in keiner Weise zu decken. Sie werden fragen: Was hat dies mit Ihrer Stellung zu Eleonoren zu tun? – Das werden Sie sogleich erfahren. Vorgestern zeigte mir mein alter Geschäftsfreund, der enorm reiche Produktenhändler Mayers an, dass er seinen einzigen Sohn Josua, den er, wie er jetzt bedauernd einsieht, allzu eingeschränkt erzog, auf Reisen schickte, damit der Junge Selbstvertrauen gewinne, aber auch, um sich eine Frau zu suchen. Mayers erinnerte sich, dass ich eine – Tochter habe, und darum habe er seinen Sohn aus alter Freundschaft zuerst an mich adressiert. – Lieber Doktor, Sie begreifen! … Ich werde Leonore nicht zwingen, aber einer … günstigen Chance aus dem Wege zu gehen, verhindert meine verzweifelte Lage. Lassen wir die Dinge gehen wie sie gehen, und geben Sie sich vorläufig der Hoffnung hin, dass Leonore dem reichen Erben, der unter den besten Familien zu wählen hat, gar nicht zusagen werde!«

Mit diesem höchst zweifelhaften Troste für Doktor Roderich war die Sache vorläufig abgeschlossen.

Wir hatten die Liebenden eben getroffen, als sie von dieser Neuigkeit vollkommen bestürzt dasaßen.

»Wo sollen wir uns hinwenden, um Hilfe in unserer Not zu finden!«, jammerte der junge Doktor endlich vor sich hin.

»Der Himmel wird uns nicht verlassen!«, sagte Leonore vertrauensvoll und schmiegte sich an den Verzweifelnden.

---

[1] Geärgert, aufgeregt, empört.

»Der Himmel!«, rief erbittert der junge Mann. »Das hieße ebenso viel, als die Hilfe werde uns aus der Luft zufliegen!

»Vor allem muss ich dem aus der Luft geschneiten Herrn Josua gefallen! Hast du das vergessen!«, ermunterte ihn das Mädchen.

»Das wirst du leider nur zu gewiss!«, seufzte der junge Doktor.

»Wer weiß!«, rief Leonore mit einer Schalkhaftigkeit aus, welche sonst zu ihrer Eigenart gehörte, diesmal aber wehmütig gebrochen aus ihren feuchten Augen blickte.

»Wer weiß!«, wiederholte ärgerlich der Doktor. »Fast möchte ich glauben, du seist jetzt zum Scherze aufgelegt!«

»Du herzliebster Doktor!«, sagte Leonore und zog ihn an sich. »Du glaubst, es sei absolut unmöglich, dass ich ein Männerherz nicht gewinne!? Du Närrchen, du! Und wie wird es sein, wenn ich alles tue, damit mich dieser Herr Josua um keinen Preis will? ...«

Dabei sah das Mädchen den Doktor mit weit offenen Augen an, als wollte es damit die Größe des ausgesprochenen Gedankens andeuten. Der Doktor stierte sie ebenfalls mit großen Augen an, dann rief er, indem er ihr einen so lauten Kuss gab, dass die Sperlinge im nahen Gebüsch aufschreckten:

»Leonore, du Engel! Ich setze meine ganze Hoffnung auf dich, auf deine Treue, auf deinen Scharfsinn!«

Und nun sahen die beiden Liedenden wieder so frisch und wohlgemut aus, als wäre nicht noch vor Kurzem die schwärzeste Wolke über ihren Himmel gezogen! O du leichtbeschwingte Jugend! O du würzige Luft der Liebe!

Zweites Kapitel

Herrn Melchior Mayers, Firma: Mayers & Cie. in Fagerheim.

Lieber, guter Vater!

Ich suche Ihren geehrten Wunsch, wie Sie schon aus meinen früheren Zuschriften ersehen haben werden, zu erfüllen. Ich bin bereits mit Fräulein Leonore Wepenried so weit, dass ich sagen kann, ich bin bis über die Ohren in sie verliebt! Sie ist ein wahres Teufelsmädchen, und Sie, geehrter Vater, der Sie sich so oft über meine Langweiligkeit und Abspannung geärgert haben, würden Ihre Freude daran haben. Sie ist das personifizierte Quecksilber, ruhelos da und dort. Sie kehrt das Unterste zu oberst und reißt jeden, der in ihren Zauberkreis gerät, mit sich fort, er mag wollen oder nicht. Denken Sie sich nur, ich, der Tanzbär, wie mich Tante Mali zu nennen beliebt, ich habe Loren zuliebe tanzen gelernt! Ich habe Blut geschwitzt dabei, und das Mädel riss mich herum, dass ich mich wundere, wenn ich nicht in Stücke ging. Aber nicht genug an dem. Sie bestand darauf, dass ich das letzte Wettrennen in eigener Person mitmachte! Sie wissen, wie der Stallmeister Pincetti Ihnen erklärte, an mir sei Hopfen und Malz verloren, und wie ich im Galopp nicht anders reiten konnte, als mit um den Hals des Pferdes geschlungenen Armen! Sie können sich denken, mit welchen Gefühlen ich den Sport mitmachte; ich sah mich im Geiste schon mit gebrochenem Halse, aber ich ergab mich um des satanischen Mädels willen in mein Geschick; schweißtriefend, schnaufend hob man mich vom Pferde, und Lore lachte so schonungslos über die traurige Gestalt, die ich beim Forceritte[1] gespielt haben soll, dass ich nahe daran war zu sagen: »Den Dank, Dame, begehre ich nicht!«[2], aber sie reichte mir darauf ihre liebe kleine Hand mit so süßem Lächeln, dass ich ihr zu Füßen hätte fallen mögen, wenn ich nicht gefürchtet hätte, es würde etwas plump ausfallen, hauptsächlich aber, weil mir von dem Ritte – alle Glieder wehe taten! Vorher aber, was ich unter den vielen Herkules-Aufgaben, die ich aus Lores Wunsch zu erfüllen hatte, bald vergessen hätte, musste ich mit ihr eine Partie auf den nahen, dreitausendsiebenhundert Fuß hohen »Teufelskopf« machen! Lieber Vater, Sie kennen meine Idiosynkrasie[3] gegen das Bergsteigen! Ich brauche also nichts weiter zu sagen, als dass ich von der äußersten Felsenspitze des verdammten Teufelskopfes eine Alpenblume herabbrachte und drei Tage im Bette zubringen musste, um meine zerschundenen, braun- und blau- und blutrünstig tätowierten Glieder zu pflegen.

Ich fürchte nur, dass mich das Mädel, dem immer tausend Launen und Einfälle durch das Köpfchen zucken und spuken, noch in die verzweifeltesten Dinge verstricken werde, die meiner Natur so entgegen sind wie Feuer und Wasser. Denn offen gestanden, manchmal trieb sie's schon, wie Sie aus den kleinen Beispielen ersehen

[1] Eigentlich Parforceritt; ein Ritt mit Einsatz aller zur Verfügung stehenden Kräfte.
[2] Friedrich Schiller, *Der Handschuh*.
[3] Abneigung, Abscheu, Aversion.

haben werden, so arg mit mir, dass ich mit Vergnügen in die Luft gefahren wäre!

Aber nun leben Sie recht wohl, geehrter Vater, ich muss auf die – es ist, als träumte ich ein dämonisches Märchen! – Ich muss auf die – Schießstätte, um mich auf Lores Anordnung zum Schützen auszubilden! Wenn mein zartes Ohr nur das Krachen besser vertragen würde!

Ihr treu und dankbar ergebener Sohn
Josua.

Zum besseren Verständnis dieses Schreibens dürfte es nicht übel sein, dem geneigten Leser die Fotografie des jungen Mannes, genannt Josua, zukommen zu lassen.

Also nehmen Sie gefälligst Platz, bester Herr Josua! Als ein praktischer Novelist haben wir immer einen Taschenapparat bei uns. Unser Schreibtisch dient als Stativ. So, halten Sie sich nur ein klein wenig ruhig, Herr Josua, und bitte sehr, schneiden Sie keine Gesichter! Nur ganz ungezwungen! So, so ist's recht! … Da ist auch schon das Bild: Ich schmeichle mir, es ist gelungen.

So sehen Sie meine Herrschaften, Herrn Josua, wie er leibt und lebt!

Er ist von mittlerer Größe, hat einen Kopf wie ein riesig ausgewachsener Kürbis und harmoniert sein Vollmondgesicht völlig damit. Der Kopf hat kurz geschorene völlig schwarze Haare, dagegen ist der Anflug von Schnurr- und Backenbart von auffallender Rötlichkeit. Die Augen sind klein, aber etwas schief geschlitzt, die Nase eben nicht griechisch und neigt sich mehr dem slawischen Typus. Der Mund, meist halbgeöffnet, wäre nicht übel, wenn die Winkel nicht zu sehr herabgezogen erschienen. Aus diesem Gesicht sprechen, in sonderbarer Mischung von Lebenslust und Abspannung, kleinliche Empfindlichkeit und etwas stupide Gutmütigkeit, Aufmerksamkeit und Zerstreutheit. An diesen Kopf schließt sich ein kurzer Hals, der auf breiten, massiven Schultern steckt. Nun geht alles Übrige ins Schwere. Dicke wurstrunde Arme, hochgewölbte Brust, voluminöser Unterleib, breitspurig gestellte oder gestreckte Beine, alles von schwerem Kaliber, nur die Hände sind klein, vor allem die wulstigen Finger von lächerlicher Kürze. Dem wackeren Mann sieht man es auf den ersten Blick an, dass er lieber auf einem Fauteuil[1] lagert und

[1] Gepolsterter Armstuhl oder Armsessel.

dazu eine gute Zigarre raucht, als dass er etwa Ball spielt oder gar turnt. Wer nur ein bisschen Physiognom und Menschenkenner ist, dem wird es gewiss nicht einfallen, von Josua etwas zu verlangen, wozu Geschwindigkeit und Elastizität Bedingung wären.

Und nun stellen wir unseren Josua in den Rahmen seiner Erlebnisse.

Drittes Kapitel

In dem bedeutendsten Hotel der kleinen, aber lebhaften Stadt, in welcher unsere Geschichte spielt, war ein interessanter Fremder eingetroffen, ein hübscher junger Mann von feinen, geschmeidigen Manieren. Schon bei seinem Eintritte erregte er lebhafte Aufmerksamkeit, die sich sogleich steigerte, als die erste Konversation[1] zeigte, dass der neue Passagier ein Mann war[2], der weit in der Welt herumgekommen und von heiterem Sinne getragen. Am meisten Aufsehen machte es aber, als sich unter seinen Gepäckstücken eines von so ungeheurem Umfange zeigte, dass es auf einem Lastwagen vom Bahnhofe weggebracht werden musste. Natürlich machten sich die Müßiggänger der Stadt sogleich eifrig daran, sich über dieses Gepäckstück und seinen Besitzer ihre werten Köpfe zu zerbrechen. Die Vermutung des als scharfsinnig verrufenen, dummen Hotelhausknechts, das auffallende Paket enthalte Waren, und der Besitzer sei ein Händler[3] mit »Poselwaren[4]«, die hier »ausverkauft« werden sollen, fand am meisten Glauben, und es sahen deshalb bereits die einheimischen Kaufleute ergrimmt nach dem Hotel, indes der Präses[5] der Gemischtwarenhändler auch schon beim Bürgermeister erschien, um mit aller Entschiedenheit Einsprache zu erheben gegen das in Aussicht gestellte »fliegende« Etablissement[6] eines »fremden« Schwindlers.

Kaum war daher der Fremde ins Zimmer getreten[7], so legte ihm

---

[1] Gerede, Klatsch, Unterhaltung.
[2] Im Original steht »... dass der neue Passagier ein Mann der weit in der Welt herumgekommen, und von heiterem Sinne getragen.«
[3] Im Original steht »... und sei der Besitzer ein Händler ...«.
[4] Ware von geringem Wert, Ramschwaren.
[5] Vorsteher, Oberhaupt.
[6] Geschäft, Niederlassung.
[7] Im Original steht »Kaum war daher der Fremde nach ins Zimmer getreten ...«

der Garçon[1] auch schon den Meldezettel vor und reichte ihm in vornehm-zuvorkommender Haltung zierlich die eingetunkte Feder. Der Fremde lächelte und füllte die Rubriken des Zettels aus. Eilig stürzte der Garçon über die Treppe in den unteren Speisesaal, der diesmal von Gästen gefüllt war.

»Er ist ein Schiffer!«, meldete der Garçon, den Zettel in der Hand.

»Das kann ja nicht sein!«, schrie der Diurnist[2] der Polizei. »Der Mann sieht keinem Schiffer gleich! Lassen Sie den Zettel sehen! – Richtig, da steht ›Schiffer‹, aber noch etwas ist dabei: ... L-u-s-t ... Lustschiffer!«

»Sonderbar!« schüttelte der Sekretär des Polizeiamts den Kopf.

»Aber, meine Herren«, sagte ein Herr, der jährlich acht Tage in der Residenz zu sein pflegte, »das ist ja sehr einfach! Er ist Lustschiffer, d. h. Schiffer zu seinem Vergnügen, oder was man einen Rudersportsman nennt.«

Eine Viertelstunde darauf kam der Garçon mit einem riesigen Plakat aus dem Zimmer des Fremden. Es ward an die Wand geheftet und man las:

»Morgen 6 Uhr abends wird Herr Schnakmann aus London von hier aus eine Luftfahrt mit seinem Ballon unternehmen.«

»Ein Lu*f*tschiffer ist's«, schrie der Bürgermeister, »und kein Lustschiffer! ... Nicht einmal ordentlich lesen können Sie!«

Diese letzten Worte waren dem Diurnisten des Polizeiamts zugedonnert, welcher sich beschämt auf seine geröstete Leber niederbeugte, worüber die ganze Gesellschaft in Heiterkeit ausbrach, weil der gute Polizeischreiber wegen seiner Amtsgespreiztheit allgemein unbeliebt war und man ihm daher eine Demütigung von Herzen vergönnte.

Indes war Doktor Roderich eingetreten. Er grüßte, zog sich aber offenbar in nicht bester Laune – wir wissen, warum – in eines der kleinen Nebenzimmerchen zurück, wo eben nur zwei, drei Gäste an einem kleinen Tischchen Platz hatten.

Gleich darauf trat auch der Fremde ein, der Luftschiffer Schnakmann. Er grüßte in liebenswürdigster Weise und schien sich zur allgemeinen Befriedigung am großen Speisetische niederlassen zu wollen, als er einen Blick in das Nebengemach warf, sogleich in dasselbe

---

[1] Kellner; Bediensteter in der Gastronomie; hier aber im Sinne eines allgemeinen Bediensteten in einem Hotel gebraucht.

[2] Amtsschreiber, Protokollschreiber.

eilte und im nächsten Augenblicke an der Brust des Doktors Roderich lag.

Verwundert sahen die im Saale einander an und rückten nach und nach immer näher zur Türe des Zimmerchens heran, in dem sich offenbar jetzt zwei alte Bekannte gefunden hatten. Eben neigte der Polizeischreiber sein Ohr nach dem Gemache, als die Türe derselben plötzlich – zufiel.

»Das ist ärgerlich!«, sagte zwar niemand in dem großen Speisesaale, aber auf jedem Gesichte konnte man es lesen!

Viertes Kapitel

Doktor Roderich und der Luftschiffer, welche sich hier so unvorbereitet nach mehr als zehnjähriger Trennung trafen und von der Schule her in innigster Freundschaft zueinander standen, hatten sich, wie man denken kann, gar viel zu erzählen. Besonders der Luftschiffer hatte ein großes Stück seiner Biographie zu entwickeln, da er bei seinem lebhaften Wesen, seinem unruhigen Geiste ein abenteuerliches Leben geführt hatte. Er war Beamter bei einer Eisenbahndirektion gewesen, dann Reporter eines großen englischen Blattes, hierauf Schauspieler und Sänger und figurierte jetzt als Aeronaut. Bei dem Humor, mit dem er seine mannigfachen Erlebnisse zu schildern wusste, konnte es nicht anders sein, als dass seinem Jugendfreunde die Missstimmung, die ihn niederdrückte, völlig schwand. Aber nun kam die Reihe des Erzählens an ihn. Seine Geschichte war einfach. Er hatte sein Ziel, Doktor der Heilkunde zu werden, zu erreichen gehabt, war bisher noch zu keiner bedeutenden Praxis gelangt – und sah nun den Traum seiner Liebe zerrissen.

»Armer Roderich!«, sagte der Luftschiffer.

Der Bedauerte wusste nichts Besseres zu erwidern, als zu seufzen.

»Und das alles, weil dem Papa deiner Liebsten zehntausend Taler in der Kasse fehlen! Der Teufel soll doch das Geld holen, diesen Hauptsatan dieser dummen Welt«, rief der Luftschiffer ärgerlich aus.

»Damit ist aber nichts geholfen!«, brummte Roderich.

»Du hast recht, Freund! Man muss trachten, etwas dagegen zu tun!«, stimmte der Luftschiffer bei.

Doktor Roderich sah ihn fragend an.

»Ich weiß, du bist herzensgut«, sagte er, »aber bist du denn in so guten Verhältnissen, dass du wohltätig in mein Schicksal eingreifen könntest?«

Der Luftschiffer lachte laut auf.

»Leider bin ich's nicht! Wenn ich hier keine Geschäfte mache, sitze ich sogar ziemlich tief in der Tinte!«

Doktor Roderich ließ den Kopf sinken.

»Nur nicht den Mut verlieren, Freund!«, rief ihm der lebenskräftige Gefährte zu. »Ich baue auf die Klugheit deiner Lore. Sie scheint viel Esprit zu haben. Wenn dein Rivale noch so eigenartig ist, wie ich aus deiner Mitteilung entnehme, so ließ sich daraus vielleicht etwas spinnen! ...«

Die beiden Freunde sprachen lange noch, aber so leise miteinander, dass einige von der Philisterschaft[1] im großen Speisesaal ihr Projekt, durch Nähertreten an die Türe wenigstens einiges aufzuschnappen, absolut aufgeben mussten.

»Wir wollen morgen sehen, ab die Papiere des Herrn Luftschiffers in Ordnung sind!«, sagte der Bürgermeister mit bedeutungsvoller Miene und gab dann mit seiner Entfernung das Zeichen zum allgemeinen geräuschvollen Aufbruch.

Fünftes Kapitel

Die erste Auffahrt des Luftschiffers – der sich nebenbei vor dem gestrengen Amte glänzend legitimiert hatte – fiel sehr glücklich aus. Nicht verfehlen konnte es dabei, dass Doktor Roderich, der die Fahrt mitgemacht hatte, Gegenstand des Stadtgesprächs wurde. Schon am nächsten Tage ward er zu Krankenbesuchen aufgefordert, die er niemals zu erwarten so kühn gewesen wäre. Er war mit einem Male ein interessanter Mann geworden, während man bisher kaum von ihm Notiz genommen hatte. Ohne es gewollt zu haben, wirkte jetzt eine Reklame für ihn, von der man sagen konnte, sie sei ihm aus der Luft gekommen.

Leonore, welche in Doktor Roderichs Luftfahrt ein Symptom äußerster Verzweiflung gesehen und mit Herzklopfen die Rückkunft der Luftreisenden erwartet hatte, war über den Erfolg freudig erregt und voll von gesteigertem Übermut.

[1] Hier im Sinne einer spießbürgerlichen Gruppe gebraucht.

»Nun muss Josua auch in die Luft fahren!«, fuhr es plötzlich durch ihr Köpfchen. Sie klatschte über diesen Gedanken in die Hände. »Dazu wird sich doch der feige, schwerfällige Mensch nicht entschließen«, triumphierte sie, »dann schmolle ich so lange, bis er es endlich satt kriegt und sich eine andere, weniger ›fantastische‹ Braut sucht!«

Mein liebes Lorle! Ob du nicht zu früh triumphierst?

Selbstverständlich war Josua nicht wenig frappiert von der Zumutung, er solle die nächste Luftfahrt mitmachen! Am Anfang[1] hielt er die Sache für einen lustigen Einfall, und er entschloss sich, darüber zu scherzen. Als aber nicht mehr zu verkennen war, dass es Lores vollkommener Ernst war, da sträubte sich alles in ihm dagegen; ja wenn er daran dachte, fühlte er sogar seine Haare sich emporsträuben. Mehrmals war er bereits so weit, dass er seine Sachen in die Koffer packen wollte, um kurz und gut die Stadt zu verlassen und seine Beziehungen zu der kleinen Wetterhexe abzubrechen. Aber immer wieder erfasste ihn seine unglückselige Neigung zu Lore mit erneuter Gewalt, und so kam es endlich, dass Herr Josua sich mit einer wahren Verzweiflungs-Energie zu dem Wagstück entschloss. An einem der nächsten Tage erschien denn der arme Verliebte in dem Raume, der zur Auffahrt bestimmt war. Er war bleich, und seine Wangen hingen schlaff herab. Scharfe Beobachter wollten ein leises Frösteln an ihm bemerkt haben. Er hatte, obwohl es wärmstes Wetter war, seinen Reisepelz von echtem Zabel mitgenommen, weil ihm wirklich kalt war und er in den höheren Luftschichten auf großen Frost rechnen zu müssen glaubte. Außerdem war er mit einem riesigen Doppelperspektiv[2] versehen, aber wohl nur zum Scheine, denn er wusste nur zu gut, dass er keinen Blick aus der Gondel hinauszutun sich vorgenommen hatte, und zwar aus Furcht vor Schwindel. An einer Schnur hing ihm eine kolossale Zigarrentasche. Ihr Inhalt war bestimmt, ihn in eine beständige Rauchwolke zu hüllen, um so wenig als möglich von dem ungeheuren Äthermeere zu sehen. Sein Hut war ums Kinn mit einem Riemen festgeschnallt, außerdem war er noch mit anderen Riemen in der Hand versehen, über deren Zweck sich niemand klar werden konnte. Aber als er auf ein gegebenes Zeichen mit einem tiefen, tiefen Seufzer und einem schmerzlich-

[1] Im Original steht »Im Anfang …«

[2] Handliches, zusammenschiebbares Fernrohr.

vorwurfsvollen Jammerblick auf die anwesende »böse Lore« in die Gondel stieg, flüsterte er dem Luftschiffer etwas zu, worauf dieser lächelte und seinen Mitreisenden, offenbar auf dessen Wunsch, mit dem Lederriemen mehrfach an die Gondel schnallte. Diese Prozedur rief im Publikum allgemeines Gelächter hervor. Josua hätte weit lieber in die Erde sinken, als in die – Luft fahren mögen.

Endlich erhob sich der Ballon, die Stricke, die ihn noch hielten, wurden losgelassen, und stolz hob sich das Luftfahrzeug. Beifall begleitete die Reisenden, während Josua leise murmelte:

»Der Teufel soll euch alle da unten holen!«

Bisher war der Luftschiffer sehr freundlich gewesen, aber je höher sie kamen, je finsterer ward sein Gesicht! Immer mehr zog er seine Stirne in drohende Falten und seine Augen rollten unheimlich in ihren Höhlen. Natürlich war Josua nicht wenig bestürzt über diese unverkennbare Veränderung, die mit dem Luftschiffer vorgegangen war. Seine Beängstigung ward immer mehr gesteigert, als sein Luftführer gar keine Notiz von ihm nahm. Auf einmal wandte sich der Aeronaut mit den sonderbaren Worten an ihn:

»Mein Herr hängen Sie sehr am Leben?«

Josua war über diese Frage total perplex. Die hämische, dämonische Art, mit der sie vorgebracht worden war, hatte den armen Josua überzeugt, dass der Luftschiffer plötzlich verrückt geworden sei[1]. Josua vermochte vor Entsetzen kein Wort hervorzubringen.

»Sehen Sie die schwarze Wolke über uns?«, frug ihn nach einer schrecklichen Pause der Luftschiffer.

Josua vermochte nur mit dem Kopfe zu nicken.

»Das ist eine stark geladene Gewitterwolle!«, fuhr der Aeronaut mit fürchterlicher Ruhe fort. »In die Wolke fahren wir direkt hinein!«

Josua sah ihn starr an, als wäre er soeben vom Blitze getroffen worden.

»Aber da … können wir ja … elend zugrunde gehen!«, stammelte er endlich.

»Und was liegt daran?«, entgegnete ihm der andere mit frostigem Hohn.

»Erlauben Sie«, fuhr Josua auf, »mir liegt sehr viel daran! …«

»Bedauere! Jetzt ist es zu spät!«, brummte der Luftschiffer, – worauf er Josuas Pelz aus der Gondel warf.

[1] Im Original steht »… verrückt worden sei.«

»Er ist unnötig und zu schwer«, erklärte er.

»Mein kostbarer Zobelpelz!«, jammerte Josua leise.

Nun warf der Luftschiffer mehrere Sandsäcke aus, worauf der Ballon sogleich rapid höher stieg.

»Um Gottes willen!«, schrie Josua. »Wir steuern ja direkt in die Wolke!«

»Das will ich ja!«, antwortete ruhig der andere und machte Miene, die Gondel noch weiter zu erleichtern. Das war dem armen Mitreisenden zu viel. Er wollte aufspringen und mit seiner überlegenen Kraft den Verrückten bändigen, aber er konnte nicht, – denn er war unglücklicherweise festgeschnallt!

»Aber«, begann hier mit aufgeregter, bebender Stimme der Aeronaut, »aber ich hatte mich doch verpflichtet, Ihnen zu sagen, warum ich den Tod suche. Ich liebe ein Mädchen; sie kann aber nicht die Meine werden, weil mir nach der Bedingung des Tyrannen von einem Vater ein Vermögen von zehntausend Talern fehlt. Ohne sie sterbe ich lieber[1]!«

»Ich mische mich nicht in Ihre werten Angelegenheiten«, wagte Josua zu erwidern, »aber wie komme ich dazu, mit Ihnen zu sterben, der ich gestern noch gar nicht die Ehre hatte, Sie zu kennen!«

Hier war Josuas Stimme so kläglich geworden, dass der Luftschiffer Mitleid mit ihm zu bekommen schien.

»Es ist wahr«, sagte er, »ich hätte Sie früher von meiner Absicht unterrichteten sollen, aber ich fasste so den Gedanken erst, als wir schon hoch in der Luft waren!«

»Wenn Sie zehntausend Taler haben, wollen Sie dann nicht mehr sterben?«, fiel ihm Josua plötzlich ein.

»Gewiss nicht!«, erwiderte der Luftschiffer und sein Gesicht klärte sich auf.

»Dann nehmen Sie hier meine Brieftasche!«, rief Josua eiligst. »Es sind gerade zehn Stück Bankbillets à tausend Taler. Er ist mir ein Vergnügen, sie Ihnen zum Geschenk zu machen!«

»Mein Lebensretter! Mein Wohltäter!«, schrie der Luftschiffer an der Brust des großmütigen Reisegefährten.

»Nicht der Rede wert!«, bemerkte Josua, dem es wirklich nicht darauf ankam, ob sein Vater noch ein Paket Bankbillets für ihn verwende.

---

[1] Im Original steht »Ohne ihr sterbe ich lieber!«

»Aber nun bitte ich sehr, öffnen Sie das Ventil, dass die ganze verteufelte Luft aus dem Ballon entfliehe, und dass wir so schnell als möglich wieder auf die liebe, liebe Erde kommen!«

Mit großem Geschicke operierte der Luftschiffer sogleich nach Josuas Wunsch. In einer Viertelstunde waren sie, zwei Bahnstationen vom Orte der Auffahrt entfernt, ungefährdet wieder auf der Erde. Eben war im nahen Bahnhof ein Zug zur Abfahrt nach Josuas Heimat bereit. Von ganzer Seele froh, erreichte Josua noch den Zug, und wenige Minuten später fuhr dieser mit dem ein übers andere Mal glücklich Aufatmenden davon.

Roderich und Lore wurden ein Paar, denn die aus der Luft gekommenen zehntausend Taler halfen dem Vater Wepenried aus der bösen Verlegenheit. Josua aber verzichtete auf jede fernere Selbstwahl einer Braut, woran er sehr wohl tat, denn, wie Figura[1] zeigte, besaß er viele Anlagen zu einem – Pantoffelhelden. Der Luftschiffer hingegen hatte sein schauspielerisches Talent bei der Posse in der Luft, die er für seinen Freund ersann und ausführte, wieder so mächtig erwachen gefühlt, dass er die Gondel mit dem Thespiskarren[2] vertauschte, auf dem er noch heute mit Erfolg durchs lustige Leben fährt. Josuas Zobelpelz wurde aufgefunden und beim Luftschiffer Schnakmann abgegeben. Dieser sandte ihn mit nachfolgenden Zeilen an Josua:

Verehrter Herr!
Anbei Ihr kostbarer Pelz. Leider fand er keine Gelegenheit, Ihnen so warm zu machen, wie es mir gelang! Verzeihen Sie mein Spiel! Es galt, zwei Liebende glücklich zu machen. Diese Erinnerung wird Sie Ihr Leben lang mehr erwärmen, als es jemals Ihr Zobelpelz vermag!

Ihr ergebener
Schnakmann, Aeronaut und Komödiant.

»Dafür kostet er auch – zehntausend Taler!«, notierte Josuas Vater mit Bleistift auf den Zettel.

---

1 Die äußere Gestalt.

2 Wohnwagen wandernder Schauspieler; benannt nach dem griechischen Tragödiendichter Thespis, der der Überlieferung zufolge seine Stücke auf einem Theaterwagen aufführte.

Höllenqualen am Ballon

Eine Erzählung von Eugène Mouton,
aus dem Französischen übersetzt von Gerd Frank

Einer meiner Freunde, der aus Cochinchina[1] zurückgekommen war, wohin Frankreich noch keinen Fuß gesetzt hatte, speiste eines Tages bei mir: Ich hatte Cougourdan eingeladen.

Wie üblich bestritt der Neuankömmling im Wesentlichen die Unterhaltung. Er beschrieb uns die siamesischen Sitten und kam auch sofort auf die Martern zu sprechen, die – wie man weiß – eine der Besonderheiten dieses Volkes darstellen.

Wenn sich irgendein unheilvoller Einfall in eine Unterhaltung einschleicht, dann ist es – wie Sie wissen – meist sehr schwer, ihn wieder zu vertreiben. Es ist vergeblich, denn eine Art geheimnisvoller Anziehungskraft bringt ihn immer wieder zurück. Ich tat mein Bestes, um unseren Tischgesprächen eine fröhlichere Wendung zu geben, doch ich erreichte lediglich, dass der Sprecher sich nur noch lebhafter äußerte.

Verzweifelt hatte ich Zuflucht bei dem würdigen Kapitän gesucht, der – ohne ein Wort zu sagen – unentwegt seine Zigarre rauchte; es sah so aus, als würde er mit sehr großem Interesse zuhören.

»Na, Kapitän, was sagen Sie zu diesen Freundlichkeiten? Das sind Geschichten, welche diejenigen, die sie hören, vor Entsetzen verrückt machen. Und wenn ich sehe, was Menschen alles anstellen, um ihresgleichen leiden zu lassen, dann muss ich erkennen, dass es noch besser ist, wie Sie zwischen die Pfoten eines Gorillas zu geraten oder an einen Kraken, statt einem Menschen in die Hände zu fallen.«

»Da haben Sie Recht«, sagte er. »Und ich, der ich mit Ihnen spreche, werde noch dazu bezahlt für dieses Wissen.«

»Sind Sie etwa Siamesen in die Hände gefallen?«

»Nein, sondern in die Hände eines meiner Feinde. Und das war ein

[1] Alte Bezeichnung für Süd-Vietnam und Teile des östlichen Kambodscha. Zwischen 1853 und 1964 wurde das Gebiet allerdings zur französischen Kolonie. *(Anm. d. Übers.)*

Weißer und ein Christ dazu; er hat mich auf eine Art und Weise behandelt, dass Ihre siamesischen und cochinchinesischen Qualen nur ein Kitzel sind, im Vergleich zu dem, was er mich leiden lassen hat.«

Die Überraschung und das Interesse, das ich dem entgegenbrachte, was dem Kapitän widerfahren war, ließen mich vergessen, dass ich das Gespräch ja eigentlich hatte verändern wollen. Ich konnte nicht verhindern, zu Cougourdan zu sagen: »Erzählen Sie doch …!«

Und er erzählte:

»Mein lieber Freund, man kann sich gar nicht vorstellen, was ein Seemann für ein Leben führt. Wenn es nur das Meer allein wäre! Aber man überquert es und alles geht gut. Man hört nicht auf, Trossen[1] zu schleppen, man lädt seine Fracht aus, es gibt keinen Seeschaden. Man nimmt wieder Ladung an Bord, steckt seinen Frachtbrief in die Tasche, die Fracht ist gut, die Besatzung auch. Man klopft sich auf den Bauch und sagt sich: Marius, alles ist gelungen, mein Junge!

Aber falsch gedacht! So was kommt immer von der Seite, von der man es nicht erwartet. Und dann – bums! Fang's auf, Matrose! Dann fällt dir ein Ziegelstein auf den Kopf, so groß wie ein Haus!

So etwas ist mir passiert in Mobile[2] am 13. November 1832, gegen acht Uhr morgens. Und was mich betrifft, so werden Sie gleich erfahren, ob ich das hätte erwarten können. Das Gebäude stand am Kai, ich war mit dem Land nur durch ein einfaches Brett verbunden. Wenn ich mein Schiff verließ, war ich fast immer allein. Denn meine Besatzung war – außer zwei Männern, die an Bord Wache schoben – in der Stadt oder in der Umgebung unterwegs.

Es war nicht sehr heiß, ich hatte zwei Stunden Zeit bis zum Frühstück und so sagte ich mir: ›Und wenn du nun deinen Spediteur besuchen würdest?‹ Und dann ging ich tatsächlich, um meinen Spediteur zu besuchen. Dieser Geschäftsmann, der aus Marseille stammte und den ich gut kannte, wohnte außerhalb der Stadt, in einer Entfernung von etwas weniger als einer halben Meile.

Man gelangte flussaufwärts dorthin, am Ufer entlang, über eine von Bäumen beschattete Straße, die von Landhäusern und Gärten gesäumt war. Ich hatte ungefähr ein Drittel des Weges zurückgelegt, ohne dass mir jemand begegnet wäre, außer einem Mann – es war eine Art Riese, der rothaarig war. Er war gekleidet wie ein Jäger und

---

1 Lange, starke Schiffstaue. *(Anm. d. Hrsg.)*

2 Hafenstadt in Alabama (USA). *(Anm. d. Hrsg.)*

hatte – seit wir die Stadt verlassen hatten – den gleichen Weg eingeschlagen wie ich. Er hatte mich ein- oder zweimal überholt, war dann aber wieder zurückgeblieben, und in diesem Augenblick näherte er sich mir erneut.

Ich begann ungeduldig zu werden, zumal man – wie Sie wissen – in diesem Land immer auf der Hut sein sollte. Ich drehte meinen Kopf beim Gehen deshalb auf seine Seite und wie beiläufig legte ich meine Hand auf meine Pistole. Dabei senkte ich den Kopf, um mich zu vergewissern, dass mein Dolch an meinem Gürtel hing.

Ich hatte nicht mehr die Zeit, den Kopf zu heben, mein lieber Freund, sondern fiel wie ein Ochse um, halb erwürgt von einem Lasso, das mir der Elende um den Kopf geworfen hatte, ohne dass ich mitbekommen hätte, woher er es geholt hatte. Ich fuhr mit meinen Händen an den Hals, während mich der Strolch in einen Garten zerrte; eine Tür wurde geschlossen und ich verlor das Bewusstsein.

Als ich wieder zu mir kam, saß ich auf einem Stuhl, Arme und Beine waren frei, in der Mitte eines mit Blumen bepflanzten Gartens. Vor mir stand eine Gruppe Männer mit finsteren Gesichtern, unter denen ich einen großen Spitzbuben, einen amerikanischen Matrosen, erkannte, der während einer Überfahrt vor drei Jahren beinahe meine Besatzung zum Aufruhr verführt hätte. Aber er hat sie nicht ins Paradies geschafft, denn ich habe ihn vorher mit dem *Hafenbecken* und dann, um ihn wieder herauszuholen, unmittelbar danach mit dem *Trockendock* bestraft.

Sie wissen wohl nicht, was das bedeutet. Beim *Hafenbecken* bindet man die Leute der Länge nach an eine Stange, zieht sie mit einem Seil bis ans Ende der großen Rahe hoch und lässt sie dann aus dieser Höhe dreimal ins Wasser fallen, wobei sie unter den Kiel geraten. Bei der *Trockendockvariante* lässt man sie dreimal auf das Deck fallen.

Er hatte um Gnade gefleht, war wie ein Kind auf meinen Schoß gesprungen, doch alles geschah, wie es geschehen musste, denn ich sage niemals etwas, was ich dann nicht auch tue. Als er zum dritten Mal aus dem Wasser kam, war er verrückt vor Angst und Wut. Als man beim *Trockendock* anfing, ihn hochzuhieven, stieß er derart schreckliche Schreie aus, dass die ganze Mannschaft zitterte. Ich sah selbst zwei oder drei Männer, die so aussahen, als ob sie zu heulen anfangen wollten. Aber ich sah sie nur an, und so dauerte das nicht lange, das versichere ich Ihnen.

Und dann drohte er mir, aber wie; es waren Drohungen, die ich in meinem ganzen Leben noch nie gehört hatte. Wie Sie sich gut vorstellen können, habe ich nur mit den Schultern gezuckt, was mich aber nicht daran hinderte, ihn während der gesamten Überfahrt stets im Auge zu behalten. Aber er verrichtete seinen Dienst, ohne sich einer einzigen Strafe auszusetzen.

Am Ende unseres Unternehmens, als wir in Le Havre gelandet waren, kam er sehr respektvoll, den Hut in der Hand haltend, auf mich zu, um seine Abrechnung zu erhalten. Aber als er mir eine Quittung gegeben und sein Geld eingesteckt hatte, setzte er seinen Hut wieder auf, packte mein Handgelenk und sagte: ›Jetzt, da Sie keinerlei Macht mehr über mich haben, Kapitän, möchte ich Ihnen einen guten Rat geben: nämlich danach zu trachten, dass Sie mir mit Ihrer *Bonne Mère* nie außerhalb Frankreichs begegnen!‹

Dann ging er langsam davon, wobei er mir die Blicke einer Viper zuwarf. Seit damals habe ich mich nicht mehr darum gekümmert, was aus ihm geworden ist; im Übrigen hatten alle meine Männer seine Beschreibung mit der Weisung erhalten, sich sofort über ihn zu informieren, sobald wir irgendwo von Bord gingen. Ich meinerseits passte auch auf, denn ich wusste, dass er zu allem fähig war. Aber ich konnte mich natürlich nicht nur um ihn kümmern.

Und dann, wissen Sie, vergisst man schließlich auf die Dauer, und das, obwohl ich in Großbuchstaben auf die erste Seite meines Notizbuches, an den Rand meines Bordbuches und auf die Umschläge aller meiner Seekarten geschrieben hatte: ›Auf den Amerikaner aufpassen!‹

Auch als ich ihn dann dort sah, umgeben von seinen Schlägern, habe ich mich nur über eine Sache gewundert, nämlich dass er noch am Leben war. Aber ich begriff, dass es um mich kaum besser bestellt war.

›Kapitän Marius Cougourdan‹, sagte er zu mir und grinste dabei wie ein Satan, ›erinnern Sie sich noch an mich?‹

›Das ist doch gleich, ganz gleich, Sie wollen mich umbringen, das sehe ich, beeilen Sie sich! Aber Sie sind ein Feigling, hören Sie? Und ich verabscheue Sie. Sie machen mir keine Angst! Vorwärts, ihr Schurken, schießt doch!‹

Und indem ich ganz aufstand, wollte ich auf sie zugehen. Da spürte ich, wie sich etwas um meinen Rücken legte und zusammenzog. Ich drehe mich um, ich hebe den Kopf und sehe, dass ich an einen riesigen Ballon gebunden werde, der von vier Seilen gehalten wurde, die um Bäume gewunden waren.

Mein lieber Freund, wenn man wie ich auf allen Meeren, und zwar auf allen Seiten des Globus herumgekommen ist, dann fürchtet man den Tod nicht mehr, das können Sie mir glauben: Ich habe sehr Viele und auf zahlreiche Arten sterben sehen! Oft habe ich mir gesagt: Schauen wir mal, wie du enden wirst, vielleicht morgen, vielleicht sogar heute Abend! Aber ich gestehe, dass ich mich plötzlich vollständig hilflos gefühlt habe. Mein erster Gedanke war, dass sie mich hängen würden, und ich spürte eine Anwandlung von Grauen.

›Elende Kerle! Ihr werdet mich doch zumindest nicht hängen? Ihr wisst genau, dass man nur Diebe oder Verräter hängt, und ich habe alles, was ich auf dieser Welt getan habe, in offenem Kampf und ohne Feigheit getan!‹

Der Amerikaner trat einen Schritt nach vorne und ergriff das Wort: ›Kapitän Cougourdan, die Strafe, die Sie erleiden werden, ist meine Erfindung und mit keiner der auf Erden bekannten Qualen zu vergleichen. Drei Jahre habe ich aufgrund Ihres Befehls zu Unrecht gelitten, denn ich bin unschuldig zu den zwei schrecklichsten Strafen, die man auf See anwendet, verurteilt worden. Tage und Nächte habe ich damit zugebracht, zu überlegen, welche Art von Folter ich erfinden könnte, um Ihnen durch Qualen, von denen die Geschichte der Grausamkeit des Menschen kein einziges Beispiel liefert, den Tod zu bringen. Jetzt habe ich das hier gefunden.‹

Und er zeigte auf den Ballon.

›Sie brauchen sich nicht‹, sagte ich zu ihm, ›so viel Mühe zu machen, um mir Ihr Vorhaben zu erklären. Es ist doch klar: Sie wollten mich, Sie haben mich, ich kann mich nicht verteidigen … Ach, du milliardenfaches Donnerwetter; Blitz und Donner[1]! Wenn ich dich nur fünf Minuten auf der Brücke der *Bonne Mère* hätte, dich und deine Schläger! Oh, du Ärmster! Ich würde dich schön aussehen lassen, du elender Kerl, der du bist! Feigling, Tiger, Krokodil! Du bist verflucht, hörst du! Und du wirst in der Hölle braten wie ein Hund, hörst du! Ich werde es sein, der den Bratspieß dreht und dich mit sauren Essig bespritzt, hörst du!‹

›Todgeweihter‹, sagte der Amerikaner in feierlichem Ton, ›ich glaube, dass ich meine Christenpflicht erfülle, indem ich Sie ermah-

[1] Der im Original verwendete Ausdruck »*trooûn de l'air*« ist provenzalisch und veraltet; gelegentlich wurden auch »*trounne de l'air*« oder »*tron de l'er*« verwendet. Eine direkte Übersetzung ergibt keinen Sinn; ins Deutsche wird der Ausdruck am besten mit »Blitz und Donner« übertragen. *(Anm. d. Übers.)*

ne, daran zu denken, dass Sie in ein paar Stunden oder höchstens in einem oder in zwei Tagen vor dem Obersten Richter stehen werden, und es ist schlimm, Sie darauf vorzubereiten, dass ich Sie im Zustand der Wut und der Gotteslästerung verlassen muss. Denken Sie lieber daran zu bereuen und erinnern Sie sich immer nur an eines, dass wir nämlich alle Brüder in Jesus Christus sind.‹

›Heuchlerisches Ungeheuer!‹, schrie ich ihn an, ›du beleidigst meinen Gott, wenn du seinen heiligen Namen mit dem Mord, den du begehen wirst, vermengst.‹

›Das ist kein Mord‹, entgegnete er lebhaft, ›sondern die Ausführung eines korrekt ausgesprochenen Urteils nach dem Lynchgesetz. Die Männer, die Sie hier sehen, sind amerikanische Staatsbürger und meine Freunde, und dies hier geschieht aufgrund des Schuldspruches für alle diejenigen, die Sie bestraft haben.‹

Der Amerikaner senkte den Kopf, wie um seine Gedanken zu sammeln. ›Ich will, dass Sie danach total erschöpft sein werden, also muss das, was ein Mann aushalten kann, im Rahmen des Möglichen sein; hierfür ist es notwendig, dass Sie im Voraus wissen, was da auf Sie zukommen wird. Fürchten Sie nicht, dass Sie schnell sterben werden! Sie haben sofort gefragt, ob wir Sie hängen werden: Ach was, das wäre ja, wie wenn sich ein Kind rächen würde.

Ich hätte Sie zerstören oder unter der Peitsche verenden lassen oder einer dieser chinesischen Foltern aussetzen können, deren einziges Ziel die Verursachung einer Gänsehaut ist: Aber das hätte mir nicht genügt; ich habe etwas Besseres gefunden. Ohne einen einzigen Tropfen Ihres Blutes zu vergießen und Ihnen ein einziges Haar auf Ihrem Kopf zu krümmen, werde ich Sie dem Entsetzen und Angstzuständen aussetzen lassen, die in der Geschichte des menschlichen Leides ganz unerhört sind.‹

›Ich habe keine Angst vor dem Schmerz‹, sagte ich. ›Kein lebender Mensch kann sich rühmen, mir Angst machen zu können, und auch du wirst diese Ehre nicht haben, Schurke, der du bist!‹

Die Wahrheit, mein lieber Freund, war, dass ich mich äußerst beunruhigt fühlte. Er schien sich seiner Sache sehr sicher zu sein, und überhaupt hatte dieser Ballon etwas so Merkwürdiges und auch Geheimnisvolles an sich, dass ich gegen meinen Willen die Farbe wechselte. Er bemerkte es und ich sah in seinem Gesicht ein teuflisches Lächeln der Befriedigung.

›Vorwärts!‹, sagte er sanft. ›Ich sehe mit Vergnügen, dass Sie sich dafür zu interessieren beginnen, wovon ich gesprochen habe. Sie können einen Vorteil daraus ziehen, indem Sie sich um Ihr Seelenheil kümmern, solange Sie noch die nötige Geistesgegenwart besitzen.‹

›Lass meine Seele zufrieden, Elender, und statt so viel zu schwätzen, bring mich einfach sofort um, damit das hier ein Ende hat!‹

›Oh, oh, mein tapferer Kapitän, verlieren Sie schon die Geduld? Beunruhigen Sie sich nicht und fürchten Sie nicht, dies hier zu überstehen. Aber lassen Sie mir Zeit, meine Rache auszukosten und Ihnen die notwendigen Erklärungen zu geben, um auch Ihnen Genuss zu verschaffen, in Form der entsetzlichen Todesart, die Sie erleiden werden.

Sie sind mit einem soliden Seil aus Bisonleder gefesselt, und zwar unter einem Ballon, der mit Gas gefüllt ist. Die vier Seile, die ihn halten, werden sofort auf mein Kommando gelöst, und dann wird er hochsteigen und sie in die Luft tragen. Er wird steigen, bis er durch die Abnahme des atmosphärischen Druckes erschlaffen und explodieren wird, um Sie dann aus einer Höhe von fünfzehn- oder zwanzigtausend Fuß fallen zu lassen.

Sie werden vor allem spüren, wie sich Ihre Füße von der Erde lösen, dabei haben Sie das Gefühl, beinahe die Grasspitzen zu berühren. Ihre Arme und Beine bewegen sich in der Luft und von Sekunde zu Sekunde wird Ihr Körper über dem tiefsten Abgrund schaukeln. So werden Sie sich vom luftleeren Raum angezogen und aufgesogen fühlen; Schrecken, Kälte, Lähmung und Angstzustände, die alle gleichermaßen entsetzlich sind, werden Sie stundenlang zwischen Leben und Tod schwanken lassen.

Dann werden Sie endgültig abreisen; vorher bleiben Ihnen ein paar Augenblicke, damit Sie sich von der Erde verabschieden können. Blicken Sie auf diese Bäume und Blumen, diese schöne Landschaft und vor allem diesen grünen Rasen, auf dem man so gut wandern kann: In kurzer Zeit werden Sie all das hinter sich lassen und es nie mehr wiedersehen.‹

Auf ein Zeichen, das er gab, lösten vier Männer die Seile, welche den Ballon festhielten, und alle setzten sich, auf den nötigen Abstand achtend, langsam in Bewegung. Eine plötzliche Erschütterung ließ mich das Gleichgewicht verlieren, doch wurde ich von dem – bereits befestigten – Seil gehoben.

Hierauf begann eine Szene, bei der mir bereits die Erinnerung eine Gänsehaut verursacht. In der Verschiebungsbewegung, die sich auf ihn übertrug, stieg der Ballon hoch, senkte sich aber immer auch ein wenig, sodass das Seil, das mich hielt, mal zu kurz und mal zu lang war. Das hatte zur Folge, dass ich hin und her gestoßen wurde, stolperte und mich um mich selbst drehte; ich zerrte nach vorne, nach hinten, nach links, nach rechts und verlor den Boden unter den Füßen; dann knickte ich immer wieder mit den Beinen um; schließlich hüpfte ich jämmerlich am anderen Ende des Seils wie eine Marionette herum.

Als diese Unmenschen das sahen, fingen sie an zu lachen, wobei sie die Hände auf ihre Rippen legten; dann lachten sie aus vollem Halse, sodass ich einen Augenblick lang die Hoffnung hegte, dies sei ganz einfach nur ein schlechter Scherz und sie würden sich anschicken, mich loszulassen. Aber das Gesicht des Amerikaners erlaubte mir nicht, mich lange dieser Täuschung hinzugeben: Er kratzte sich das Herz, wie um es sich vor lauter Freude herauszureißen, seine Nasenflügel öffneten und schlossen sich zischend und er stieß Schreie aus wie ein wildes Tier.

Nachdem er dieses Schauspiel voll genossen hatte, schrie er wild: ›Haltet ein!‹

Die vier Männer hielten an und standen wieder auf festen Füßen; ich stand ebenfalls wieder. Er rief zunächst einen seiner Schläger, der sich mit einem Einkaufsnetz, in dem sich eine große Flasche, ein riesiges Roastbeef und ein Brot befanden, näherte. Zwei Männer kamen und packten mich jeder am Arm, und während dieser Zeit hängte der Dritte das Netz an meinen Gürtel, der um meinen Körper geschlungen war.

›Da ich nicht weiß‹, sagte der Amerikaner, ›wie viel Zeit Sie benötigen werden, um zu sterben, wäre ich untröstlich, wenn dies aufgrund von Hunger oder Durst geschähe. Hier haben Sie genug zu essen und zu trinken für drei Tage. Abgesehen davon gibt es nichts zu trinken: Es ist nur Wasser und etwas Branntwein darin, um Ihnen Kraft zu verleihen und Ihr Leben zu verlängern. Vertrauen Sie jetzt Ihre Seele Gott an; Sie werden hier etwa eine halbe Stunde bleiben, um sich auf Ihre Qualen vorbereiten zu können.‹

Mein lieber Freund, nur die Hölle allein könnte Ihnen eine Vorstellung davon geben, was diese halbe Stunde betraf. Ich versichere Ihnen: Falls ich in meinem Leben irgendwelche größere Sünden begangen haben sollte, so hätte ich sie in der restlichen halben Stunde durch mein Leid gewiss gesühnt.

Endlich blickte der Amerikaner auf seine Uhr.

›Löst ein Seil!‹, rief er.

Und das erste Seil wurde losgebunden und fiel auf den Boden.

›Noch eins! Noch eins!‹

Und der Ballon, jetzt nur durch das letzte Seil gehalten, fing an, hin und her zu schaukeln.

Die vier Männer standen noch immer da …

Nun kam der Amerikaner langsam, wie wenn er sich ein letztes Mal an meinem Todeskampf erfreuen wollte, mit kleinen Schritten näher; an seiner Seite war einer seiner Freunde, als er seine Kerle rief. Er blieb so dicht vor mir stehen, dass er mich hätte berühren können. Ich hätte ihm gern den Hals umgedreht, doch sagte ich mir: Wer weiß? Vielleicht gibt es ja doch einen Hauch von Mitleid in seinem Herzen: Wenn ich eine Bewegung mache, gibt es nur ein Wort zu sagen – und er sagt es …

Plötzlich, wie von der Feder geschnellt, hebt er den Kopf, wirft mir einen triumphierenden Blick zu, gibt das Zeichen, das letzte Seil zu lösen und sagt mit einem Lächeln, zu dem nur der Beelzebub allein imstande ist: ›Gute Reise, Kapitän Marius Cougourdan! Jetzt sind wir quitt!‹

›Noch nicht ganz, mein Bester!‹, schrie ich. Und indem ich fest seine Hand packte, hievte ich ihn mit mir empor. Er schüttelt sich, er versucht, meine Finger gewaltsam zu öffnen, sieht aber, dass es unnütz ist, und in dem Moment, als der Ballon hochzusteigen beginnt, hat er kaum Zeit, die Hand seines Freundes zu packen, der – wie ich schon sagte – neben ihm steht.

Aber der Ballon zog ihn beständig weiter. Das Gewicht dieser beiden Männer bewirkte, dass ich, der ich mit dem Gürtel gefesselt war, mit dem Kopf nach unten und den Beinen nach oben kippte. Obwohl meine Position äußerst unangenehm war, wie Sie sich denken können, befand ich mich dennoch in der akzeptablen Lage, dass ich mich meiner beiden Hände bedienen konnte, und so packte ich ihn mit meiner zweiten Hand. Er konnte nichts dagegen tun, denn er wurde zwischen seinem Freund, der ihn hielt, und mir, der ich ihn nicht losließ, hin und her gezerrt.

›Mut, Marius!‹, sagte ich mir. ›Solange du ihn hältst, fliegt der Ballon nicht los, und während dieser Zeit kann Hilfe kommen!‹

In diesem Augenblick hörte ich einen entsetzlichen Krach von der Gartentür her; die Holzgittertür zersplitterte und es erschienen fünfzehn meiner Matrosen mit dem kleinen Schiffsjungen Bénoni an der Spitze, wobei sie über die Blumenbeete sprangen.

Aber der Ballon zog beständig weiter, und zwar so kräftig, dass der Freund, der spürte, wie er den Boden unter den Füßen verlor, zu dem Amerikaner sagte: ›Ich lasse dich los!‹ Und er öffnete seine Hand. Aber der Andere, der auf diesem Ohr nicht hören wollte, Sie verstehen, umklammerte ihn nur noch stärker.

›Lass los oder ich schneide dir die Hand ab‹, rief der Freund. Er zog sein Bowiemesser und verpasste ihm einen Schnitt über die Finger, der diese fast zur Hälfte abtrennte. Der Andere lässt los und der Ballon, um hundertfünfzig Pfund entlastet, fliegt los. Dies alles hat nur wenige Sekunden gedauert.

Als meine Matrosen ankamen, befand sich der Ballon kaum fünfzig Fuß über dem Boden. Und weil das Seil mindestens dreißig Fuß maß und an seinem Ende zuerst mein Körper und dann der des Amerikaners hingen, hätte man uns wieder fassen können, wenn man nur zwei Schemel übereinander gestellt hätte.

Aber es war bereits zu spät; ich konnte nur noch rufen: ›Auf Wiedersehen, meine Kinder!‹ Und der Ballon stieg weiterhin.

Ich sah, wie meine Matrosen einen Moment lang – verrückt vor Wut – sich an dem Ort, an dem der Ballon gestartet war, im Kreis herumdrehten, dann stürzten sie sich wie ein Rudel von Tigern auf die Elenden, die dort ihre Nasen in die Luft reckten und nur an den Amerikaner dachten.

Trotz der entsetzlichen Lage, in der ich mich befand, konnte ich sehen, dass sie alle auf sie zusprangen, was dann wie eine einzige schwarze Kugel aussah, aus der etwa ein Dutzend Schüsse abgefeuert wurden.

Eine Viertelstunde lang war alles halb so wild. Den Amerikaner hielt ich an beiden Händen. Der Elende wehrte sich wie ein Haifisch am Ende eines Hakens; er stieß ein schreckliches Geschrei aus, aber es war vergebens; es gab keine Macht der Welt, die mich hätte veranlassen können, ihn loszulassen: Meine Hände klebten geradezu an den seinigen.

›Gnade, Gnade!‹, brüllte er.

›Gnade? Ach, das finde ich köstlich, dass du mich um Gnade bittest! Ich werde dich loslassen, mein Guter, aber alles zu seiner Zeit, hörst du? Und du wirst deinen Freunden etwas von mir ausrichten.‹

›Rette mich und ich rette dich auch!‹

›Ach, was! Du verlierst den Kopf, schätze ich.‹

›Nimm meine verletzte Hand und lass meine andere Hand frei. Ich habe eine Pistole und schieße in den Ballon; ich mache ihn kaputt und in einer Viertelstunde berühren wir den Boden!‹

Man muss fünfzig Fuß hoch in der Luft schweben, um zu empfinden, was es heißt, wenn man das Wort *Boden* hört. Sofort packe ich seine linke Hand und lasse seine andere los. Er nimmt seine Pistole und schießt.

Aber wir hatten nicht mit dem Hin- und Herschwanken des Seils, an dem wir hingen, gerechnet, und so geht die Kugel zum Teufel, ohne den Ballon zu treffen, der immer weiter steigt. Er lässt die Pistole fallen und krallt sich an meiner Hand fest. Es war Zeit: Seine verletzte Hand blutete und das Blut tropfte auf die meine.

›Kapitän!‹, rief er jetzt. ›Beim Namen Ihrer ewigen Gesundheit, verlassen Sie mich nicht!‹

›Dich nicht verlassen? Glaubst du denn, dass ich dich bis zur Stunde meines Todes tragen werde? Gott hat eine Strafe für dich vorgesehen, die den Verbrechen angemessen ist, die du begangen hast. Wenn ich dich bis morgen hielte, was würde es dir bringen?‹

Und was könnte ich denn übrigens sonst tun? Das, was ich in den Armen, den Schultern, dem Rücken und den Nieren an Schmerzen verspüre, kann man nicht in Worte fassen, und wenn meine Hände nicht verkrampft gewesen wären wie Eisenkrallen, hätten sie sich schon vor langer Zeit geöffnet. Schon seit zehn Minuten etwa hängt mein Kopf nach unten, ist der Bauch von dem Gürtel umschnürt, der mich festhält, und mein Gehirn und meine Augen füllen sich langsam mit Blut. Und ich brauche wohl nicht zu sagen, dass du schon in ein paar Minuten, siehst du, den Absprung wirst machen müssen.

Wir sind so gut wie zwei Tote und vom Boden so weit entfernt, dass es mir so vorkommt, das Leben wie im Traum zu sehen … Ich erinnere mich nicht einmal mehr daran, welche Farbe die *Bonne Mère* hat. ›Du bist gut und schlecht mit mir gefahren … Aber ich bin sehr streng gewesen, das ist wahr … ungerecht vielleicht sogar … Du rächst dich, ich räche mich, wir werden sterben … Armer Teufel … Trotzdem bist du ein Christ wie ich … Matrose wie ich … Halte durch, ich spüre, wie meine Finger loslassen … Doch sag, warum verschwindest du nicht, wie das im Zustand der Todsünde üblich ist? Bereust du?‹

›Nein!‹, sagt er und knirscht mit den Zähnen.

›Bereue! Nur noch ein paar Sekunden und ich kann dich nicht mehr halten!‹

›Nein!‹, wiederholte er.

›Gottesmutter!‹, rief ich mit aller Kraft. ›Rette diesen Sünder, er ist ein Matrose! Mach, dass er bereut! Ich bereue das, was ich ihm angetan habe: Wir sind quitt! Ich verzeihe dir, hörst du, armer Elender!‹

›Cougourdan‹, sagt er und sieht mir dabei gerade in die Augen, ›auch ich verzeihe dir und bereue. Gott schütze dich!‹

Meine Hände öffneten sich, er stieß einen lauten Schrei aus und ich sah, wie er versank und sich in der Leere wie ein Warenpäckchen, das man ins Meer warf, im Kreise drehte. Bis hierher war mir meine Lage nicht richtig bewusst gewesen und ich glaube, dass ich allmählich aufgrund des mir ins Gehirn geschossenen Blutes die Besinnung verloren habe; aber dann spürte ich, wie ich wieder zu mir kam, wie wenn man wieder nüchtern wird – und was nun?

Oh ja, könnten Sie sich vorstellen, was Sie fühlen würden, wenn Sie von der Erde in den Himmel stürzten? Das ist es, was ich gespürt habe, mein lieber Herr. Es kam mir so vor, als ob ich hintenüber in die totale Leere stürzte, statt in die Luft gehoben zu werden: Ich hätte geschworen, dass die Erde über mir sei; ich sah, wie sie immer kleiner wurde, immer kleiner, und ich streckte die Hände aus, verdrehte Arme und Beine, als ob ich mich irgendwo hätte festklammern können.

Aber in diesem Augenblick passierte etwas vielleicht noch Entsetzlicheres. Sei es, dass Wind aufkam, sei es, dass der Absturz des Amerikaners den Ballon entlastet hatte, ich begann jedenfalls eine schlingernde Bewegung zu spüren, die immer deutlicher ausgeprägt wurde, immer heftiger, und bald fing mein Körper bei zunehmendem Schlingern an, Schwingungen von fünfzig bis sechzig Fuß zu beschreiben.

Jedes Mal, wenn ich oben war, gab es eine Erschütterung, die mir die Nieren zu zerreißen schien, und ich sagte: ›Das Seil reißt!‹ Doch es widerstand tatsächlich, ich weiß nicht wie. Als es so aussah, als würde ich in den leeren Raum stürzen, schloss ich die Augen und sagte mir: ›Es ist zu Ende!‹

Wie lange das dauerte, könnte ich nicht sagen. Doch aufgrund des ständigen Hin und Her muss man glauben, dass das Seil verdreht war, denn ich brauchte nicht lange, um zu bemerken, dass ich mich ganz um mich selbst drehte, indem ich hin und her pendelte. Und das, was vom Schlingern gekommen war, war eine Folge dieser zweiten Bewegung; ich drehte mich wie ein Kreisel, immer schneller, bis ich endlich das Bewusstsein verlor. Das war mein Glück, andernfalls wäre ich verrückt geworden.

Glauben Sie, dass ich tot war? He, Blitz und Donner, ich hatte mein letztes Wort noch nicht gesprochen! Ein Gefühl von außergewöhnlicher Frische riss mich aus meiner Betäubung, und nachdem ich meine Hände auf mein Gesicht gelegt hatte, zog ich sie blutüberströmt wieder zurück: Es lief mir aus der Nase, aus dem Mund und aus den Ohren. Zweifellos hatten mir diese Blutungen den Kopf freigemacht, denn nun kehrte mein vollständiges Bewusstsein wieder zurück. Es kam mir so vor, als ob die Schwingung abgenommen hätte: Ich war oberhalb der Windregion angelangt.

Die Erde war weit entfernt. Ich schwebte inmitten eines Wolkenmeeres, das überall gleich aussah, sodass ich hätte glauben können, bei starkem Nebel auf meinem Schiff zu sein. Das ließ mich an die *Bonne Mère* denken und ich sagte mir, ohne lang darüber nachzudenken: ›Sieh mal an, vorausgesetzt, dass dieser Säufer von Abdichter die diensthabenden Männer nicht zu Sauftouren in die Stadt hat laufen lassen! Andernfalls wäre das Schiff bis zu dieser Stunde vielleicht sogar unbemannt!‹

Mein lieber Freund, kaum hatte ich mir dies gedacht und war wieder zu mir gekommen, da spürte ich – ich weiß nicht was für ein Gefühl in meinem Körper es war, wie wenn ich ein englisches Schiff angreifen würde und wir uns zum Entern anschickten. Blitz und Donner! Sollte ich mich letztlich von diesem Schurken abmurksen lassen wie ein Stockfisch an der Angelleine? Vorwärts, Marius! Gab es denn kein Mittel, um aus dieser Klemme herauszukommen?

Zunächst sagte ich mir: Versuche, dich umzudrehen! Was aber, wenn es der Gürtel ermöglichen konnte, dass dein Körper bis zu den Nieren nach unten sank? Wer sagt dir denn, dass du ihn nicht noch tiefer absinken lassen kannst? Und wenn du dann das Seil packen kannst, wirst du sitzen können!

Aber danach? Dann werden wir sehen.

Tatsächlich gelang es mir, mich krümmend so sehr ich nur konnte, mit meinen beiden Händen den Rand des Gürtels zu ergreifen, und mit diesem Hilfsmittel zerrte ich so lange, bis ich mich gedreht hatte und nach oben sehen konnte. Jetzt streckte ich die Beine, soweit ich nur konnte, nach hinten und versuchte, meinen Körper nach vorne zu ziehen, soweit es nur ging. Ich kippte um, packte das Seil mit einer Hand und ließ mich mit der anderen am Gürtel hinunterrutschen, auf den ich mich setzte, das gute Seil zwischen meinen Armen haltend.

Aber ich hatte einen tüchtigen Ballon über dem Kopf, mein lieber Freund, und das war zu viel des Guten. Trotzdem: Wenn ich meine Situation mit der vorherigen verglich, kam ich nicht umhin, eine kleine Stimme zu hören, die von sehr weit, weit herzukommen schien, die mir sagte: ›Mut, Marius! Du wirst hier herauskommen, vielleicht …‹

Dieses *vielleicht* passte mir aber nicht. Doch trotz allem sagte ich mir: Du sitzt hier, statt gehängt worden zu sein. Du hast dir nichts gebrochen, du hast deinen Kopf noch immer. Du hast ein Seil in deinen Händen. Ein guter Matrose kann gute Sachen damit anstellen … Es mangelt dir nicht an Lebensmitteln: Das ist schon etwas. An deiner Stelle würde ich damit anfangen, mich einen Augenblick zu beruhigen, und dann trinkst du einen Schluck und isst etwas, um neuen Mut zu fassen.

Und genau das machte ich, mein lieber Freund, und eine Viertelstunde danach war ich kaltblütig genug, um mir mit einem ansehnlichen Stück Roastbeef und drei oder vier Schlucken Grog den Bauch vollzuschlagen. Ich betrachtete den Ballon und fragte mich: ›Was wirst du tun?‹

Zuerst, sage ich mir, wenn du die Zeit bis zum Ende deiner Tage damit zubringst, an diesem Seilende hin- und her zu schaukeln, wirst du in zehn Jahren nicht weiter gekommen sein als in zehn Minuten. Wenn du da oben statt hier sein könntest, müsstest du diese entsetzliche Schaukelei nicht ertragen, die übrigens von einem Moment auf den anderen das Seil verschleißen oder aber den Gürtel zerreißen kann: Es ist daher nötig, nach oben zu klimmen.

Ich habe eine ziemlich kräftige Faust, mein lieber Freund. Doch ich hatte Arme und Schultern zu sehr strapaziert, um den Amerikaner festzuhalten. Ich versuchte dennoch, mich am Seil entlang zu ziehen. Nach vier Bewegungen sah ich mich aber gezwungen, mich wieder sinken zu lassen, sehr glücklich darüber, mich nicht ganz fallen lassen zu müssen.

›Du musst dich etwas erholen‹, sage ich mir. Und dann: ›Was hindert dich daran, wieder zu essen und wieder zu trinken?‹ Ich erhole mich, trinke und esse wieder. Jetzt ziehe ich mich wieder hoch, mache fünf oder sechs Bewegungen. Bei der siebten fehlt mir plötzlich die Kraft, ich verliere den Mut, lasse alles los, falle hintenüber und sage mir: ›Auf gut Glück!‹

Wären zu allem Pech meine Beine gespreizt gewesen, so wäre ich nun auf den Gürtel gefallen; das wäre das Ende gewesen. Glücklicherweise aber hatte ich sie hakenförmig zusammengedrückt und eine Erschütterung der Sprunggelenke ließ mich spüren, dass ich noch nicht verloren war.

Doch ließ ich mich, mein lieber Freund, nicht lange herumhängen: Kaum ist das Schwindelgefühl vergangen, presse ich die Beine fest zusammen, nähere mich mit einer Hand meinen Knien, ergreife den Gürtel mit der anderen und bringe mich so wieder in die richtige Lage. Also nein! Milliardenfaches Donnerwetter! Blitz und Donner, nein: Ich sage mir, dass kein Mensch sagen wird, Kapitän Marius Cougourdan sei umgekommen, nur weil er ein dreißig Fuß langes Seil nicht erklimmen konnte.

Indem ich meine Situation durchdachte, sagte ich mir: Je mehr unnütze Versuche du machst, umso mehr verbrauchst du deine Kräfte. Wenn du nicht ein Mittel findest, dich unterwegs zu erholen, bist du erledigt. Ich hatte gezählt und wieder gezählt, doch fand ich immer wieder aufs Neue, dass ich drei Hände gebraucht hätte, um mich mit einer abzustützen, das Seil unter mir mit der anderen zu packen und es dann abzumachen und den Befestigungspunkt am Gürtel zu verkürzen.

Einen Augenblick lang war ich wirklich vollständig verzweifelt. ›Gottesmutter! Gottesmutter! Du, die du meine Not siehst, wirst du deinen Diener Marius, nur weil ihm eine Hand fehlt, zugrunde gehen lassen? Ein kleines Wunder würde für dich doch nur ganz wenig bedeuten! Ich weiß genau, dass es die Regel gibt, dass Wunder nicht grundlos bewirkt werden sollen. Aber in der Gegend, in der wir uns hier befinden, wird niemand je davon erfahren und ich bin der Meinung, dass es dringend nötig ist, dass du mich Armen rettest!‹

Sie können mir glauben, mein lieber Freund, wenn Sie wollen, jedenfalls hörte ich sofort eine engelsgleiche Stimme, die zu mir sagte: ›Ein Wunder, so sei es. Bewirke es selbst, ich erlaube es dir.‹

›Ach meinetwegen‹, sage ich mir, ›das ist stark. Ich soll ein Wunder bewirken, ich, der armselige Sünder, ein einfacher Kapitän auf hoher See!‹ Mir war übel im Magen und ich schluckte meine Spucke zwei- oder dreimal hintereinander, so viel Angst hatte ich.

Blitz und Donner, sagte ich mir und schaute mich höchst beunruhigt um. ›Bin ich denn bereits im Paradies? Ist das hier zufällig das Paradies? Das ist nicht möglich, man hätte beim Eintritt doch nach meinen Papieren verlangt!‹

Ich zwickte mich und es kam mir so vor, als ob ich den Druck nicht so stark spürte, wie das der Fall hätte sein müssen. Inzwischen fühle ich ihn doch und sehe selbst, dass ein blauer Fleck entstanden ist.

Pah! Bewirken wir also das Wunder, danach werden wir schon sehen. Aber wie?

Ich streckte die beiden Arme mit gespreizten Fingern wie einen Stock aus, öffnete weit die Augen, strengte mein Kreuz an und biss die Zähne zusammen; ich verkrampfte meine Zehen in den Stiefeln, doch das alles bewirkte überhaupt nichts. Ich konnte noch so zerren, mich noch so zusammenrollen, alle möglichen Positionen einnehmen, alle Gesten machen … ›Glauben Sie, dass mir das geholfen hat, einen Arm wachsen zu lassen, was meinen Sie?‹

Wütend packte ich das Seil mit beiden Händen, tippte mit dem Kopf dagegen und sagte dabei: ›Aber wirst du denn zum Narren werden? Marius, wenn du dich jetzt wie ein Dummkopf verhältst, gibt es keinen Ausweg mehr.‹ Donnerwetter nochmal! Und in einem Anfall von Wut beiße ich mit meinen zweiunddreißig Zähnen in das Seil.«

Hier öffnet der Kapitän seinen furchteinflößenden Mund mit einer ganzen Armee von Beißerchen, die in der Lage sein mussten, sogar Kieselsteine zermalmen zu können. Und unter den Bögen dieses weitläufigen Palais' sehe ich die rote und kräftige Zunge zucken, die so viele Geschichten erzählt hat und noch so viele zu erzählen hat.

Dann nimmt er einen Augenblick lang meine Hand, als ich das nicht erwartet habe, und beißt mich in einen Finger, was mich aufschreien lässt. »Au weh«, rufe ich ihm zu, »lassen Sie mich!«

»Verstehen Sie nicht, he? Das Wunder war so schnell geschehen wie ein Pistolenschuss; die dritte Hand war gefunden, es war mein Gebiss gewesen!

Und im gleichen Augenblick machte ich mich ans Werk. Ich war ganz sachte: eine Hand, zwei Hände, ein Biss, ich lasse die Hände los und bleibe dank der Zähne hängen, aber der Gürtel ist noch um meine Oberschenkel geschlungen. Mit meinen beiden freien Händen löse ich den Knoten der Halterung, verkürze das Seil, soweit das möglich ist, und verknote es schließlich erneut. Das Seil ist nun drei Fuß kürzer!

Ich nehme wieder meine Sitzposition auf dem Gürtel ein; ich erhole mich. Nach meiner Schätzung blieben mir zum Hochklettern noch etwa siebenundzwanzig Fuß. Nun überlegte ich, ob es jedes Mal notwendig war, den gleichen Vorgang zu wiederholen: das Seil aufzuknoten, um es zu lösen, durch den Korbring zu führen, dann dies zu wiederholen und es erneut zu verknoten. Am Einfachsten wäre es doch, das Seil ein für alle Mal durch den Korbring zu ziehen und an einer Schlaufe festzumachen.

Neunmal richtete ich mich auf, neunmal mithilfe meiner Zähne; ich begann mit dem Manöver, von dem ich gerade gesprochen habe, und schließlich fand ich mich zwei Fuß unter dem Seil des Netzes hängend, nahe genug, um es zu ergreifen. Ich packte es, zog mich daran hoch und berührte jetzt den Boden.

In dieser Position fühlte ich mich ziemlich beruhigt, und so begann ich wirklich zu hoffen, dass ich gerettet werden würde. Das Hin- und Herschaukeln fühlte ich fast nicht mehr, vor allem keine Erschütterungen mehr, und dieser solide Apparat, der mir einen Teil des Himmels verdeckte, erschien mir wie ein Dach, unter dem ich Schutz gefunden hatte. Ich kratzte mit meinen Nägeln am Stoff des Ballons und empfand ihn erheblich solider als ich geglaubt hatte: Es gab darauf eine Art feste Glasur, und diese war so gespannt, dass es unmöglich war, die Umhüllung zu erweichen.

›Jetzt‹, sage ich mir, ›geht es darum, diese große Kugel absinken zu lassen … Aber wie?‹

Nun ging ich daran, um mir Mut zu machen, mir mehr als zehnmal hintereinander zu wiederholen, was der Amerikaner zu mir gesagt hatte: ›Ich habe eine Pistole und schieße in den Ballon; ich mache ihn kaputt und in einer Viertelstunde BERÜHREN WIR DEN BODEN!‹

Boden! Ich wiederholte dieses Wort wie ein Verrückter. Oh! Bäume, Blumen, Häuser, Menschen wiedersehen! Den Sand unter meinen Füßen knirschen spüren! Ach, mein Gott! Mein armes Schiff! Meine liebe *Bonne Mère*! Für eine gewisse Zeit beim Sonnenaufgang auf deiner Brücke zu stehen, meine rechts und links von mir liegenden Matrosen beim Singen von Liedern zu hören und ich mit einer guten Zigarre auf meiner *›banc de quart‹*[1] sitzend und eine kleine Melodie aus Marseille pfeifend …

[1] Bank eines Wachgängers; breiter Holzsitz mit Rückenlehne.

Ah, du Dummkopf! Wenn ich dich mit meinen Zähnen zerreißen soll, ist es notwendig, dir letztendlich auf die eine oder andere Weise den Bauch aufzureißen! Hab keine Angst! Aber zum Glück hatte ich es besser: Ich holte nämlich, in meiner Tasche wühlend, mein Messer – einen starken Dolch – daraus hervor, das ein Nilpferd hätte aufschlitzen können.

Ich öffne es, packe das Seil und verpasse dem Ballon einen Messerstich. Ach, du Barmherziger! Ich treffe nur den Netzknoten, die Klinge zerbricht, ich falle ins Leere und der Griff bleibt in meiner Hand.

Ich verharre kurz wie versteinert, dann aber hätte ich gern – Verzweiflung hatte mich übermannt – losgelassen, um allem ein Ende zu machen. ›Mutter Gottes‹, schrie ich nun in meiner Angst, ›du verstehst gewiss, was ich dir sage, denn wenn ich nicht im Himmel bin, so vermisse ich ihn doch kaum und du brauchst kein Fernrohr, um zu sehen, in welcher Lage sich dein Diener Cougourdan befindet. Du hast mir schon oft aus der Klemme geholfen und ich danke dir dafür. Aber was hat mir das genützt, wenn du mir jetzt nicht zu Hilfe kommst? Bedenke, dass ich dir immer bestmöglich gedient und dich bei jeder Gelegenheit verehrt habe, auch habe ich mich niemals dabei geschont. Ohne Vorwurf wohlgemerkt, denn dies würde bedeuten, mit Vergnügen neu damit anfangen zu müssen. Denke auch daran, dass meine Matrosen da sind und nach oben schauen, um zu sehen, ob ich nicht doch herunterkomme! Sag, bricht es dir nicht das Herz, zu bedenken, dass diese armen Leute ohne ihren Kapitän nach Frankreich zurückkehren werden und die *Bonne Mère*, ein so schönes Schiff, auf dem man keinen Strohhalm ohne deinen Segen in die Hand nimmt, vielleicht noch größere Schäden erleidet oder gar durch ein Meeresschicksal zu Grunde geht? Würde dir das nicht leidtun? Ach, du Arme! Aber dieser Schurke Luzifer, dein und mein Freund, den der gute Gott selbst verflucht, wäre sehr zufrieden damit! Soll eine gute Frau wie du, die – nicht ohne berühmt zu sein – daran gewöhnt ist, seit mehr als achtzehnhundert Jahren im Luxus und in der Pracht zu leben, nicht rechtschaffen mit Juwelen und Steinen von großem Wert geschmückt sein, he? Ich sage, dass für dich nichts schön genug ist, und der Beweis dafür ist, dass ich dir ein goldenes Diadem und wertvolle Steine im Wert von zehntausend Francs mitsamt einer dazu passenden Halskette und Ohrgehänge zum Geschenk machen werde, wenn du mich ein Mittel finden lässt, wie man ein Loch in diesen Ballon macht.‹

Mein lieber Freund, dieses kurze und inbrünstige Gebet schenkte mir neuen Mut. Ich brachte mich wieder in Position und suchte unter allen Gegenständen, die ich bei mir hatte, nach einem, mit dem ich den Ballon hätte durchbohren können. Ich nahm eine Zwanzig-Sous-Münze und zerbiss sie mit meinen Zähnen: Sie war nicht scharf genug. In meinen Taschen hatte ich vergebens gesucht, da war nichts. Dann hatte ich den Einfall, die Flasche zu zerbrechen und deren Boden als Messer zu benutzen.

Aber mir fiel ein, dass ich dadurch ein Getränk verlieren würde, das mir in meinem Unglück geholfen hatte und das ich vielleicht noch einmal benötigen konnte. Schließlich, mechanisch und nicht mehr wissend, an welchen Heiligen ich mich wenden könnte, suchte ich weiter in allen meinen Taschen, und in einer Bewegung der Hoffnungslosigkeit führte ich meine Hand um den Gürtel meiner Hose. Ich fühle eine Art Stich am Finger, ich zerre daran: Es ist die Schnalle meiner Hose! Mit einem Stoß ziehe ich die Lasche heraus, mache mit meinen Zähnen ein Loch und schiebe meinen Finger durch, um sicher zu gehen, dass ich sie nicht verliere. Ich halte mich mit einer Hand am Seil fest und piekse mit der anderen. Die Schnalle ist aus Stahl und dreizähnig. Drei Pfiffe ertönen, ein Wind entweicht wie beim Blasebalg einer Schmiede und der Ballon beginnt sich zu entleeren.

Wenn ich Ihnen sage, dass er sank, so habe ich das nicht gesehen, denn dann hätte man gesagt, dass ich den Platz nicht gewechselt hatte. Aber nach ein paar Minuten spürte ich, dass sich die Kälte verringerte und ich mich immer freier fühlte.

Da ergriff neue Unruhe von mir Besitz. Der Stoff des Ballons war aufgeplatzt und der Riss verlängerte sich.

›Wenn das so weitergeht‹, sagte ich mir, ›öffnet sich der ganze Ballon von oben nach unten und du fällst wie ein nasser Sack hinunter.‹

Glücklicherweise machten mir die Maschen des Netzes etwas Hoffnung. Und tatsächlich, als ich das Seil erreicht hatte, schien der Riss gestoppt zu sein. Das beruhigte mich ein wenig und ich nützte das, um unter mich zu blicken.

Ich versichere Ihnen, mein lieber Freund, dass mir das, was ich da sah, die größte Freude bereitet hätte, die einem Menschen zuteilwerden konnte, wenn ich mich nicht in einer grausamen Situation befunden hätte. Stellen Sie sich vor, dass es keine Spur von Nebel mehr gab, sondern die Sonne prächtig strahlte, und höchstens zweihundert oder dreihundert Fuß unter mir sah ich, dass sich ein wahres Wolkenmeer kräuselte, wobei die eine Hälfte schwarz und die andere feuerrot war, sodass man hätte glauben können, sich über einem riesigen Kohleofen aus verbrannter Erde zu befinden. Wir sanken hinab und schickten uns an, da hineinzutreiben.

Tatsächlich war es ein paar Minuten danach soweit: Ein zunächst weißer, dann aber grauer Nebel hüllte uns ein und verdichtete sich so schnell, dass ich fast nicht mehr klar sehen konnte. In diesem Augenblick war dumpfes Donnergrollen zu vernehmen: Es schien im Galopp auf uns zuzukommen.

Die Nacht schreitet voran, ich spüre einen wütenden Windstoß und bumm, schon zucken Blitze und der Donnerschlag entlädt sich mit entsetzlichem Krach. Und jetzt gibt es ein Geknalle, wie wenn alle Teufel der Hölle entfesselt worden wären. Daneben prasseln Sturzbäche von Regen herab und Hagelkörner von der Größe eines Hühnereis, die mich hundertmal getötet hätten, wenn ich nicht davor geschützt gewesen wäre!

Ein Blitz folgte dem anderen, sodass man alles wie bei Tageslicht sah. Ich hatte Angst vor allen Teufeln, wie Sie sich gewiss denken können; und wenn ich jetzt daran denke, erinnere ich mich an das hinreißende Schauspiel, das mir diese Wassertropfen und die von den Blitzen erleuchteten Eisstückche gaben, die wie ein Regen aus brennenden Perlen und Diamanten herabfielen; das würde ich gern noch einmal sehen.

Nicht aber den Ballon.

Das Ganze dauerte etwa eine Viertelstunde lang. Langsam nahmen die Blitze ab, auch der Regen und der Hagel; auch die Wolken klarten von Sekunde zu Sekunde immer mehr auf. Ein jäher lauwarmer Windstoß trocknete den Ballon, der sich um sich selbst drehte; der Nebel wurde vollständig weiß, dann wurde es immer klarer und allmählich gewahrte ich – wie durch einen Schleier blauer Gaze – unter meinen Füßen eine riesige bunte Fläche aus Grün und Gelb.

DAS WAR DIE ERDE!«

Hier hielt der Kapitän, wie von der Aufregung erstickt, inne; er rollte mit seinen großen Augen, seine Lippen zitterten. Ich nahm seine Hände und zwei Tränen rollten mir über die Wangen.

»Danke!«, sagte er zu mir, »ich weiß genau, dass Sie mich lieben! Und jetzt glauben Sie wohl, dass ich mit meinen Qualen am Ende war? Sagen Sie bloß! Na, dann hören Sie mal.

Angesichts der Erde unter mir wurde ich fast verrückt: Ich schrie, weinte, sprach das Vaterunser und das Ave Maria, sang Lieder aus Marseille und bewegte die Beine, wie wenn ich getanzt hätte.

Leider war meine Freude nicht von langer Dauer, mein Guter. In diesem Augenblick spürte ich nämlich einen glühend heißen und sehr starken Wind und schloss daraus, dass der Ballon sehr schnell weggetragen worden war. Indem ich auf die Sonne blickte, die gerade dabei war, unterzugehen, erkannte ich, dass wir in Richtung Nordwesten trieben. Soweit war ich mit meinen Beobachtungen gekommen, als der Ballon erneut – diesmal aber zweimal in Folge – ›plack-plack‹ machte.

Auf dieses ›plack-plack‹ hin hob ich den Kopf in die Luft und wurde von einer ziemlich heftigen Unruhe gepackt; dabei stellte ich fest, dass der Riss sich um zwei Netzmaschen erweitert hatte, sodass er nun bereits eine Länge von gut eineinhalb Fuß erreicht hatte.

Jetzt bekam ich schon Angst, dass der Ballon nicht schnell genug sinken würde. Es gab keine Möglichkeit, dieses Übel zu beseitigen. Doch hatte ich auf gut Glück alles getan, was möglich war; der Ballon sank und ich überließ mich dem Walten der göttlichen Vorsehung. Das hinderte mich aber nicht daran, mich über das, was passieren könnte, zu beunruhigen, und von diesem Moment an habe ich den Kopf nicht mehr gehoben. Das, was ich gesagt hatte, war genug gewesen, um zu verhindern, an andere Dinge zu denken, das versichere ich Ihnen.

Der Raum unter mir wechselte die Farben: Ein Teil wurde einheitlich blassblau, ein anderer, der dunkelgrün und gefleckt gewesen war, wurde dunkelgelb oder hellbraun. Ich begriff, dass der blaue Teil das Meer und der andere die Erde war, und betrachtete alles, solange ich konnte, um die Orientierung zu erlangen. Allmählich sah ich, dass sich klare große und kleine Linien abzeichneten, das waren die Flüsse; weiße Punkte stellten die Städte dar. Dann gab es auf verschiedenen Seiten noch andere glänzende Punkte, die kleinen Diamanten glichen, und ich erkannte, dass dies Fensterscheiben oder Weißblechdächer waren, in denen sich die Sonnenstrahlen spiegelten.

In diesem Augenblick produzierte der Ballon dreimal in Folge erneut das ›plack-plack‹-Geräusch. Ich zuckte vor Angst zusammen, hob aber den Kopf nicht hoch, sondern begnügte mich damit, zu mir selbst zu sprechen: ›Platze halt, wenn du willst, ich kann nichts dagegen tun!‹

Ich hoffte aber, dass wir auf dem Boden aufkommen würden, bevor er von oben nach unten zerrissen war. Wenn es aber in dem Tempo weiterging, dann konnte das tatsächlich nicht mehr lange dauern. Ich spürte wirklich, dass wir immer schneller sanken, sodass die Luft mir die Haare meines Backenbartes und die Haare selbst hochwirbelte. Von Sekunde zu Sekunde waren die Farbschattierungen immer ausgeprägter.

Was ich bis jetzt gesehen hatte, wirkte wie ein großer bunter Fleck, der sich vor meinen Augen ausbreitete, ohne dass ich hätte sagen können, ob er nahe oder fern war. Aber von diesem Moment an war es nicht mehr dasselbe. Allmählich sah ich, wie sich auf dieser einheitlichen Ebene Schwellungen abzeichneten, zuerst voneinander entfernt, dann immer zahlreicher und schließlich über die gesamte Fläche verteilt. Es sah aus, wie wenn kochende Milch nach allen Seiten spritzte und anschwoll – mit dem Unterschied, dass Rahm aufplatzt und von Zeit zu Zeit wieder zusammenfällt, während diese Masse hier aufquoll und immer nur dicker wurde.

Wir sanken so schnell, dass die Fetzen meiner Kleidung, von der Luft gepeitscht, zischten; der Wind brauste so stark, dass ich kaum atmen konnte. Jetzt tauchte die Erde mit ihren Ebenen, Hügeln, Wäldern und Wasserläufen vor mir auf. Aber anstatt riesige Freude darüber zu empfinden, was zu erwarten gewesen wäre, bereitete mir dieser Anblick nichts als Entsetzen.

Und ich hatte auch Grund dazu.

Mein lieber Freund, Sie haben bestimmt noch nie eine Wahnvorstellung gehabt, nicht wahr? Dabei erblicken Sie einen kleinen – absolut unbedeutenden – Punkt und allmählich wird derselbe deutlicher, es entsteht ein Geist oder ein Teufel und dann wächst er, wächst er, nähert sich, nähert sich und Sie glauben, dass Sie davon verschluckt werden. Nun, das ist genau die Wirkung, die jetzt der Anblick der Erde bei mir erzeugte.

Als ich weggetrieben worden war, hatte es den Anschein gehabt, als ob ich hintenüber in den Himmel gefallen sei. Doch jetzt stürzte ich mit schrecklicher Geschwindigkeit nach unten und ich hätte geschworen, dass nun ich es war, der an seinem Platz geblieben war; stattdessen sprang mir die Erde geradezu entgegen und über mich, dabei wurde sie von Sekunde zu Sekunde immer dicker, wie um mich zu zermalmen und zu verschlingen.

Und zur gleichen Zeit, als die Masse immer dicker wurde, schienen von allen Seiten tausend neue Gegenstände wie Champignons zu wachsen oder sich wie Regenschirme zu öffnen.

›Sieh mal an, ein Berg! Sieh, ein Baum, ein Felsen, eine Wiese, ein Wald, ein Sumpf!‹

Wir sinken hinab zum Sumpf. Dieser Sumpf dehnte sich aus, dehnte sich aus, dehnte sich aus; die Bäume an seinen Ufern wuchsen und wurden riesengroß.

Der Ballon sinkt weiter.

Ich sehe hier und da große Inseln, Gras und ins Wasser gestürzte Baumstämme. Wir kommen näher: Vogelschwärme flattern über dem Sumpf. Von der Erde her kommt ein Geräusch, es schwillt an: Es sind Pfiffe und Schreie von Tieren. Wir sinken weiter. Der Wind lässt den Ballon etwas abdriften, jetzt sind wir genau über dem Sumpf.

Oh Graus! Wir sind nicht mehr als hundert Fuß[1] vom Wasser entfernt. Der Wind verdoppelt sich, wir entweichen schneller, aber das Gas dringt aus, der Stoff zerreißt, der Ballon senkt sich; wir sind nur noch dreißig Fuß vom Wasser entfernt!

›Blase nur kräftig, Mutter Maria, blase mit all deiner Kraft! Gib nicht nach!‹

Noch dreißig Schritte, wir berühren das Ufer: zwanzig Fuß bis zur ›Landung‹, nun bin ich im Wasser! Ein wütender Windstoß reißt den Ballon mit sich, hebt ihn wieder einige Fuß. Und wieder einmal bin ich gerettet!

Der Windstoß ist vorbei. Der Ballon beginnt wieder zu sinken. Der Wind erhebt sich endlich wieder und treibt den Ballon etwa zwei Schritte ans Ufer, an den Fuß einer Art Felsbank. Ich befreie meinen Körper vom Gürtel, und indem ich meine Hände hin und her schlenkere, springe ich ins Wasser, gewinne das Ufer und klettere auf den Felsen.

Ich bin gerettet!«

»Und dann?«, fragte ich den Kapitän.

»Dann?«, wiederholte er und verschränkte seine Arme. »Na, so was, Sie sind gut! Was wollen Sie denn noch? Finden Sie nicht, dass das für einmal beachtlich genug und dass es an der Zeit war, mich wieder an Bord gehen zu lassen? Finden Sie nicht, dass ich es verdient hatte, dass mich die Gottesmutter wieder an Bord zurückkehren ließ?«

---

[1] Das sind knapp dreißig Meter. *(Anm. d. Übers.)*

»Zweifellos, zweifellos, aber wie haben Sie es denn nun angestellt, dass Sie wieder nach Mobile gekommen sind?«

»Na, das ist doch klar! Kommt man denn mithilfe der Sprache nicht nach Rom? Der Beweis, dass ich meinen Weg schließlich auf die eine oder andere Art wiedergefunden habe, ist doch, dass ich jetzt hier bin.«

Dann umfasste er mich am Hals und blickte mir gerade in die Augen. »Was sagen Sie dazu, he? Geben Sie zu, dass jenes berühmte Sprichwort recht hat, das besagt, dass man niemals alles vorhersehen kann? Wenn ich mich besser um meine Bewachung gekümmert hätte, dann wäre es nicht zu dieser kleinen Luftfahrt gekommen; wenn der Amerikaner misstrauisch gewesen wäre, hätte er sich nicht von mir wie ein Kaninchen von einem Adler davontragen lassen; und wenn er bedacht hätte, wie viel Kraft und Mut im Körper und im Herzen eines Marseiller Kapitäns stecken, hätte er meine Hände nicht ungefesselt gelassen. Und er hätte nicht vergessen, die Schnalle meiner Hose herauszureißen!«

»Nun gut, lieber Kapitän, ich ziehe eine andere Lehre aus dieser Geschichte. Was mich bei dem Ganzen beeindruckt, ist die außerordentliche Kraft, welche ein Mann durch die Verzweiflung gewinnt. Dank dieser Hoffnungslosigkeit haben Sie sich da aus der Schlinge gezogen. Aber Sie sind der Gefahr geschickt entronnen und haben letzten Endes die Partie gewonnen; die erste Runde war ja an den Amerikaner gegangen. Durch Ihre schreckliche Ungerechtigkeit haben Sie diesen Mann – den armen Teufel – so rasend gemacht und in ihm den Wunsch reifen lassen, dass er während dreier Jahre eine noch schrecklichere Rache vorbereitete. Das erste Mal haben Sie falsch gehandelt, als Sie bei Ihrem Bestrafungsrecht Grenzen überschritten haben …

Erinnern Sie sich an einen Grundsatz, der meiner Meinung nach einer der nützlichsten und gewinnbringendsten ist, den man im Lebenskampf beobachten kann:

Man darf niemals einen Gegner bis zum äußersten treiben.«

Zwischen Himmel und Erde

Aus den Papieren eines Luftschiffers mitgeteilt von Paul Pasig

In unseren Tagen, welche Zeugen sind von verschiedenen, teilweise mit erschütternden Katastrophen endenden Versuchen, die Lenkbarkeit der Luftschiffe zu ergründen, und in denen wir »hangend und bangend, in schwebender Pein« der Nachrichten über das Geschick des kühnen Nordpolseglers anderer gewärtig sind, dürfte das folgende Erlebnis eines erprobten Luftschiffers doppelte Aufmerksamkeit beanspruchen. Zeigt es sich doch, wie zu den Zufällen und Gefahren, denen an sich schon jene unerschrockenen Pioniere der Wissenschaft ausgesetzt sind, neue, noch viel unheimlichere hinzutreten können, die wie ein dunkles Verhängnis gerade diese Versuche in den Bereich der grauenerregendsten Wagnisse zu rücken geeignet sind.

Ich war, so erzählt derselbe, Anfang September des Jahres 18 . . in dem Städtchen F. im Begriffe, angesichts einer großen Zuschauermenge in meinem umfangreichen Ballon aufzusteigen. Die Herren, die mir anfänglich ihre Begleitung zugesagt hatten, nahmen, als es ernst wurde, ihr Versprechen zurück, und so war ich genötigt, allein aufzusteigen. Zuvor ließ ich meine Augen noch einmal in der Zuschauermenge herumschweifen; dann gab ich, während ich auf dem Boden der Gondel noch einiges zu ordnen hatte, den Befehl, die Stricke des Ballons zu lösen. Wer beschreibt aber mein Erstaunen, als ich plötzlich, während das Ungetüm sich ziemlich jäh in die Lüfte erhob, einen jungen Mann neben mir in der Gondel erblickte, der, aufrecht vor mir stehend, militärisch grüßte und mir die Hand darbot! Jetzt erst erkannte ich den Eindringling, der, als ich die letzten Vorbereitungen zum Aufstieg traf, unbemerkt die Gondel bestiegen hatte. Es war jener blasse, hagere Jüngling mit den stechenden Augen und dem langen, blonden, etwas wirr herabhängenden Haar, den ich bei meinen letzten Auffahrten fast stets beobachtet hatte, wie er sich an mich herandrängte, mir durch allerlei kleine Handreichungen sich gefällig zu erweisen suchte und überhaupt ein reges Interesse für meine Unternehmungen bekundete. Heute erschien mir die Art seines Kommens ziemlich zweifelhafter Natur, und ohne den Gruß zu erwidern, fragte ich zunächst erstaunt, was er hier zu suchen habe.

»Sie können mich nicht entfernen«, erwiderte er bestimmt, »folglich habe ich ein Recht, hier zu sein!«

Zugleich ergriff er zwei Säcke des mitgenommenen Ballastes und warf sie hinaus.

»Herr«, rief ich im Tone der Entrüstung, »was fällt Ihnen ein? Wenn ich auch genötigt sein werde, Ihnen wohl oder übel den Aufenthalt in meinem Ballon zu gestatten, so bitte ich mir doch aus, mir allein die Leitung zu überlassen!«

»Gewiss werde ich das gern«, erwiderte jener, »vorausgesetzt, dass Ihre Anordnungen meinen Beifall finden!«

Ganz verdutzt durch diese Antwort, maß ich jetzt den Fremden mir einem Blicke, der gewiss nichts Freundschaftliches bedeutete. Mein Gegenüber mochte dreißig Jahre alt sein und war, trotz seiner Blässe und Magerkeit, doch, wie es schien, kräftig und muskulös gebaut. »Kein zu verachtender Gegner!«, dachte ich schaudernd bei mir. Dieser aber fuhr harmlos fort:

»Da ich kein Geld bei mir hatte, um die Kosten für die Mitfahrt zu bestreiten, musste ich mir auf diese Weise helfen. Es soll übrigens, das versichere ich Ihnen, die letzte Fahrt sein!«

Mir schwindelte einen Augenblick. Dann versetzte ich wie gleichgültig:

»Das Weitere hierüber wollen wir besprechen, wenn wir wieder unten auf der Erde sind!«

»Auf der Erde?«, fragte jener gedehnt.

Zugleich ergriff er wieder zwei Säcke Ballast und schleuderte sie hinaus, sodass der Ballon im Nu einige hundert Fuß emporsauste. Jetzt begann mir das Blut zu wallen. Unwillig ergriff ich den Fremden beim Arme und rief:

»Herr, das lassen Sie nun bleiben!«

Aber ein Ruck, und mein Begleiter hatte sich von mir losgerissen und stand wie befehlend vor mir da. Ich merkte, dass hier mit Gewalt nichts auszurichten sei. Ich fuhr daher, mich zu einem möglichst milden Tone zwingend, fort:

»Lassen Sie uns nun niedersteigen! Die schwarzen Wolken dort im Süden verkünden ein nahes Gewitter, dem wir zuvorkommen müssen.«

»Herrlich, herrlich«, rief nun jener wie im Tone der Verzückung,

»die Wolken zu durchschneiden und tief unter sich die Blitze zucken zu sehen!«

Und wiederum flogen zwei Säcke Ballast in weitem Bogen hinaus. Jetzt waren wir über 4000 Fuß hoch über der Erde. Ich bat, ich flehte – aber mein Begleiter blieb unerschütterlich, ja, je höher wir stiegen, eine umso größere Erregbarkeit schien sich seiner zu bemächtigen.

»Bah«, rief er verächtlich, »was sind 4000 Fuß! Sind nicht schon Astronauten von meiner Geschicklichkeit 20 000 Fuß und darüber gestiegen?«

Mich überkam ein leises Frösteln. Er schien dies zu bemerken und fuhr wie väterlich mahnend fort:

»Übrigens sehe ich, dass Sie zur Führung des Ballons in solchen Höhen völlig ungeschickt sind. Ich werde nun selbst die Leitung desselben übernehmen und verbitte mir jegliche Störung Ihrerseits!«

Und wieder flogen einige Säcke hinaus. Heiliger Himmel, wie sollte das enden? Immer höher raste der Ballon, und so oft ich den Versuch machte, den unheimlichen Gast am Hinauswerfen des immer mehr zusammenschmelzenden, gerade jetzt so unentbehrlichen Ballastes zu hindern, hielt er mich wie mit eisernen Klammern fest! Jetzt war mir's klar: ein Wahnsinniger war es, den ich hier als Gast beherbergte, ein Wahnsinniger zumal, mit ungeheuren physischen Kräften ausgerüstet, sodass ich ein völlig willenloses Werkzeug in seiner Hand war. Da schoss mir blitzartig ein Rettungsgedanke durch den Kopf! Nämlich mich des Ventils zu bemächtigen und auf diese Weise durch Ausströmen des Gases das Hinabsteigen hinter seinem Rücken zu bewirken. Gedacht, getan! Ich verwickelte meinen Partner in eine harmlose Unterhaltung über die neuesten Forschungen auf aeronautischem Gebiete, und während er gespannt lauschte, gelang es mir in der Tat, das Ventil zu erreichen. Damit er das Geräusch des ausströmenden Gases nicht höre, war ich genötigt, über Gebühr laut zu sprechen. Allein nicht allzu lange. Denn bald ergriff mein Begleiter, offenbar ganz in seinem Elemente, das Wort, zog aus jeder Tasche ein Manuskript heraus, das diesen Gegenstand zum Inhalte hatte, und begann nun, mir eine Vorlesung über seine Erfindungen auf dem Gebiete der Luftschifffahrt zu halten, wobei er jedoch mit gespanntester Aufmerksamkeit jede meiner Bewegungen beobachtete. Dem musste vorgebeugt werden. Ich suchte daher durch geeignete Zwischenreden seine Aufmerksamkeit abzulenken.

»Aber haben Sie denn«, knüpfte ich, scheinbar teilnahmsvoll an,

»alle Hoffnung aufgegeben, Ihre geradezu staunenswerten Ideen zur Ausführung zu bringen?«

»Alle, alle!«, rief er gefasst. Dann fuhr er, indem seine Augen in unheimlichem Feuer zu funkeln begannen, fort:

»Sehen Sie nur diesen Plan zu einem Luftschiffe«, er entfaltete ein umfangreiches Manuskript, »das ganze Armeen mit dem nötigen Kriegsmaterial aufzunehmen vermag! In den Lüften sollen zukünftig unsere Kriege geführt, die blutigen Schlachten geschlagen werden und von brennenden Ortschaften, zerstampften, verheerten Fluren soll keine Rede mehr sein!«

Ich beobachtete inzwischen – welche Genugtuung! – wie der Ballon zu sinken begann!

»Aber haben Sie denn niemand«, fuhr ich scheinbar entrüstet fort, »für Ihre wahrhaft großartigen Pläne zu interessieren gewusst?«

»Mit Blindheit sind sie alle geschlagen!«, schrie er, während zugleich ein heiseres Lachen hörbar wurde. »Nicht wert sind sie dieser Himmelsgabe, und darum sollen auf dieser meiner letzten Fahrt die Götter ihr erhabenes Geschenk, das sie mir anvertrauten, und dessen Wert Menschenverstand nicht zu ermessen vermag, wieder zurückerhalten … Aber«, fuhr er plötzlich mit veränderter Stimme fort, »was tun Sie? Sie haben gegen meinen Befehl das Ventil geöffnet!«

Zum Tod erschrocken ließ ich los, und pfeilschnell hob sich der Ballon wieder empor. Mit drohend erhabener Rechten stand er vor mir. Dann ergriff er wieder einen Sack Ballast und schleuderte ihn hinaus.

»Glücklicherweise haben wir noch zweihundert Pfund«, fügte er wie beruhigt hinzu. »Der Weg in die Sonne ist noch weit, und die Reise geht viel zu langsam vonstatten!«

Mit ungeheurer Vehemenz schnellte der Ballon in die Höhe. Tief unter uns zuckten die Blitze durch die schwarzen, teilweise magisch glänzenden Wolken, und nur zuweilen ließ sich das dumpfe Rollen des Donners hören. Die Sonne stand tief am Firmamente und war durch Wolken verdeckt. Über uns begann der Himmelsraum zu dunkeln.

»Lassen Sie uns niedersteigen!«, flehte ich aufs Neue. »Wohin wollen Sie denn eigentlich?«

»In die Sonne, zur Gottheit hinauf!«, war die Antwort.

Wiederum erleichterte er den Ballon um 50 Pfund. Dann ergriff er den Kompass und schleuderte ihn gleichfalls hinab. Jetzt wurde mir unheimlich zumute, und ich kam mir dem Wahnsinnigen gegenüber vor wie ein hilfloses Kind.

»Um Gottes willen, was tun Sie?«

Mit diesen Worten stürzte ich auf den Irren zu, um seinen Arm zu fassen. Dieser aber, abwehrend, ergriff das Barometer – ein Ruck, und es flog in die gähnende Tiefe hinab.

»Wir brauchen nicht mehr zu wissen, wohin und ob wir auf- oder niedersteigen«, bemerkte er mit eisiger Ruhe, »die Sonnenbahn ist frei!«

Zugleich schleuderte er die Hälfte des noch übrigen Ballastes hinab, und abermals hob sich der Ballon in jähem Flug ein paar hundert Fuß höher. Meine Pulse flogen, und das Herz hämmerte, als wollte es zerspringen. Das Blut begann mir bereits aus Mund und Nase zu rinnen.

»Wie herrlich, als Märtyrer der Wissenschaft im freien, reinen Äther zu sterben!«, jauchzte der Wahnsinnige. Zugleich warf er den letzten Rest des Ballastes hinaus. »Wohlan, die Stunde der Erlösung ist da!«, fügte er hinzu, indem er ein Messer ergriff und Anstalten traf, die Stricke, welche die Gondel mit dem Ballon verbanden, zu zerschneiden. »Der Ballon mag fallen«, rief er dabei entzückt, »wir aber segeln in den Weltenraum und finden ein Grab in der Sonne!«

Jetzt hielt es mich nicht länger: Mit der ungestümen Kraft, welche die Verzweiflung verleiht, stürzte ich mich auf den Unglücklichen und erreichte zunächst gerade so viel, dass ich den Arm, der eben den verhängnisvollen Schnitt zu vollführen im Begriffe war, wegriss. Aber im Augenblicke hatte er mich zu Boden geworfen, und indem er das Knie auf meine Brust stemmte, fing er an, behaglich – eins, zwei, drei – die Stricke abzuschneiden …

Plötzlich schienen seine Gedanken eine andere Richtung zu nehmen. Er erhob sich, erfasste mich kräftig am Arme und zog mich an den Rand der frei schwebenden Gondel, indem er mir zuflüsterte:

»Wir wollen jetzt gehen – kommen Sie!«

Zugleich machte er Miene, sich mit mir hinauszustürzen.

Mit einem Schrei des Entsetzens befreite ich mich jedoch und floh an das äußerste Ende der Gondel, klammerte mich instinktmäßig an die sie noch haltenden Stricke und schloss wie betäubt die Augen. Als ich sie wieder öffnete, fand ich mich in der völlig in ihrer Lage veränderten Gondel allein, 10 000 Fuß über dem Erdboden, und mein unheimlicher Gast war – verschwunden! Noch stieg der Ballon höher und höher, ein heftiges Frostgefühl überkam mich, und meine Zähne schlugen klappernd aufeinander. Jeder Atemzug verursachte mir die heftigen Schmerzen. Plötzlich trat an die Stelle des Frostgefühls eine erstickende Hitze – ich sah mich in einer feuerglühenden Wolke, und in meinen Ohren hallte ein furchtbarer Krach wider: Das Gas hatte die Ballonhülle gesprengt! Mit entsetzlicher Geschwindigkeit drehte sich eine Zeit lang die feurige, gestaltlose Masse um sich selbst und sank immer tiefer und tiefer, wobei mir die Sinne schwanden … Nach und nach kam ich der Erde näher, und bald ward mir, zum Bewusstsein zurückgekehrt, klar, dass ich, kaum zwei Meilen vom Meere entfernt, Gefahr lief, dahingetrieben zu werden. Bis dahin hatte ich mich, an dem einen Ende der Gondel stehend, krampfhaft an die Stricke geklammert. Ein heftiger Stoß riss mir diesen letzten Halt aus den Händen und schleuderte mich rücklings aus der Gondel … Aber zu meinem höchsten Staunen fand ich mich weder im Weltenraume noch im Meere – sondern im weichen Grase einer Wiese! Ich war der Erde näher gewesen, als ich vermutete, und der Anker hatte glücklicherweise einen Ort gefunden, wo er sich festhaken konnte. Kaum aber hatte sich der Ballon der Bürde entledigt, so flog er, eine ungestalte Masse, dem Meere zu, um dort zu versinken. Von meinem Unglücksgefährten habe ich nie wieder etwas gehört. Er ist offenbar – statt in die Sonne – ins Meer gefallen, das er aber gewiss nicht lebend erreicht hat.

Das war das Ende eines vielleicht gar nicht unbegabten Forschers, dem das kühne Streben, weil ihm die nötigen wissenschaftlichen Voraussetzungen und vielleicht auch die praktischen Hilfsmittel zur Verwirklichung seiner hochfliegenden Pläne fehlten, zum Fluche, zum Verhängnis wurde.

Ein Kampf im Luftballon

Eine Erzählung von einem unbekannten Autor

Don Fernando del Castillo war einer der genialsten Luftschiffer Spaniens. Sein Vater, ein wohlhabender Kaufherr von Barcelona, hatte eine große Abneigung gegen die, wie er meinte, fantastische Idee seines Sohnes, die Wolken mittels des Ballons zu durchschiffen, und verweigerte dem erst neunzehnjährigen Jünglinge alle Mittel, seine halsbrecherischen Fahrten zu unternehmen. Fernando aber hatte mit dem Starrsinn des Genies sich dennoch einen Ballon zu verschaffen gewusst und erklärte, damals 20 Jahre alt, öffentlich in den Blättern von Barcelona, er werde dann und dann und da und da mit seinem Luftsegler aufsteigen. Der Vater Castillo, nicht minder konsequent als der Sohn, geriet in eine echt spanische Wut und bot, gestützt auf seine Machtstellung in der Stadt, Polizei und sogar Militär zur Verhinderung der Luftschifffahrt auf.

Fernando sah sich an Ort und Stelle; Tausende von Menschen hatten sich zu dem Schauspiele eingefunden – aber von den Wächtern der Ordnung umzingelt. Doch »Bah!«, rief er, »ich tue, was ich will!«, und mit einer Sarazenerklinge[1], die er stets bei sich trug, hieb er den Strick, der den Ballon noch mit dem Erdboden verband, gerade in dem Momente durch, als man den Jüngling ergreifen oder vielmehr an seinem Vorhaben hindern wollte. Vor den Augen der jubelnden Menge und des mit dem Fuße zornig aufstampfenden Vaters flog der Ballon pfeilgeschwind empor, während Fernando, wie triumphierend, eine Pistole in den leuchtenden Sommermorgen abschoss. Das krachte und blitzte, und sodann winkte der tollkühne Jüngling noch einmal mit dem weißbefederten schwarzen Hute hinab – und höher stieg er, immer höher.

So war Fernando del Castillo, der Jüngling: Fantastisch, stolz, eigenwillig. Indes wir wollen hier von dem Manne Fernando sprechen.

---

[1] Die Sarazenen waren ursprünglich ein auf der arabischen Halbinsel beheimatetes Volk. Später oft als Synonym für alle islamischen Volksgruppen verwendet.

Er war 50 Jahre alt und hatte viel erfahren: Ringen ohne Errungenes, Ehrbegierde ohne Ehre, Ruhmsucht ohne Ruhm – er war ein verbitterter Mensch, der alles an alles setzte, sobald es galt, seine Jugendschwärmerei endlich in die Tat umzusetzen – endlich nach so vielen Jahren vergeblichen Ringens eine wirklich großartige, aufsehenerregende Luftfahrt zu unternehmen!

Es war in Toledo. Miguel Diaz de Almeda war ein reicher Mann und ein angesehener Patrizier der Stadt, in den besten Mannesjahren, freigebig, eitel, unternehmungslustig. Fernando näherte sich diesem, und Miguel fand Geschmack an Fernando. Fernando brauchte einen Ballon, viel Geld und Protektion, und Miguel gab ihm alles.

»Aber dafür, dass ich Euch den Spaß bezahle«, sagte er, »mache ich die Fahrt natürlich mit.«

Fernando bejahte, und schnell wusste ganz Toledo: Miguel ist so kühn wie Fernando! Das schmeichelte dem reichen Mann.

Da plötzlich brach in Spanien eine Geldkrisis aus, und Miguel Diaz de Almeda, der reiche Mann, geriet in eine peinliche Lage.

»Fernando«, sagte er, »ich kann Euch das Geld, das ich Euch bisher so gern als Geschenk gegeben hätte, nur noch gegen Schuldschein zahlen.«

Fernando war außer sich vor Schmerz und Kummer. Was sollte er tun? Der Ballon war nahezu fertig, und alle Vorbereitungen waren getroffen. O, diese Lust, die in den Adern Fernandos kochte, diese Lust, endlich mit vollem Prunk in die Wolken fahren zu können! War der Ballon, wenn er fertig, nicht der herrlichste von der Welt? Blickte nicht ganz Spanien auf ihn, den kühnen Luftschiffer, auf den Tag, da die Fahrt unternommen werden sollte? Und nun sollte es leerer Schall sein, was eine Tat werden wollte – Hohn, was sich Ruhm dünkte? Nein – es sollte doch werden, und es sollte sogar glänzend werden, trotz Miguel Diaz de Almeda und aller Geldverlegenheit der Welt!

Ein Schuldschein wurde von Fernando ausgestellt und dem Miguel übergeben – und alles war gesichert! Denn die Welt hielt den kühnen Luftschiffer für einen wohlhabenden Mann, und nur Miguel Diaz de Almeda wusste, dass er es nicht war. Das Ansehen Miguels als reicher Mann konnte so nicht geschädigt werden; denn den Schuldschein Fernandos in der Hand, konnte er den Leuten von Toledo sagen:

»Seht, ich wage nichts. Fernando wagt alles. Wer spricht daher, ich gefährde in diesen schweren Zeiten die Sicherheit meines Hauses?«

So lagen die Dinge. Und Fernando unterzeichnete den Schuldschein, und Miguel konnte diesen jeden Tag in der Geschäftswelt präsentieren. Es war von beiden nicht ehrlich; denn der eine wusste, dass es dem andern nicht ernst war; beide fühlten sich nicht wohl bei dem Spiel – es war eine peinliche Lage.

Inzwischen waren die kritischen Zeiten immer noch kritischer geworden. Morgen aber sollte die Luftschifffahrt vor sich gehen, und heute auf einmal lief das Gerücht durch die Stadt Toledo: Das Haus Miguel Diaz de Almeda hat die Zahlungen eingestellt – sein Zusammenbruch ist unvermeidlich!

Noch wusste niemand um den Schuldschein Fernandos. Wenn Miguel ihn, um sich aus der Not zu retten, einem Bankhause präsentierte? Unfehlbar aber öffnete sich dann das Schuldgefängnis dem Fernando; denn er war arm und konnte die Zahlung nicht leisten.

»Also«, das beschloss Fernando, »muss Miguel untergehen, heute oder morgen – morgen, ja morgen!«

Er machte ja die Luftschifffahrt mit. Zuvor aber musste Fernando erst den Schuldschein in seinen Besitz bringen!

Miguel Diaz de Almeda blieb inzwischen bei seinem Vorsatz, die Fahrt mitzumachen. Denn noch war das Gerücht seines bevorstehenden Bankrotts bloß Gerücht geblieben, und man sollte aus seinem Fortbleiben von der Fahrt ja nicht schließen, es stünde wirklich schlecht um ihn – im Gegenteil, die Leute würden sagen:

»Wer Lust zu solchem Sport hat, dessen Finanzen können nicht schlecht stehen!«

Am Abend vor dem Tage der Auffahrt bat Miguel noch einige Freunde in die festlich geschmückten Räume seiner am Tajo malerisch gelegenen Villa. Fernando natürlich befand sich unter den Gästen. Man trank viel, und vor allem der glücklichen Fahrt in die Wolken galt es, wenn die Gläser aneinander klangen. Es war gegen zwei Uhr nachts, und die Gäste hatten, des Weines voll, die Villa wieder verlassen. Nur Miguel und Fernando waren noch beisammen. Das Gespräch drehte sich um das Programm des morgigen Tages. Miguel war schläfrig, und als er sich, das Gesicht der Wand zugewendet, lang auf der Ottomane[1] ausstreckte, auf welcher die beiden saßen, schüttete der listige Fernando unbemerkt ein Schlafpulver in den Wein des Arglosen.

[1] Liegesofa.

»Trinkt, Freund«, sprach er dann, »das wird Eure Geister von Neuem beleben!«, und reichte den Pokal.

Miguel leistete der Aufforderung Folge, und wenige Minuten später umfing ihn ein tiefer Schlaf.

Da erhob sich Fernando, nahm vorsichtig aus der Tasche des Schnarchenden den ihm bekannten schlanken Schlüssel zum Tresor des Börsenmannes, schlich leise in das angrenzende Büro und entdeckte bei einer schnell entzündeten Wachskerze schon nach wenigen Augenblicken den ersehnten Schuldschein. Ihn ergreifen, den Kassenschrank wieder schließen, die Kerze ausblasen und zu dem andern zurückkehren – das alles war das Werk nur eines Moments. Dann zog Fernando die Glocke.

»Diego«, sagte er kurz zu dem eintretenden Diener, »sorgen Sie, dass Ihr Herr ins Bett kommt! Ich lasse ihm sagen: Auf morgen!«

Dann ging er. –

Am andern Morgen Punkt zehn Uhr sollte die Luftfahrt von einem großen Park aus stattfinden. Fernando und Miguel waren schon um neun Uhr auf dem Platze. Alles war bereit und der Ballon mit Gas gefüllt. Lauter Jubel begrüßte die beiden Helden des Tages. Es war ein schöner Herbstmorgen. Die beiden stiegen ein.

»Was sollen die Waffen da?«, fragte Miguel, auf Pistolen und ein Schwert deutend, die am Boden des Ballons lagen.

»Es ist besser so«, antwortete Fernando, »denn einst wurde ich beim Niederlassen von unwissenden Bauern angegriffen und musste mich mit dem Schwert in der Hand verteidigen.«

Er hatte das kaum gesagt, als er den Ballon, der nur noch durch ein Tau an die Erde gefesselt war, löste, indem er das Tau mit seinem Damaszener[1] durchhieb, den er auch heute mit sich führte. Der Ballon stieg schnell empor. Miguel schoss eine Pistole ab; unten wurden Kanonen gelöst. Es war den beiden Luftschiffern, als ob eine große, rätselhafte Kraft ihre Füße nach oben drücke.

»Eine herrliche Ruhe bemächtigt sich meiner«, sprach Miguel.

Aber Fernando lächelte höhnisch in sich hinein, während der andere entzückt unter sich blickte. Es war, als ob die Erde fiel, tief und immer tiefer, und dabei sah alles auf ihr aus, wie auf eine Fläche gemalt. Der Park, aus dem sie aufgestiegen waren, lag wie ein grünes Viereck unter ihnen, und die Menschenmenge glich einem darauf-

[1] Orientalisches Schwert mit einer Klinge aus sogenanntem Damaszener-Stahl

fallenden Schatten. Die Zwei hörten jedoch noch deutlich das Kanonengedonner, und ein verworrenes Geräusch tönte aus der Tajostadt zu ihnen hinauf. Der Ballon stieg wie eine goldene Seifenblase in die Wolken, die er in rasender Schnelle durchbrach. Tiefe Stille herrschte bald über der Welt da unten. Das Barometer zeigte auf 10 000 Fuß Höhe, und Miguel rief mehrmals aus:

»Wunderbar! Erhaben! Überirdisch!«

Da fiel ihm plötzlich das sonderbare Benehmen Fernandos auf. Dieser brütete vor sich hin und zeigte mitunter ein fast grinsendes Lächeln.

»Er sieht ja aus wie ein Verbrecher«, dachte Miguel.

»Binden Sie schnell den Sack da auf und werfen Sie einige Hände voll Sand hinaus!«, herrschte der Barceloner den erschrockenen Miguel an.

Dieser bückte sich und ergriff den ersten besten Sack, als Fernando ihn wütend beim Arm fasste und rief:

»Was soll das heißen, Sie Narr? Den ersten da in der Reihe – den ersten!«

Miguel blickte sich betroffen um:

»Nun, Ihr seid ja heute sehr zuvorkommend!«

»Entschuldigen Sie«, erwiderte Fernando, sich fassend, »aber wir Luftschiffer müssen sehr genau verfahren.«

Miguel fing an, den Sand mit der Hand hinauszuwerfen, während Fernando sich hinter ihm bückte und einen schier tierischen Laut ausstieß. Erschrocken blickte Miguel sich um. Der andere hatte den Sack, den er ihm soeben fortgerissen, ebenfalls aufgemacht: Es war lauter Schießpulver darin, und Fernando stand mit gezogenem Schwert und gespannter Pistole da. Miguel ließ seinen Sack mit dem Sande fallen, und sofort stieg der Ballon noch einige tausend Fuß höher.

»Hund!«, schrie da mit einem Mal Fernando den entsetzten Miguel an. »Bestie, verd… Kerl! So höre denn: Ich habe dich nur mit mir heraufgeschleppt, um dich zu töten! Du kannst mich ins Verderben stoßen, mich in den Schuldturm bringen – aber sieh: Das sollst du nicht!«

Währenddessen nahm er den Schuldschein aus der Brusttasche.

»Hier flattert das Dokument in die Luft«, fuhr er fort, indem er den Schein zerriss und über Bord warf, »das Dokument, das mich hätte verderben müssen, wenn ich es dir nicht gestern Abend gestohlen hätte! Aber zerrissen werden wie das Papier musst auch du, damit die da unten nichts erfahren von meiner Schuldverschreibung, von der nur du weißt. So nur kann ich weiterleben – nur so! Rühre dich nicht – oder ich schieße in dieses Pulver, dass du in den Mond fliegst! Dann freilich ist es auch um mich geschehen. Aber nein – ich will ja leben, und dir, dir will ich, wenn du dich willig zeigst, den Tod angenehm machen. Ich will dich bloß erschießen – nicht zerschmettern!«

Und dabei setzte er dem hilflosen Miguel die Pistole auf die Brust. Dieser aber, in der höchsten Angst seines Herzens, ergriff den schweren Barometer und schlug seinen Gegner damit so furchtbar auf den Kopf, dass dieser betäubt zusammensank. Miguel, zunächst der Gefahr entronnen, warf eiligst die Pistolen, den Säbel und den Sack mit Pulver über den Rand des Korbes. Dann beugte er sich über Fernando, um zu sehen, ob er ihn verwundet hätte, aber im gleichen Augenblick fühlte er einen heftigen Stich in der Seite, der ihn auch sicher getötet haben würde, wenn er ihn nicht noch rechtzeitig mit starker Hand aufgehalten hätte. Er sank nach hinten, während Fernando sich wütend mit gezücktem Dolche auf ihn stürzte. Schnell hieb Miguel mit fast übernatürlicher Kraft mit dem Barometer abermals auf ihn ein, hob Fernando über den Rand des Korbes und – warf ihn hinab in die endlose Tiefe. Eine Zaubermacht zwang ihn, ihm nachzublicken, und während der Ballon mit Blitzesschnelle wiederum in die Höhe fuhr, fiel Fernando ebenso schnell hinab, immer tiefer und tiefer. Endlich verschwand er in den weißen, flockigen Wolken.

»Fahre hin, du Bösewicht!«, rief Miguel ihm nach.

Er war jetzt aus den Händen des Mörders gerettet, aber damit noch nicht aus der Gewalt der Naturkräfte, die mit dem Ballon spielten wie mit einem Atom im Winde. Es wurde ihm schwarz vor den Augen. Alle Glieder zitierten ihm vor Frost, und mit letzter Kraft griff er nach der Schnur, die den Ballon öffnete. Das Gas entwich mit einem brausenden Geräusche, aber noch immer stieg der Ballon. Das Blut drang dem halb Besinnungslosen aus der ihm beigebrachten Wunde, und er sank bewusstlos auf den Boden des Korbes.

Als Miguel nach längerer Zeit wieder zur Besinnung kam, sank der Ballon mit großer Schnelligkeit, denn das Gas war fast ganz entwichen. Schon hatte er die Wolken durchbrochen. Der Mond schien auf die ferne Landschaft da unten, der Wind hatte sich aufgemacht und blies den Ballon vor sich her. Als Miguel der Erde nahe genug zu sein meinte, ließ er den Anker fallen, der auch bald den Boden berührte; doch der Ballon wurde so gewaltig vom Winde getrieben, dass der Anker nirgends haftete, bis er endlich in einer Eiche sich festschlug. Das Gas entfloh nun vollends durch die vielen großen und kleinen Löcher, die in den Ballon gerissen waren.

Da, bei einem neuen Windstoß riss plötzlich das Tau, das den Anker hielt, und der Ballon fuhr nochmals in die Höhe. Dann sank er wieder. Durch Bäume, über Felder und Wiesen hin ging der Flug in unglaublicher Geschwindigkeit. Da endlich ließ der Wind nach, der Ballon flog langsamer, und als er wieder die Erde berührte, warf Miguel, schnell entschlossen, sich selbst über den Rand des Korbes und fiel, geschunden und zerschlagen, in ein Kornfeld.

Es war noch Nacht. Miguel hinkte stöhnend und ächzend auf ein nicht allzu fernes Licht zu. Gutmütige Bauersleute nahmen ihn auf und pflegten ihn mit hingebender Liebe.

Der Leichnam Fernandos wurde später als eine unförmliche Masse aufgefunden. Ebenso fand man den zerrissenen Ballon zehn Meilen östlich von Toledo. Miguel aber flüchtete sich so schnell wie möglich ins Ausland, um sich den peinlichen Untersuchungen zu entziehen. Die Geldkrisis in Spanien brachte ihn um all sein Hab und Gut, und er starb vor einigen Jahren nach langen Irrfahrten zu Ramallo in Argentinien. Einen Luftballon aber hat er nie wieder bestiegen, und in einem zurückgelassenen Schriftstücke erzählt er die obige Geschichte.

Ein Drama in der Luft

Eine Erzählung von Emilio Salgari

Aus dem Italienischen von Dr. Nardina Alongi

Die bezaubernde kleine Stadt Daman[1], Hauptstadt der kleinen portugiesischen Niederlassung im Westen Indiens, war an jenem Tag in vollem Aufruhr, als ob plötzlich ein unvorhergesehenes Ereignis die beneidenswerte Ruhe dieser fatalistischen Einwohner gestört hätte.

Ströme von Menschen wogten hinunter zum Strand, sie schoben und drängten mit ohrenbetäubendem Lärm, während sich die Veranden der Häuser mit Neugierigen und kleinen Schelmen füllten, die nicht weniger flink als die europäischen auf die Palmen kletterten und auf deren gewaltigen Wedeln ritten.

Scheichs mit weiten Umhängen und riesigen farbenprächtigen Turbanen, die Gesichter gerahmt von gewaltigen Bärten; Parsi[2] mit hohen konischen Kappen aus schwarzem Filz und wallenden Gewändern, fast weißen Gesichtern von außergewöhnlicher Regelmäßigkeit und Schönheit; halbnackte, muskulöse, sonnengebräunte Maratti[3] mit feurigen Augen und gertenschlanke Bombay-Einwohner, mehr schwarz als bronzefarben, nur in ein Stück Stoff von undefinierbarer Farbe gehüllt, zwängten und stießen sich durch die engen Gassen, um als erste am Strand zu sein. Die ganze menschliche Flut endete zusammengepfercht und geballt an einem aus dickem Bambus errichteten Zaun, der sich nur zum Meer hin öffnete, wo einige Männer auf zwei hohen Masten Unmengen von Stoff hissten, von dem man auf den ersten Blick nicht wusste, was er zu bedeuten hatte.

---

[1] Portugiesisch: Damão, an der Küste des Arabischen Meeres gelegene Hafenstadt; bis 1961 zu Portugiesisch-Indien gehörend; liegt heute im sog. Unionsterritorium Daman und Diu.

[2] Heute: Parsen, Einzahl: Parse = Bezeichnung für die Nachkommen der Perser, die der Lehre des Zoroaster/Zarathustra folgen.

[3] Eigentl.: Marathi = ethnische Gruppe, die eine große Region in Westindien bewohnt, welche heute den indischen Bundesstaat Maharashtra umfasst (Hauptstadt: Mumbai, ehem. Bombay); gleichzeitig Bezeichnung für die dort gesprochenen Sprache.

Drei Tage zuvor waren im Überfluss bunte Anzeigen verteilt worden, die der europäischen und einheimischen Bevölkerung mitteilten, dass Signor Olas Camarghaos, der berühmte Aeronaut, das seltene Schauspiel eines Freiflugs in seinem Gasballon Tejo anböte.

Diese Ankündigung hatte, wie man sich leicht vorstellen kann, die indische Bevölkerung, die noch nie den Aufstieg eines Ballons gesehen hatte, völlig durcheinandergebracht, aber auch die Portugiesen, die sich die meiste Zeit des Jahres mit der Betrachtung des Sonnenuntergangs begnügen mussten, einem zweifellos exquisiten Vergnügen, das aber kaum Spannung bot.

Woher der berühmte Aeronaut kam, wusste niemand zu sagen, und niemand hatte je zuvor etwas von ihm gehört.

Doch das spielte jetzt keine Rolle. Signor Camarghaos, berühmt oder nicht, war mit einem Ballon gekommen, hatte den Zaun aufgebaut, alle für die Gaserzeugung nötigen Gerätschaften aufgestellt und zudem versprochen, dass er jemand als Gesellschaft mit auf die wagemutige Reise nehmen werde. Was konnte man sich mehr wünschen?

Doch letztendlich hatte sich niemand gemeldet. Erst im letzten Augenblick hatte sich ein junger Offizier aus der Garnison angeboten, ihm zu folgen.

Diese doppelte Attraktivität hatte die Neugier der Bevölkerung noch gesteigert, so dass sich alle am Zaun versammelten und den weitläufigen Strand besetzten, der sich an die beiden Verteidigungsanlagen des Hafens anschloss.

Die Vorbereitungen wurden mit großer Sorgfalt getroffen. Signor Camarghaos wollte sich günstige Winde, die von Ost nach West bliesen, zunutze machen, in der Hoffnung, etwas weiter nördlich in Diu[1] zu landen, einer weiteren kleinen portugiesischen Besitzung an der südlichen Küste der Halbinsel Kathiawar.

Es war eine Reise von vier- oder fünfhundert Kilometern[2], die der Aeronaut in zehn Stunden zurückzulegen gedachte. Der Tejo sah prächtig aus. Es war kein neuer Ballon, aber er war von bemerkenswertem Ausmaß, vollkommener Form, einem soliden Netzwerk und einem ausreichend großen Korb, der bequem den Aeronauten und seinen Begleiter sowie Ballast und Proviant aufnehmen konnte.

---

[1] Insel im Arabischen Meer im Nordwesten Indiens mit gleichnamiger Stadt.

[2] Hier irrt Salgari; die Entfernung von Daman nach Diu beträgt etwa nur ca. 200 km Luftlinie.

So war zu erwarten, dass sie die Strecke über das Meer[1] ohne unerquickliche Zwischenfälle zurücklegen würden. Darüber hinaus hatte Signor Camarghaos versichert, dass nichts Schlimmes passieren und alles gut würde.

Beim Ausruf des Aeronauten »Fertig zur Abfahrt!« stürzte der Offizier durch den Zaun unter dem tosenden Beifall der Menge und der Garnison, die alle herbeigeeilt waren, um den tapferen Begleiter zu grüßen, einen hübschen jungen Mann, braungebrannt, gut gebaut, der im letzten indischen Aufstand Tapferkeit und Mut unter Beweis gestellt hatte und daher bei allen in der kleinen Garnison beliebt war.

Die Idee einer Fahrt durch die Lüfte hatte ihn sofort in Bann geschlagen und es war ihm nicht in den Sinn gekommen, dass diese Fahrt ein schlechtes Ende nehmen könnte.

Es hatte keine Schwierigkeiten gegeben, sich mit dem Aeronauten zu einigen, der sogar stolz war, einen Offizier anstelle eines Portugiesen mit zweifelhaftem Mut seinen Begleiter nennen zu können.

Der Tejo, der inzwischen mit Gas aufgeblasen war, schwankte majestätisch hin und her, bereit, die Reise anzutreten. Die Männer bemühten sich, ihn zu halten, so stark war sein Auftrieb.

Signor Camarghaos, mit vor Stolz geschwellter Brust und strahlendem Gesicht, hatte sich vorne in den Korb gestellt und betrachtete mit Abscheu das gemeine Volk, das ihm heftig Beifall spendete, der nicht aufzuhören schien.

Was für ein Mann dieser berühmte Aeronaut doch war! Groß und mager wie ein Räucherhering, fast kahl, doch mit einem graumelierten Schnauzbart und grauen Augen, die hin und wieder unerwartet feurig aufleuchteten.

Er schwenkte die Arme wie eine Windmühle, erteilte den Männern, welche die Seile hielten, die letzten Anweisungen und erinnerte sie daran, auf seinen Befehl hin loszulassen.

Schließlich drang aus seinem Munde mit donnernder Stimme der Ruf: »Alle loslassen!«

Der Tejo entschwebte und trug die beiden tollkühnen Aeronauten mit sich. Doch kaum hatte er den Boden unter sich gelassen, ertönte ein Schrei, oder vielmehr ein Schrei des Entsetzens, und Grauen erfasste die noch zuvor stürmisch applaudierende Menge.

»Haltet an! Haltet an!«

[1] Zwischen Daman und der Insel Diu liegt der Golf von Khambhat (engl. Cambay).

Fast gleichzeitig war oben im Korb eine erstickte Stimme zu vernehmen:

»Zu Hilfe, Signor Blancos! Zu Hilfe, mein Leutnant!«

Der Offizier, überrascht von dem verzweifelten Ausruf, beugte sich über den Rand des Korbes, während sich zwanzigtausend Arme nach oben streckten und zehntausende Stimmen noch lauter riefen:

»Haltet an! Haltet an!«

Anhalten! Aber der Tejo war kein Zug, keine Maschine. Der Ballon stieg unaufhaltsam mit großer Geschwindigkeit und bog in Richtung Meer, getrieben von einer Brise aus östlicher Richtung.

Doch er trug nicht nur den Aeronauten und den Offizier in die Lüfte. Ein weiterer Mann wurde gegen seinen Willen mit in die Höhe und unter ganz schrecklichen Bedingungen getragen.

Es war einer der Soldaten, der dazu abgestellt gewesen war, den Ballon zu halten. In dem Augenblick, in dem Signor Camarghaos »Loslassen!« gerufen hatte, fand der Arme nicht die Zeit, das Seil, das er sich unvorsichtigerweise um den Arm gewickelt hatte, um den Ballon fester halten zu können, zu lösen, und fühlte jetzt, wie er in die Höhe gehoben wurde.

In diesem schrecklichen Augenblick hatte er nicht den Mut gefunden, los- und sich fallen zu lassen. Außerdem war der Tejo so schnell gestiegen, dass er zweifelte, sein Sprung könne glücken.

Der Leutnant stieß einen Schrei des Entsetzens aus, als er in dem Soldaten, der sich verzweifelt mit aller Kraft am Seil festhielt, seinen eigenen Offiziersburschen erkannte.

»Signor Camarghaos!«, rief er dem Aeronauten zu, der das Meer und den Kompass betrachtete, um die Richtung des Ballons zu bestimmen.

»Wir sind einer zu viel! Retten wir ihn oder landen wir wieder!«

Der Aeronaut, der nichts bemerkt zu haben schien, war dermaßen mit seinen Beobachtungen beschäftigt, dass er bei diesen Worten nur die Stirn runzelte.

»Landen!«, ertönte der Ruf. »Ich wäre nicht Camarghaos, wenn ich einen solchen Unsinn beginge. Wer keinen Sinn dafür hatte, mit dem berühmtesten Aeronauten eine Reise anzutreten, sollte auf der Erde bleiben. Ich werde hinaufsteigen, immer weiter, bis zum Mond.«

»Wir haben unter uns einen Mann!«, schrie der Leutnant.

Der Aeronaut schien sich zu bemühen, die Worte des Offiziers zu begreifen, doch dann zuckte er nur mit den Achseln und erwiderte:

»Es ist nur die Angst, die verrückt macht. Ihr seid einfach nicht zum Aeronauten geboren!«

»Höher, noch höher. Wir müssen Ballast abwerfen! Wir werden eine Zigarre auf dem Mond rauchen.«

Signor Camarghaos schien nicht mehr der gleiche Mann wie zuvor zu sein. Seine Augen hatten ein seltsames Leuchten, seine Stirn war gerunzelt und seine dünnen Lippen hatten sich zu einem beängstigenden Lächeln verzogen.

War er verrückt geworden oder ein Sonderling, der noch gefährlicher als ein Geisteskranker war?

Der Leutnant, überrascht und erschrocken ob der unerwarteten Veränderung, war ans andere Ende des Korbes gerückt und rief:

»Signor Camarghaos, was tut Ihr? Ich habe Euch doch gesagt, dass wir einen Mann unten am Korb haben, der in den Seilen hängt, und dass dieser Unglücksmensch dabei ist aufzugeben.«

»Und ins Meer fallen wird«, antwortete der Aeronaut kühl. »Er sollte auf der Erde bleiben. Ein großer Dummkopf, der mich daran hindern will, den Mond zu erreichen.«

»Lasst uns landen, ich bitte Euch!«

»Ich und landen!«, rief der Aeronaut. »Ihr wisst nicht, dass ich alles, was ich hatte, dafür ausgab, diesen Ballon zu kaufen und zum Mond zu fliegen? Ihr wollt absteigen? Na, dann probiert es doch! ...«

Mit der Behändigkeit eines Affen war Signor Camarghaos auf den Rand des Korbes gesprungen, wobei er Gefahr lief, das Gleichgewicht zu verlieren und in die Tiefe zu stürzen, doch schaffte er es, auf den hölzernen Ring zu klettern, zwischen den Lippen ein Messer haltend.

Noch bevor der Leutnant begriff, warum er hinaufgeklettert war, hatte der Aeronaut bereits die entsprechende Leine des Sicherheitsventils gepackt, mit einem gezielten Hieb durchtrennt und ins Meer geworfen.

»Und jetzt landet, wenn Ihr könnt«, sagte er mit einem schwachsinnigen Lächeln. »Camarghaos fährt zum Mond, und auch wenn es Euch nicht gefällt, werdet Ihr mir Gesellschaft leisten. Immer weiter, immer höher! ...«

Der Leutnant, zutiefst erschrocken, stand regungslos da und beobachtete voller Angst den Mann, der sich auf dem Holzring wiegen ließ. Er fragte sich, ob dies alles nur ein Alptraum sei.

Ein herzzerreißender Schrei riss den Leutnant aus seiner Benommenheit, die das unerklärliche Verhalten des Aeronauten verursacht hatte.

»Helft mir, Herr Leutnant! Ich kann mich nicht mehr halten! Ich werde loslassen …«

»Helft mir, Sie Kanaille!«, rief der Offizier und drohte Signor Camarghaos mit der Faust. »Hier ist ein Mann, den wir retten müssen!«

Der Aeronaut machte keine Anstalten, darauf zu reagieren. Er beobachtete das Meer, das unter dem Ballon lag, maß die Entfernung und fuchtelte mit den Armen, als ob er ein unerklärliches Manöver durchführe.

Der Leutnant begriff, dass er von diesem Manne, dessen Gehirn auf einmal so verwirrt war, nichts erwarten konnte.

Suchend sah er sich nach Gerätschaften um, die ihm helfen konnten, den unglücklichen Soldaten zu seiner Rettung nach oben zu ziehen.

Sein Blick hielt an einer Strickleiter inne. Sie zu packen, die beiden Enden am Rand des Korbes zu befestigen und die anderen beiden Enden hinabgleiten zu lassen, war eine Angelegenheit von wenigen Sekunden.

»Antonio«, rief er, »fass!«

Der Soldat, ein junger Mann von zirka zwanzig Jahren, baumelte am Seil, etwa sieben Meter unter dem Korb. Er war kreidebleich, und seine weitaufgerissenen schwarzen Augen drückten unsägliche Qual aus.

Seine Finger, dünn und nervös, umklammerten das Seil mit höchster Anstrengung. Doch es war offensichtlich, dass ihn seine Kräfte langsam verließen.

Die Strickleiter war zum Glück ausreichend lang. Der Soldat zögerte einen Augenblick, vielleicht aus Angst, sie könne sein Gewicht nicht tragen. Doch der Überlebenstrieb überwog seine Angst.

Er streckte eine Hand aus, dann die andere und ließ das Seil los, während seine Beine die letzte Sprosse der Strickleiter erreichten.

»Komm hoch, nur Mut!«, rief der Leutnant.

Der Unglückliche wagte nicht, sich zu bewegen. Mit Schrecken sah er, wie sich 800 Meter unter ihm der Ozean ausdehnte. Sein Atem ging schwer, als ob er Mühe hätte, Luft zu holen.

»Komm hoch, nur Mut!« wiederholte der Offizier.

»Ich kann nicht, Herr Leutnant, ich wage es nicht«, stammelte der Arme. »Ich habe keine Kraft mehr.«

»Schau nicht in den Abgrund, sonst wird dir schwindlig.«

»Ich kann den Blick nicht abwenden.«

»Signor Camarghaos!«, rief der Leutnant mit drohender Stimme. »Kommt und helft mir!«

»Der Wind kommt von Osten«, erwiderte der Aeronaut. »Wir kommen gut voran.«

»Habt Ihr mich nicht gehört?«

»Ja, wir müssen noch mehr Ballast abwerfen, weil der Mond noch zu weit entfernt ist. Aber am Abend werden wir dort ankommen. Lasst uns noch mehr Ballast abwerfen.«

»Ich werde Euch ins Meer werfen!«, schrie der Offizier wütend.

»Und wer wird dann den Ballon lenken?«

Der Mann war zweifellos geisteskrank. Der Leutnant war bis zu den Haarwurzeln schweißgebadet.

Wie sollte die Reise mit einem Verrückten enden, der jeden Moment den Ballon auseinandernehmen konnte, und mit einem Soldaten auf der Strickleiter, der sich nicht wagte, sie emporzuklimmen?

Es war zu spät, die Entscheidung, den wahnsinnigen Aeronauten zu begleiten, zu bereuen.

Doch Signor Blancos war zum Glück weder ein Mann, der sich leicht entmutigen ließ, noch einer, der den Kopf verlor.

Er begriff, dass in erster Linie der Soldat gerettet werden musste. Zumindest konnten zwei Männer den Verrückten im Zaum halten, falls dieser versuchen sollte, den Ballon zu vernichten.

Er nahm aus einem Korb eine Flasche alten Portweins, die er vorsichtshalber mitgenommen hatte, befestigte sie an einer Schnur und ließ sie zu dem Soldaten hinab, wobei er zu ihm sagte:

»Trink, Antonio! Das wird dir Mut einflößen, und dann komm hoch.«

Der junge Mann, erschöpft vor Dankbarkeit und Angst, ließ sich das nicht zweimal sagen.

Mit zitternder Hand ergriff er die Flasche und leerte sie in einem Zug um mehr als die Hälfte.

»Kannst du jetzt hochklettern?«, fragte der Offizier.

»Ich werde es versuchen, Herr Leutnant.«

»Wenn es dich in den Abgrund zieht, schließ einfach die Augen. Halte dich gut fest und hab keine Angst.«

Der Soldat, ermutigt durch den großzügig genossenen Wein, hatte die Beine angezogen und begann hochzuklettern.

Er war kein ängstlicher Mann, hatte bereits bei verschiedenen Gelegenheiten seinen Mut bewiesen und war außerdem mit guten Muskeln ausgestattet.

Die Augen geschlossen, um nicht von der immensen Weite, die sich unter ihm erstreckte, angezogen zu werden, kletterte er nach oben, wobei er Hände, Füße und sogar Zähne einsetzte, mit denen er in die Sprossen biss, vor allem wenn die Strickleiter unerwartet ins Schwanken geriet.

Doch es dauerte Minuten, bis er die sechs oder sieben Meter, die ihn von der Kante des Korbes trennten, überwunden hatte, weil er häufig anhalten musste.

Der Leutnant war zur Stelle. Sobald der Soldat in seiner Nähe war, packte er ihn an den Armen, hievte ihn mit ungeheurer Anstrengung hoch und legte ihn in den Korb.

Der arme und unfreiwillige Aeronaut konnte nur noch mit erstickter Stimme stammeln:

»Danke, mein Leutnant.«

Dann fiel er, zwischen den Ballastsäcken liegend, in Ohnmacht.

Während dieser wundersamen Rettung hatte Signor Camarghaos den Holzring, der unter dem Ballon aufgehängt war, verlassen und es schien, als habe er die Anwesenheit des neuen Aeronauten gar nicht bemerkt.

Er saß rittlings zwischen zwei Seilen, hatte weiterhin das Meer betrachtet und dabei mit sich selbst gesprochen. Seine Augen glänzten in einem dumpfen Licht, sein Gesichtsausdruck hatte sich verändert und die Hände waren ausgestreckt.

»Signor Camarghaos«, sagte der Offizier. »Helft mir, diesen armen Mann zurückzubringen.«

Der Aeronaut antwortete zunächst nicht, so als hätte er nichts gehört, doch als er nach unten blickte und den Soldaten sah, bekam er einen plötzlichen Wutanfall.

»Wer hat diesen Idioten hierher gebracht?«, schrie er und knirschte mit den Zähnen. »Er hindert meinen Ballon daran, den Mond zu erreichen. Werft ihn ins Wasser.«

»Wenn Ihr nicht aufhört, werde ich Euch ins Wasser werfen«, erwiderte der Leutnant. »Zur Hölle mit Eurem Ballon, Eurer Berühmtheit und dem Mond samt und sonders.«

»Dann werft wenigstens Ballast ab.«

»Ich ziehe es vor zu landen, als noch weiter aufzusteigen.«

»Ach! Ach! Ihr wollt landen!«, schrie der Verrückte. »Nehmt Euch in Acht, dort unten gibt es auch Haie.«

Der Leutnant, der damit beschäftigt gewesen war, dem Soldaten zu helfen, hatte nicht darauf geachtet, welche Richtung der Ballon eingeschlagen hatte, und war der Meinung, dass er immer noch entlang der Küste flöge und nur wenig davon entfernt sei.

Man kann sich leicht seine Erschütterung vorstellen, als er bemerkte, dass sich der Tejo in dieser halben Stunde dermaßen weit vom Ausgangpunkt entfernt hatte, dass weder das Ufer geschweige denn die Zitadelle zu sehen waren.

Sie befanden sich über dem offenen Meer, vorangetrieben von einem frischen Wind, der sie nach Westen trug, und der, anstatt nachzulassen, immer stärker wurde.

Signor Blancos wusste nichts von der extremen Beweglichkeit des Ballons. Wenn sie mit dem Wind flogen, würde es nicht schwierig sein, in nur wenigen Stunden fünf oder sechshundert Kilometer zurückzulegen.

Er war leicht bestürzt, als er in keiner Richtung mehr Land sehen konnte. Er beobachtete den Aeronauten, der mit albernem Lachen ständig wiederholte:

«Landet! Landet! Das Meer ist unter Euch.«

»Aber wohin führt Ihr uns?«, fragte der Leutnant.

»Ich, nirgendwohin! Wir folgen dem Wind.«

»Aber wo werden wir enden?«

»Wer weiß? In Persien, Arabien, Afrika ... was weiß ich denn? Aber zuerst geht es hinauf zum Mond.«

Mit diesen Worten ließ er sich in den Korb fallen, packte einen Sack Ballast und warf ihn ins Meer.

»Was tut Ihr?«, rief der Leutnant, wobei er ihm Einhalt gebot.

»Uns noch höher bringen«, erwiderte der Aeronaut.

»Aber wir sind schon hoch genug!«

»Das reicht nicht.«

»Den könnt Ihr später abwerfen, wenn der Ballon gelandet ist.

»Wie Ihr wollt«, erwiderte der Verrückte.

Er sprang wieder auf den Holzring, verschränkte die Arme vor der Brust und richtete den Blick gen Westen.

In diesem Augenblick stammelte der Soldat:

»Herr Leutnant, wo sind wir? Ich sehe das Meer nicht mehr unter mir.«

Der Ärmste glaubte noch immer, am Seil zu hängen, und war überrascht, dass er unter sich nicht mehr die unendliche blaue Wasserfläche sah.

Er erhob sich mühsam und sah sich verwirrt um.

»Nur keine Angst«, sagte der Offizier. »Du bist nicht mehr in Gefahr.«

»Was macht dieser Mann dort oben, Herr Leutnant?«

»Das ist der Aeronaut.«

»Der Teufel soll ihn und seinen Ballon holen. Was für eine Angst, Herr Leutnant! Ich weiß nicht, ob ich verrückt bin.«

»Mein lieber Antonio, der Aeronaut ist der Verrückte«, sagte der Leutnant. »Wir können uns nicht mehr auf ihn verlassen, und wenn wir nichts unternehmen, weiß ich nicht, wo wir letztendlich landen werden.«

»Lasst uns landen, mein Herr.«

»Unter uns ist das Meer und das Land ist verschwunden.«

»Dann ist uns bestimmt zu ertrinken?«

»Wer weiß! Wir werden sehen.«

Der Tejo, angetrieben von Winden, die nicht die Richtung gewechselt hatten, setzte seine Fahrt Richtung Nordwesten fort, wobei er immer noch weiter stieg.

Die Hitze der Sonne hatte das Gas weiter ausgedehnt und der Ballon stieg weiter in die Höhe, ohne dass Ballast abgeworfen wurde. Er hatte bereits eine Höhe von eintausendzweihundert Metern erreicht und es war immer noch kein Ende in Sicht.

Das Meer sah wie ein grenzenloser blauer Schleier aus. Kein Segel, kein Dampfschiff war am Horizont zu sehen.

Ein paar Wolken zogen über den Himmel und warfen ihren Schatten auf das Meer, doch befanden sie sich weit unter dem Ballon.

Der Leutnant, der sich auf einem Sack Ballast niedergelassen hatte, beobachtete schweigend den Verrückten. Bei dem Gedanken, welche Dummheiten dieser Mann begehen könnte, erschauderte er.

Seine Überlegungen galten vor allem dem Messer, das der Aeronaut an der Hüfte trug und nicht abgelegt hatte. Was, wenn ihn die Laune packte und er den Ballon damit aufschlitzte? Wer könnte sie retten?

Zum Glück verhielt sich Signor Camarghaos ruhig. Er blickte ständig nach Westen und stieß nur hin und wieder einige unzusammenhängende Sätze aus.

Sie waren nun schon vier Stunden unterwegs, ohne dass sich die Lage geändert hätte. Gegen elf Uhr bemerkte der Leutnant mit Schrecken, dass der Tejo zu sinken begann.

War dies ein Anzeichen für irgendwelche Risse in der Außenhaut oder war der Ballon zu alt, um das Entweichen des Gases zu verhindern?

»Antonio«, sagte der Offizier, der den Verrückten im Auge behielt. »Wir sinken.«

»Ist wenigstens Land in der Nähe, Herr Leutnant?«

»Ich sehe nichts als Wasser.«

»Dann werden wir ertrinken.«

»Signor Camarghaos!«, rief der Leutnant.

Auch der Verrückte hatte bemerkt, dass der Ballon zu sinken begann. Er war seit einer Weile unruhig und beobachtete nervös die in den Seilen des Korbes aufgehängten Barometer.

Als er die Stimme des Leutnants vernahm, wandte er sich ihm zu und sagte:

»Werft diesen Schwachsinnigen ins Meer. Er ist der Grund dafür, dass der Tejo an Höhe verliert. Ich will nicht im Maul eines Hais enden. Ich will den Mond erreichen.«

»Ich werde Euch Esel ins Meer werfen!«, rief der Soldat. »Ich bin nicht aus einer Laune heraus hier oben.«

Der Aeronaut zuckte nur die Achseln, richtete sich auf dem Holzring auf, klammerte sich an die Seile und sah hinunter.

Einen Augenblick lang dachten der Leutnant und der Soldat, er werde sich kopfüber in den Ozean stürzen.

Doch stattdessen setzte er sich und sagte:

»Werft Ballast ab!«

»Hilf mir, Antonio«, sagte der Offizier. »Signor Camarghaos hat uns keinen schlechten Rat gegeben.«

»Und wenn wir alles abgeworfen haben, mein Herr?«, fragte der Soldat.

»Dann müssen wir abwarten, was Gott mit uns vorhat.«

Im Korb waren zehn Sandsäcke gestapelt.

Sie packten zwei davon und warfen sie ab.

Der Ballon, der plötzlich um ein Gewicht erleichtert war, sprang dreihundert Meter in die Höhe, und zwar so abrupt, dass der Verrückte beinahe ins Leere gestürzt wäre. In dieser Höhe wehte ein anderer Wind, von Süden nach Norden. Das war die Rettung. Wenn der Ballon diese Richtung beibehielt, bestand die Möglichkeit, dass die Aeronauten an irgendeinem Strand landen könnten.

Signor Camarghaos betrachtete die beiden Kompasse und wandte sich dann an den Leutnant:

»Sorgt dafür, dass wir diese Höhe beibehalten, dann werden wir Land erreichen. Die Halbinsel Kathiawar liegt im Norden.«

Hatte er seine Reise zum Mond aufgegeben oder hatte er einen lichten Moment?

Tatsache war, dass er die richtige Richtung angegeben hatte.

Es konnte aber auch sein, dass die drohende Gefahr ihn zur Vernunft gebracht hatte und der Instinkt des Aeronauten plötzlich in ihm wieder erweckt worden war. Und tatsächlich erkannte der Leutnant, der ihn beobachtete, dass aus den Augen des Aeronauten dieses seltsame Leuchten, das ihn so erschreckt hatte, verschwunden war.

»Wir werfen noch mehr ab!«, rief der Leutnant.

Zwei weitere Säcke verschwanden im Meer.

Der Ballon machte einen weiteren Satz in dem Moment, in dem er in den Abgrund zu stürzen drohte.

Der Verrückte hatte den Holzring verlassen. Seine Stirn war gerunzelt und seinem Gesicht war eine tiefe Besorgnis abzulesen.

Er sah den Leutnant ein paar Augenblicke an und sagte dann zu ihm:

»Wenn wir binnen zwei Stunden kein Land erreichen, werden wir ertrinken.«

»Aber wo entweicht das Gas?«, fragte der Offizier.

Der Aeronaut hob den Kopf und schnüffelte mehrmals, dann schüttelte er den Kopf.

»Der Tejo ist zu alt«, sagte er. Dann lehnte er sich an den Rand des Korbes, nahm den Kopf in die Hände und sprach kein Wort mehr.

Der Ballon fuhr mit ungewöhnlicher Geschwindigkeit weiter, wobei er immer weiter sank. An seinem unteren Ende hatten sich bereits lange Falten gebildet und man roch das Gas, das den Poren entwich.

Zwei weitere Säcke wurden hinabgeworfen und nach einer halben Stunde die letzten vier. Der Tejo gewann nochmals fünfhundert Meter an Höhe, um danach stark schwankend zu sinken. Dann stürzte er unvermittelt vierzig oder fünfzig Meter in die Tiefe, blieb kurz auf dieser Höhe, um dann abermals mit noch größerer Geschwindigkeit zu sinken.

Der Leutnant und der Soldat sahen sich entsetzt an. Land war noch immer nicht in Sicht und es gab nichts mehr, das man hätte abwerfen können.

Noch eine weitere halbe Stunde, und die drei Unglücksraben wären bereits von den ersten Wellen geküsst worden.

»Signor Camarghaos«, sagte der Offizier, der sah, wie sich die Fläche des Meeres rasch näherte. »Gibt es denn nichts, um den Fall des Tejo aufzuhalten? Wir haben keinen Ballast mehr.«

»Werft noch … einfach alles ab«, erwiderte der Aeronaut.

Der Offizier und Antonio warfen die zwei Anker ab, dann die Seile, die Proviantkörbe und die Waffen.

Der Ballon sank nicht mehr.

Er schwebte nur noch vierhundert Meter über der Meeresoberfläche. Das Rauschen der Wellen war deutlich zu vernehmen.

Doch dieser Zustand hielt gerade mal zehn Minuten an, nicht länger.

Der Ballon verlor sichtbar an Gas und die Falten wurden immer länger.

Zum Glück hatte der Wind nicht gedreht und die Aeronauten wurden mit einer Geschwindigkeit von fünfunddreißig bis vierzig Kilometer pro Stunde nach Norden getragen.

»Wir sinken immer noch!«, rief der Soldat voller Angst aus. »Der Abstand wird immer geringer, was sollen wir nur tun, Herr Leutnant?«

»Diese Frage ist an Camarghaos zu richten«, sagte der Leutnant.

Der Aeronaut hatte sich umgewandt. Sein Gesichtsausdruck hatte sich verändert, mit blitzenden Augen und zusammengebissenen Zähnen richtete er die Fäuste auf den Soldaten und rief:

»Du bist schuld daran, du Dummkopf, dass wir sinken! Spring ins Wasser!«

»Kommt mir nicht zu nahe!«, rief Antonio, und verschränkte die Arme.

Der Leutnant warf sich gegen ihn und drängte ihn zurück. In diesem Augenblick ergoss sich eine Welle über den Korb und setzte ihn unter Wasser.

Signor Camarghaos klammerte sich an den Holzring und schließlich an das Netz. Dann zog er sein Messer und begann, die Streben abzuschneiden.

»Nach oben, Antonio!«, rief der Leutnant. »Versuch, ihn aufzuhalten! Wir haben kaum noch Zeit, auf den Ring hinaufzusteigen.«

Der Verrückte, der nicht aufgehört hatte, sein Messer zu schwingen, hatte alle Seile durchtrennt.

Eine Welle brach sich am unteren Teil des Ballons, umspülte die Aeronauten und riss den Korb ab, der in den Fluten versank.

Der leichter gewordene Tejo tanzte und hüpfte über ihren Rücken. Er berührte sie, richtete sich dann wieder auf, um sich sodann rüttelnd herabzustürzen, ohne jedoch dabei zum Stillstand zu kommen. Seine Falten bildeten ein Segel, das den Wind aufnahm. Es war, als röchle er, und es schien, dass er sich für immer fallen ließe.

Der Leutnant und der Soldat klammerten sich verzweifelt an das Netz, halb untergetaucht, halb verborgen von den Fluten.

Über ihnen schwankte der Verrückte und sie hörten ihn immer wieder sagen:

»Mein armer Tejo! ...«

Der Kampf in den Wellen dauerte nur wenige Minuten, als sie sahen, dass Camarghaos das Messer ergriff, das er noch immer am Gürtel trug, und das Netz losließ.

»Was macht Ihr, Signor Camarghaos?«, rief der Offizier.

Das Gesicht des Verrückten war schrecklich anzuschauen. Seine Gesichtszüge waren vor wilder Wut verzerrt und aus seinem Munde kamen fürchterliche Flüche.

Er befand sich oberhalb von Antonio. Dann ließ er sich abrupt auf ihn fallen, presste sich gegen ihn und umklammerte ihn mit den Beinen und dem linken Arm.

Seine Augen glänzten wie die einer Katze mit einem phosphoreszierenden Glühen.

»Es ist deine Schuld, du Verdammter, dass wir verloren haben!«, brüllte er.

»Haltet ein, Camarghaos!«, rief der Leutnant, der sich anschickte, dem jungen Mann zu Hilfe zu kommen.

Der Aeronaut sah ihn an, als wäre er überrascht, doch dann lachte er wie ein wildes Tier, wobei er seine weißen und spitzen Zähne entblößte.

»Ich werde ihn töten!«, rief er.

In seiner rechten Hand blitzte die blaue Klinge des Messers.

Obgleich sich der Soldat mit einer Hand an den Maschen des Netzes festhielt, verteidigte er sich mit der Kraft der Verzweiflung und versuchte, sich aus der Umklammerung zu befreien und den Wellen zu widerstehen, die gegen den Ballon schlugen.

Der Offizier hatte sich aufgerichtet und hielt sich am letzten Seil fest. Er packte die Faust des Aeronauten und verdrehte sie. Der Irre ließ die Waffe fallen, stieß einen Schmerzensschrei aus, um dann mit einem letzten Fluch den Tejo loszulassen.

Die Wellen öffneten sich, nahmen ihn auf und der Unglückliche verschwand im Schaum der Wellen.

Der Ballon, eines solchen Gewichts entledigt, hatte einen plötzlichen Satz gemacht und mit sich den Leutnant und Antonio, mehr tot als lebendig, in die Höhe gezogen.

Der Tejo stieg fast senkrecht an die dreihundert oder vierhundert Fuß und nahm dann wieder entfesselt den Kurs Richtung Norden auf, wobei er sich heftig um sich selbst drehte.

In diesem Moment entrang sich dem Munde des Leutnants ein Schrei:

»Ein Schiff! Ein Schiff! Hilfe!«

Ein Segelschiff rückte immer näher. Dessen Besatzung hatte den Ballon gesichtet und versuchte nun, ihn zu erreichen. Auf Deck sah man Männer geschäftig hin und her laufen und mit den Armen gestikulieren.

»Signor«, sagte Antonio. »Wir sollten versuchen, diesen verdammten Ballon anzuhalten.«

»Unmöglich! Der Wind trägt uns!«

»Dann müssen wir das Gas ablassen!«

»Ja, das Seil des Ventils! Wir lassen uns besser ins Wasser fallen!«

Über seinem Kopf sah er das Seil, das der Verrückte zum Teil abgeschnitten hatte. Der wagemutige Offizier kletterte trotz der Gefahr, der Ballon könne aus dem Gleichgewicht geraten, auf das Netz, bis er das Seil erreichte, an dem er fest zog.

Das Gas entwich über die obere Fläche. Der Leutnant ließ jedoch das Seil nicht los.

»Wir sinken!«, rief Antonio.

»Lass das Netz nicht los! Halt durch!«

Der Tejo fiel in den Abgrund. Er war jetzt vollkommen in sich zusammengefallen und nur der Wind stützte ihn noch ein wenig.

Das Schiff hatte angehalten und ein Rettungsboot zu Wasser gelassen.

»Antonio!«, rief der Leutnant, als er die Welle den unteren Rand des Ballons umspülen sah. »Lass los!«

Fast gleichzeitig breiteten sie die Arme aus und tauchten ins Meer.

Als sie wieder an die Oberfläche kamen, sahen sie, wie der Tejo in großer Höhe nordwärts driftete.

Das Rettungsboot war angekommen. Darin saßen sechs Männer, die kräftig gerudert waren.

Die beiden Aeronauten spürten, wie sie den Wellen entrissen und in das Rettungsboot gehievt wurden.

»Danke«, stammelte der Leutnant.

Dann fiel er in Ohnmacht.

Als er wieder zu sich kam, lief das Schiff gerade in dem kleinen Hafen von Diu ein.

Was den Ballon angeht, so entschwand er Richtung Norden und niemand weiß, was aus ihm geworden ist.

Siebentausend Meter hoch in der Luft

Eine Erzählung von Oskar Hoffmann

Es sind nun schon bald zwanzig Jahre her, da beabsichtigten mein Reisebegleiter Walter Volkmann und ich, von Chuma, einem kleinen Orte in den Kordilleren Südamerikas, aus eine wissenschaftlichen Zwecken gewidmete Fahrt mit dem eigens dazu von Deutschland mitgebrachten Luftballon zu unternehmen. Schlechter Witterung halber hatten wir jedoch das Unternehmen von Tag zu Tag verschieben müssen. Endlich begrüßte uns, als wir eines Morgens aufwachten, ein prachtvoller Tag. Sofort gingen wir an die Füllung des Ballons. Das nötige Wasserstoffgas hatten wir in komprimiertem Zustand in Stahlzylindern vorrätig, wir brauchten es also nur in den Ballon strömen zu lassen, was äußerst schnell vonstattenging, da das zusammengepresste Gas unter einem Drucke von 150 Atmosphären stand. Die zum Ballon nötigen übrigen Gerätschaften, Netz, Gondel und Sandsäcke, lagen schon seit Langem fertig zur Abfahrt an Ort und Stelle, sodass wir innerhalb drei Stunden mit den Vorarbeiten zu Ende kamen. Einige Eingeborene des Ortes hatte ich instruiert, die Taue des Netzwerkes zu halten und sie später auf Kommando nach Abhebung der Sandsäcke loszulassen. Schweigend, fast ängstlich näherten sich die braunen Leute unserem Ballon, – so ein Ding hatten sie denn doch noch nie gesehen. Mit scheuen Blicken sahen sie zu, wie der Luftballon sich mehr und mehr wölbte und unruhig im Luftzuge hin- und herschwankte. Bei jedem erneuten heftigen Bewegen, das durch den ziemlich starken Südwind entstand, wollten die Indianer auf- und davoneilen; nur mit Mühe hielten wir sie zurück, bis sie sich endlich überzeugt hatten, dass kein böser Geist in der Ballonhülle steckte, der plötzlich einmal herausfahren konnte.

Es war vormittags 11 Uhr, als wir fix und fertig zur Abfahrt waren. Die Gondel war angehängt und mit Sandsäcken beschwert; die wissenschaftlichen Instrumente sowie etwas Proviant und Wasser hatten wir ebenfalls in unserem Fahrzeug untergebracht, wir zögerten aber noch mit dem Aufstieg, da wir hofften, dass der heftige Wind sich etwas legen würde. Doch vergeblich.

Mein Chronometer zeigte jetzt zwanzig Minuten vor 12 Uhr. Die Sonne brannte fast senkrecht auf uns hernieder und dehnte das Gas im Ballon sehr aus, sodass wir es für geraten hielten, aufzusteigen.

Wir bestiegen die Gondel, nachdem wir so viele Sandsäcke, als unser beider Gewicht ausmachte, abgehängt hatten. Die Indianer wurden jetzt wieder ängstlich, und es bedurfte vieler Worte, damit sie standhielten. Punkt 12 Uhr sollte die Fahrt losgehen.

Auf mein Kommando ließen die Rothäute die Taue los und wichen weit zurück. Der Ballon stieg majestätisch, vom Winde stark seitwärts getrieben, rasch empor. Die Indianer unten tanzten vor Freude, als sie das braune Ungeheuer mit uns davoneilen sahen.

Der Ort unseres Aufstieges lag in einem großen Gebirgskessel, also ringsherum von Höhenzügen umgeben; wir näherten uns jedoch bald dem Rand des Kessels, welcher etwa 2000 Meter hoch war. Das Registrier-Barometer zeigte uns an, dass wir erst 570 Meter hoch gestiegen waren; wollten wir also bei dem heftigen Südwind nicht an den Felswänden vor uns scheitern, so hieß es, Sandsäcke leeren. Rasch war dies geschehen. Rasend schnell stiegen wir nun aufwärts und kamen zum Glück in eine windstille Region. Das Barometer zeigte jetzt fast 2500 Meter.

Tief unter uns entrollte sich ein herrliches Panorama. Weithin nach Norden und Süden streckten sich die Kordilleren dahin, und am westlichen Horizont tauchte ein dunkler, langer Streifen auf, es war die Küste des Stillen Ozeans. Zum Glück trieb der Wind den Ballon nicht zum Meere hin, was uns hätte verhängnisvoll werden können; denn wenngleich die Küste auch noch mehr als 50 Kilometer in der Luftlinie entfernt lag, so hätte eine steife östliche Brise uns doch in ein bis zwei Stunden dorthin verschlagen. Es lag uns aber nur daran, über dem Gebirge zu kreuzen, um dort die Temperaturverhältnisse sowie den Luftdruck und die Feuchtigkeit zu messen. Wir gedachten etwa zwei Stunden zu fahren und dann einen passenden Ort zum Abstieg aufzusuchen; doch es sollte anders kommen, als wir dachten. Schon waren wir fast eine Stunde unterwegs, als wir in eine kalte Luftschicht gerieten, die uns frösteln machte und uns in kurzer Zeit weitab verschlug.

In dieser Region kühlte sich unser Ballon so bedeutend ab, dass er schnell um einige hundert Meter sank. Wieder warf ich zwei Sandsäcke aus, und wir sausten von Neuem senkrecht in die Höhe. Unser Barometer verriet uns, dass wir 4100 Meter hoch waren. Aber wir wollten noch weiter steigen, außerdem war hier in dieser Region auch westliche Windströmung, – also höher.

Wieder fiel Ballast aus dem Ballon. Von der Erde war nichts mehr zu erkennen, ein leichter Nebelschleier lagerte über ihr.

4800 Meter, – 5000 Meter, nach fünf Minuten 5200 Meter, und immer noch stieg unser Fahrzeug rapid.

Die Temperatur stand auf 6 Grad Celsius unter Null. Man bedenke, am Äquator, wo die Sonne senkrecht auf die Erde herabbrennt, – unterm Nullpunkt.

Bald verspürten wir auch an einigen Anzeichen, dass die Luft dünner und dünner wurde. Noch aber belästigte uns dies nicht. Mein Freund Walter widmete sich eifrig den Apparaten, mir hatte er die Leitung des Ballons überlassen, da er dazu nicht taugte, wie er meinte. Ich hatte also die Zügel des Luftfahrzeuges ganz in der Hand, das heißt in diesem Falle die Leine der Ventilklappe.

Wir schwebten so eine Zeitlang in der 5000-Meter-Region, als ich plötzlich hoch über uns, etwas seitwärts, einen regungslosen, dunklen Punkt erblickte. Was mochte das sein?

Ein Wölkchen war es nicht, dazu war es doch zu punktähnlich und zu unbeweglich. Ich machte meinen Freund darauf aufmerksam, doch auch er wusste nicht, was es sein könnte. Darauf schüttete ich Sand aus, – wir mussten hinauf und mussten sehen, was es war. Sausend stieg der Ballon höher und höher; der dunkle Punkt wurde etwas größer, und es schien uns, als ob er jetzt in Bewegung wäre, – fast sah es aus, als ob wir in diesen entlegenen Regionen einem Ballon-Kollegen begegnen sollten. Eben als ich meines Feldstechers gedachte, geriet der Ballon etwas in Aufströmung und trieb so, dass sich der dunkle Punkt senkrecht über uns befand, sodass ich nunmehr von einem Beobachten mit dem Fernglase absehen musste.

Das Barometer zeigte 5650 Meter, – aber wir mussten noch höher.

Ich leerte jetzt den fünften Sandsack, unseren vorletzten. Noch immer trieben wir unter dem dunklen »Etwas«; wir mussten ihm nun aber bedenklich näher rücken. Vier Minuten vergingen; ich lehnte mich soweit aus der Gondel, wie es nur ging, aber den schwarzen Fleck konnte ich doch nicht erblicken.

Als wir noch einige Minuten in schnellem Steigen begriffen waren, gab es plötzlich einen kräftigen Ruck und der Ballon schwankte heftig hin und her. Wir erschraken, – was mochte die Ursache sein? Ehe ich jedoch hinausschauen konnte, rief Walter schon laut:

»Ein Adler, – ein Kondor! Er greift den Ballon an!«

Richtig, der Ballon hatte sich etwas auf die eine Seite gelegt, und ein riesengroßer Kondor, mit den Füßen im Netzwerk steckend, zauste gewaltig an der Hülle und hackte mit seinem Schnabel wütend um sich. Wir befürchteten, er würde den Ballonstoff zerreißen und sich dann auf uns stürzen.

Mit heftigen Flügelschlägen befreite sich der Vogel endlich aus dem Netzwerk und umkreiste nun wütend den Ballon, uns in der Gondel mit seinem Schnabel bedenklich näherkommend. Der Vogel glaubte jedenfalls in dem Luftvehikel einen Feind zu erblicken, dem er darum unbarmherzig zu Leibe rückte.

Wir ergriffen nun jeder eins der langen Messingrohre, welche zu einem unserer Apparate gehörten, und stellten uns damit zur Wehr. Plötzlich hatte der Kondor Walter am Rock gepackt, und dieser ließ die Stange vor Schreck fallen; ich hieb zwischen den Tauen hindurch auf das Tier und brachte ihm auch einige starke Schläge bei. Walter legte sich nun platt auf den Boden der Gondel, wobei sein Rock zerriss; der Kondor, mit einem großen Tuchfetzen im Schnabel, unternahm von Neuem Angriffsversuche. Mit dem Schnabel packte er eins der Taue, an dem die Gondel hing, und zauste diese so hin und her, dass wir in größter Lebensgefahr schwebten.

Schusswaffen hatten wir leider nicht bei uns; denn dann wäre es uns natürlich ein Leichtes gewesen, uns des Feindes zu entledigen.

In unserer Not warf ich den letzten Sandsack über Bord. Ich wollte damit bezwecken, schnell höher zu steigen, um aus dem Bereich unseres Gegners zu kommen. Der Ballon stieg, – aber auch der Kondor stieg, – wild flatterte er bald unter, bald über uns, immer auf den Ballon Angriffe machend. – Das Barometer zeigte jetzt 6500 und nach kurzer Zeit 7000 Meter Höhe! Es half nichts, der Kondor blieb. Walter hatte sich unterdessen vom Boden erhoben, die Stange von Neuem erfasst, und zielte nun mit wuchtigen Schlägen nach unserem gemeinsamen Feind. Doch vergeblich, geschickt wich der große Vogel aus; und wir erreichten nichts, als dass wir das Tier nur noch wütender machten. Wir spürten jetzt auch, dass uns die dünne Luft Beschwerden verursachte, – es war also geraten, da wir hier oben den Feind doch nicht los wurden, herniederzusteigen, und ich öffnete daher das Ventil. Der Ballon sank langsam; zuerst unmerklich,

Wir zielte mit wuchtigen Schlägen nach unserem Feind.

dann schneller. Allein auch der Kondor tat dasselbe. Es war zum Verzweifeln.

Als das Tier wieder einmal grimmig auf den Ballon loshackte, drohte uns erneute Gefahr; denn wenn er die Hülle wie Walters Rock in Fetzen riss, so mussten wir abstürzen – entsetzlicher Gedanke! Da war es doch besser, den Raubvogel zu reizen, sodass er uns angriff und den Ballon losließ. Aber so sehr wir auch mit den Messingstäben nach den Füßen des Vogels, welcher sich etwa einen Meter über dem Gondelring befand, schlugen, der Kondor blieb und bearbeitete mit seinem Schnabel immer wütender die leichte Hülle unseres Fahrzeuges, das nur durch das starke Netzwerk etwas geschützt wurde; doch fast regelmäßig erwischte das Tier dieses Netzwerk.

Ein hastiger Blick auf das Barometer: 4200 Meter.

Es wurde uns jetzt klar, dass sich der Kondor von Neuem mit den mächtigen Fängen in das Netzwerk verwickelt hatte. Mit heftigen Flügelschlägen schien er den Ballon mit sich in die Höhe reißen zu wollen. Es wurde jetzt eine Fahrt auf Leben und Tod; der Ballon schwankte gewaltig, – Barometerstand: 3100 Meter. Das Ventil blieb dauernd offen.

Ein mächtiger Hieb Walters musste wohl gut getroffen haben, – doch gereichte er uns nur zum Schaden; der Kondor hing jetzt förmlich am Ballon und dieser neigte sich tief auf die eine Seite. Dabei trieben wir plötzlich in einer Wolkenschicht, – dichter Nebel lag um uns her, und der Wind drückte das Fahrzeug scharf nach Westen. Wo wir uns jetzt befanden, war nicht möglich, festzustellen.

Im Nebel stieg ich kampfesmutig auf den Rand der Gondel, mich dabei an den Tauen festhaltend. Mehrere heftige Schläge trafen den Kondor auf den Kopf, sodass das Tier wie leblos zurücksank, – ich musste gut getroffen haben, denn das fortgesetzte Rütteln am Ballon hörte auf einmal auf. Wenn der Kondor tot wäre? – Hier in der Nebelschicht ließ sich das nicht feststellen.

Nach wenigen Minuten sank der Ballon außergewöhnlich schnell; das Barometer zeigte 2000 Meter. Die Feuchtigkeit allein konnte den Ballon nicht so sehr abgekühlt haben, dass er so rapid fiel; jedenfalls war die Hülle stark verletzt, sodass das Gas einen schnelleren Ausweg als durchs Ventil fand. Die Fänge des Vogels mussten daher wohl ein großes Loch in den Ballon gerissen haben.

Oben blieb es ruhig. Noch einige Augenblicke, und wir kamen in freie Luft, der Wolkenschleier war durcheilt. Jetzt erkannten wir unsere Lage. Der Vogel hing anscheinend tot im Netzwerk, mit dem Körper nach unten, dabei durch sein großes Gewicht den Ballon stark auf die betreffende Seite niederziehend, sodass wir den Vogel fast mit der Hand zu erreichen vermochten; doch davor hüteten wir uns wohlweislich.

Unter uns zeigte sich Gebirge. Eine Landung war hier schwer, darum schloss ich das Ventil, um nicht tiefer zu fallen. Viel nützte dies nicht, denn die Wunde, welche der Kondor dem Ballon beigebracht hatte, zeigte sich uns jetzt im Sonnenlicht als zu groß; das Gas strömte schnell aus der Öffnung heraus. Plötzlich kamen wir in einer Höhe von 1600 Metern zum Glück in eine scharfe Luftströmung. Der Ballon mitsamt unserer Beute trieb in schneller Fahrt dahin. Nach etwa zehn Minuten sahen wir Wasser unter uns, – ein großer

See. Nun sank aber auch der Ballon außerordentlich und umso mehr, je näher wir dem Seespiegel kamen; denn das Gas schien durch die feuchte Luftsäule über dem See stark abgekühlt zu werden: der Ballon schrumpfte merklich zusammen, der Gasverlust war auch zu groß.

Wenn wir nun auf den See trieben und ertrinken mussten?

Barometerstand: 720 Meter. Immer tiefer ging es, dazu heftiger Wind. Zum Glück zeigten sich keine Gebirge in der Nähe, wir mussten also wohl weit über die Kordilleren weggeflogen sein, denn um den See erstreckte sich nach allen Seiten hin eine weite, endlose Ebene. Wenn wir nur über den Seespiegel hinwegkamen, dann ließe sich schon ankern, aber so – es war entsetzlich! Wenn die Gondel ins Wasser tauchte? Sie würde wohl schwimmen, aber doch würde in ihrem Innern meterhoch Wasser stehen. Walter beschloss jetzt, um den Ballon zu erleichtern und dadurch wieder höher zu bringen, dem Kondor die Fänge mit seinem scharfen Messer zu durchschneiden, damit wir von seiner Last befreit würden. Da der Vogel schon lange leblos hing, so hatte ich kein Bedenken. Wir durchschnitten mit unsäglicher Mühe die Klauen des Vogels und – plumps, fiel er in den See. Der Ballon stieg darauf tatsächlich einige hundert Meter und kam in eine Windströmung, die uns an Land trieb. Das Ankern ging sehr glatt vonstatten, und mit erleichterten Herzen entstiegen wir der Gondel. Nachdem das Gas ganz aus der Hülle entwichen war, verpackten wir den Ballon in die Gondel und eilten einigen fernliegenden Farmen zu. Hier trafen wir unerwartet deutsche Ansiedler. Wir fanden herzliche Aufnahme, und unsere Gondel wurde in Sicherheit gebracht. Auf unsere erste Frage: wo wir wären, hieß es, in der Nähe von Sikuam; wir hatten also über 150 Kilometer nordwestlich zurückgelegt. Eine Wanderung zum See, um den Kondor aufzufischen, verlief leider ergebnislos; wir mussten uns mit den abgeschnittenen Fängen begnügen, von denen Walter eine und ich eine als Andenken an die furchtbare Luftfahrt aufbewahren.

Die Autoren

Die Auflistung der Autoren erfolgt alphabetisch auf den Nachnamen bezogen. Leider war es nicht möglich, zu allen in der vorliegenden Publikation vertretenen Autoren weiterführende Informationen zu erhalten.

Moritz Barach (1818 bis 1888)
War ein österreichischer Dichter, Schriftsteller und Librettist.

Amelia Ann Blanford (1831 bis 1892)
War eine englische Romanautorin, Dichterin, Journalistin, Reiseschriftstellerin, Illustratorin und Amateur-Archäologin.

Albert Brixius (tätig um 1900)
Über den Autor konnte nichts in Erfahrung gebracht werden. Möglicherweise handelt es sich um ein Pseudonym.

Ignaz Franz Castelli (1781 bis 1862)
Eigentlich Ignaz Vinzenz Franz Castelli. War ein österreichischer Dichter und Dramatiker. Neben seiner schriftstellerischen Tätigkeit setzte er sich auch stark für den Tierschutz ein und war Mitbegründer des *Niederösterreichischen Vereins gegen Misshandlung der Tiere* in Wien.

Theodor Drobisch (1811 bis 1882)
Eigentlich Gustav Theodor Drobisch. War ein deutscher Schriftsteller, Journalist, Redakteur und Schauspieler. Er war Mitglied im Literarischen Verein in Dresden.

Johann Georg Heinzmann (1757 bis 1802)
War ein deutscher Buchhändler und Schriftsteller. Er begann seine schriftstellerische Laufbahn als Kompilator. Erst später schrieb er auch eigene Texte.

Oskar Hoffmann (1866 bis 1928)
War ein deutscher Schriftsteller. Er war der Verfasser zahlreicher fantastischer Abenteuergeschichten und gilt als einer der Pioniere der deutschen Science-Fiction-Literatur.

Thomas Hood (1799 bis 1845)
War ein englischer Kaufmann, Kupferstecher, Dichter und Schriftsteller. Er gilt als ein begnadeter Humorist, aber wenig talentierter Prosaist.

Karl may (1842 bis 1912)
Eigentlich Karl Friedrich May. War ein deutscher Schriftsteller und Dichter. Als Schöpfer der Kunstfiguren Winnetou, Old Shatterhand und Kara Ben Nemsi gehört er bis heute zu den am meisten gelesenen Abenteuer- und Unterhaltungsschriftstellern deutscher Sprache.

Eugène Mouton (1823 bis 1902)
Eigentlich Pierre Martin Désiré Eugène Mouton. War ein französischer Schriftsteller ähnlich Jules Verne. Er schrieb sowohl Abenteuer- als auch fantastische Literatur.

Paul Pasig (1852 bis 1926)
Eigentlich Paul Richard Pasig. War ein deutscher Geistlicher und Schriftsteller.

Dr. Rödiger (tätig Mitte des 19. Jahrhunderts)
Über den Autor konnte nichts in Erfahrung gebracht werden. Möglicherweise identisch mit dem Übersetzer G. F. W. Rödiger.

Emilio Salgari (1862 bis 1911)
War ein italienischer Schriftsteller. Er gilt bis heute als einer der populärsten Schriftsteller von Abenteuerbüchern und historischen Romanen in Italien. Bei vielen seiner Werke orientierte er sich an französischen Autoren wie Jules Verne, den er sehr verehrte. Von vielen Schicksalsschlägen getroffen, beendete er sein Leben durch Selbstmord.

Adolf Schirmer (1821 bis 1886)
War ein deutscher Kaufmann, Schauspieler, Schriftsteller, Kompo-

nist und Librettist. Aus einer gutbürgerlichen Familie stammend unternahm er zahlweiche ausgedehnte Reisen und wandte sich erst spät der Schriftstellerei zu.

Jules Verne (1828 bis 1905)
Eigentlich Jules-Gabriel Verne. War ein französischer Schriftsteller, Dichter und Dramaturg. Er gehört bis heute zu den bekanntesten und am meisten gelesenen Unterhaltungsschriftstellern weltweit. Er verfasste zahlreiche einflussreiche Romane und Erzählungen und gilt als einer der Begründer der modernen Science-Fiction-Literatur.

Bibliografische Angaben

Johann Georg Heinzmann: Ein Brief an eine Freundin
Erstveröffentlichung in: *Briefe an eine Freundin*, Selbstverlag, Basel, 1800.
Der hier abgedruckte Text folgt dieser Ausgabe.

Thomas Hood: Der Aeronaut (A tale of terror)
Erstveröffentlichung in: *The New Monthly Magazine And Humorist,* Henry Colburn, Great Marlborough Street London, 1841.
Früheste gefundene deutsche Veröffentlichung in: *Panonia,* No. 30 vom 15. März 1842, Sechster Jahrgang, Buchdruckerei Anton Edlen v. Schmid, Preßburg, 1842, und *Gutenberg. Zeitschrift für Gebildete*, Neue Folge, No. 1 vom 2. April 1842, Dritter Jahrgang, Zweites Quartal, Druck von Sturm und Koppe, Leipzig, 1842, (mit Hinweis, dass man den Text aus dem *Berliner Figaro* übernommen hat).
Der hier abgedruckte Text folgt diesen beiden Ausgaben.

Ignaz Franz Castelli: Zwischen Himmel und Erde (Dramatischer Scherz, nach dem Französischen)
Erstveröffentlichung wahrscheinlich vor 1845.
Der hier abgedruckte Text folgt der Fassung in: *I. F. Castelli's Sämmtliche Werke*, Vierzehntes Bändchen, Druck und Verlag von Ant. Oichlers sel. Witwe, Wien, 1845.

Dr. Rödiger: Der Aeronaut (Erzählung, nach dem Englischen)
Erstveröffentlichung möglicherweise in: *Münchener Conversationsblatt. Beilage zum Bayerischen Volksfreund*, No. 58 & No. 59 vom 26. Juli und 28. Juli 1849. Zehnter Jahrgang, Druck und Verlag Franz Seraph Hübschmann'schen Buchdruckerei, München, 1849.
Die Bemerkung »Erzählung, nach dem Englischen« trifft möglicherweise nur für den ersten Teil der Erzählung zu, da es auch einige anonyme Veröffentlichungen mit dem Titel *Im Luftballon und im Graben* gibt, die mit einem offenen Ende nach dem Unfall enden. So auch in französischsprachigen Veröffentlichungen. Der zweite Teil könnte demnach durchaus eine Eigenschöpfung des Autors sein, der sich Dr. Rödiger nennt.
Der hier abgedruckte Text folgt dieser Ausgabe.

Theodor Drobisch: Der Bräutigam aus der Luft
Erstveröffentlichung wahrscheinlich in: *Vergißmeinnicht. Taschenbuch für 1850,* Theodor Thomas, Leipzig, o. J. (sicher 1849).
Der hier abgedruckte Text folgt dieser Ausgabe.

Jules Verne: EIN DRAMA IN DEN LÜFTEN (Un drame dans les airs)
Erstveröffentlichung unter dem Titel *La science en famille. Un voyage en ballon. (Réponse à l'énigme de juillet.)* in: *Musée des Familles*, August, Paris, 1851.
Erweiterte Erstveröffentlichung unter dem heute bekannten Titel in: *Le Docteur Ox*, Pierre-Jules Hetzel, Paris, 1874.
Deutsche Erstveröffentlichung in: *Eine Idee des Dr. Ox*, A. Hartleben's Verlag, Wien, Pest und Leipzig, 1877.
Gegenüber der Erstauflage in der Reihe der *Dornbrunnen Taschenschmöker* (*Ein Drama in den Lüften*) wurde der Text noch einmal durchgesehen, mit dem Original verglichen und an einigen wenigen Stellen korrigiert und ergänzt. Dabei wurden auch die Fußnoten noch einmal überprüft und ebenfalls ergänzt.

Unbekannter Autor: ERINNERUNG AN EINE BALLONFAHRT *(Ohne Titel)*
Erstveröffentlichung wohl in: *Harper's New Monthly Magazine*, Volume V., June to November 1852, Harper & Brothers Publishers, 1858.
Die Erzählung wurde von Meiko Richert erstmals ins Deutsche übersetzt.

Unbekannter Autor: EIN KAMPF IM LUFTBALLON
Es konnte nicht ermittelt werden, ob es sich um eine Übersetzung oder einen deutschsprachigen Originaltext handelt.
Erstveröffentlichung möglicherweise in: *Augsburger Flora. Ein Blatt für Unterhaltung und Belehrung*, Nr. 100 vom 15. Dezember 1858, Neunzehnter Jahrgang, Verlag der Albr. Volkhart'schen Buchdruckerei, Augsburg, 1858.
Der hier abgedruckte Text folgt dieser Ausgabe.

Amelia Ann Blanford: EIN LUFTBALLONABENTEUER (The Patagonien Brothers)
Erstausgabe wahrscheinlich in: *Household Words. A Weekly Journal*, 23. January 1858, London, 1858.
Unter dem Titel *A fearful ballon adventure* kurz darauf auch in: *Harper's Weekly. A Journal of Civilization*, 20. February 1858, Harper & Brothers, New York, 1858. Beide Ausgaben erschienen ohne Autorenangabe. Dieser offenbart sich erst durch den 1865 herausgegebenen Kurzgeschichten-Band *Miss Carew*, Hurst and Blackett Publisher, London, 1865.
Deutsche Erstveröffentlichung wahrscheinlich in: *Die illustrierte Welt. Blätter aus Natur und Leben, Wissenschaft und Kunst zur Unterhaltung und Belehrung für die Familie, Alles und Jeden*, Sechster Jahrgang, Druck und Verlag von Eduard Hallberger, Stuttgart, 1858.
Der hier abgedruckte Text folgt dieser Ausgabe.
Es gibt zahlreiche weitere Übertragungen des Textes – mit den unterschiedlichsten Titeln – ins Deutsche; teilweise mit Angabe des Übersetzers, aber nicht der Autorin. Die hier vorliegende Fassung scheint die älteste zu sein.

Unbekannter Autor: MR. HALLS LETZTE LUFTFAHRT
Es konnte nicht ermittelt werden, ob es sich um eine Übersetzung oder einen deutschsprachigen Originaltext handelt.
Erstveröffentlichung möglicherweise in: *Plauderstübchen. Unterhaltungsblatt zum Kaiserslauterer Boten für Stadt und Land*, Nro. 93 von Donnerstag, den 21. November

1867, und Nro. 94 von Sonntag, den 24. November 1867, Druck und Verlag von K. Kayser, Kaiserslautern, 1867.
Der hier abgedruckte Text folgt diesen beiden Ausgaben.
In der Erstauflage in der Reihe der *Dornbrunnen Taschenschmöker* (*Ein Drama in den Lüften*) wurde der Text unter dem Titel *Eine grausige Luftfahrt* abgedruckt. Für die vorliegende Publikation wurde eine frühere Veröffentlichung mit dem dabei verwendeten Titel gewählt. Diese ist auch minimal länger.

Adolf Schirmer: Ein Drama in der Luft
Erstveröffentlichung möglicherweise in: *Der Bazar. Illustrirte Damen-Zeitung*, X. Jahrgang, Nr. 12 vom 23. März 1864, Verlag von Louis Scharfer, Berlin, 1864.
Der hier abgedruckte Text folgt dieser Ausgabe.

Anonymer Autor: Eine Luftfahrt mit einem Wahnsinnigen
Erstveröffentlichung möglicherweise in: *Der Bazar. Illustrirte Damen-Zeitung*, IX. Jahrgang, Nr. 12 vom 23. März 1863, Verlag von Louis Scharfer, Berlin, 1863.
Der hier abgedruckte Text folgt dieser Ausgabe.

Unbekannter Autor: Ein Erlebnis in dreitausend Meter Höhe
Es konnte nicht ermittelt werden, ob es sich um eine Übersetzung oder einen deutschsprachigen Originaltext handelt.
Erstveröffentlichung wahrscheinlich vor 1910.
Der hier abgedruckte Text folgt der Fassung in: *Im Luftschiff. Erlebnisse und Abenteuer*, Verlag Wilhelm Köhler, Minden, 1910.

Karl May: Über den Wolken
Erstveröffentlichung in: *Beobachter an der Elbe*, 2. Jahrgang, No. 26–35 und 38–44, Dresden, 1875.
Der hier abgedruckte Text folgt dieser Ausgabe.

Albert Brixius: Eine Luftschifffahrt
Erstveröffentlichung möglicherweise in: *Agramer Zeitung*, 70. Jahrgang, No. 69 von Samstag 23. März 1895, Druck von Ign. Granitz, Agram, 1895.
Der hier abgedruckte Text folgt dieser Ausgabe.

Unbekannter Autor: Ein Abenteuer im Luftballon
Erstveröffentlichung wahrscheinlich in: *Die Bombe*, VIII. Jahrgang, No. 30 vom 28. Juli 1878, Josef Branu, Wien, 1878.
Der hier abgedruckte Text folgt dieser Ausgabe.

Moritz Barach: In der Luft
Erstveröffentlichung wahrscheinlich in: *Fliegende Blätter*, Nr. 1907–1909, Braun & Schneider, München, 1882.
Der hier abgedruckte Text folgt diesen Ausgaben.

Eugène Mouton: HÖLLENQUALEN AM BALLON (Le supplice du ballon)
Erstveröffentlichung in: *Voyages et Aventures du Capitaine Marius Cougourdan, commandant le Trois-mâts »La Bonne Mère«*, Hachette et Cie, Paris, 1890.
Deutsche Erstveröffentlichung wahrscheinlich in: *Reichspost. Unabhängiges Tagblatt für das christliche Volk Oesterreich-Ungarns*, V. Jahrgang, No. 180 – 181 von Dienstag, den 9. August, bis Donnerstag, den 11. August 1898, Druck, Herausgabe und Verlag Ambr. Opitz, Wien, 1898.
Diese von Odilo Stark übersetzte Fassung unter dem Titel *Verloren in den Lüften* ist eine Übertragung der ins Englische übersetzten Fassung in: *The Strand Magazine*, No. 45, London, 1884. Die Fassung weicht etwas vom Original ab.
Für die vorliegende Ausgabe wurde der Text aus dem Französischen von Gerd Frank übersetzt.

Paul Pasig: ZWISCHEN HIMMEL UND ERDE
Erstveröffentlichung möglicherweise in: *Agramer Zeitung*, 73. Jahrgang, No. 44 von Donnerstag, 24. Feber 1898, Druck von Ign. Granitz, Agram, 1898.
Der hier abgedruckte Text folgt dieser Ausgabe.

Unbekannter Autor: EIN KAMPF IM LUFTBALLON
Erstveröffentlichung wahrscheinlich in: *Neuer Deutscher Jugendfreund*, Band 53, Schmidt & Spring, Leipzig, 1893.
Der hier abgedruckte Text folgt dieser Ausgabe.

Emilio Salgari: EIN DRAMA IN DER LUFT (Un dramma in aria)
Erstveröffentlichung in: *Bibliotechina aurea illustrata*, Heft 157, Biondo, Palermo, 1902.
Für die Erstauflage in der Reihe der *Dornbrunnen Taschenschmöker* (*Ein Drama in den Lüften*) wurde der Text von Dr. Nardina Alongi zum ersten Mal ins Deutsche übersetzt.

Oskar Hoffmann: SIEBENTAUSEND METER HOCH IN DER LUFT
Erstveröffentlichung möglicherweise vor 1900 in: *Neuer Deutscher Jugendfreund*, Schmidt & Spring, Leipzig, 1893.
Der hier abgedruckte Text folgt der Ausgabe in: *Das Zaubergewehr*, Verlag von Schmidt und Spring, Leipzig, o. J.

Im gleichen Verlag in der Buchreihe:

Taschenschmöker aus Vergangenheit und Gegenwart

In der Reihe Taschenschmöker aus Vergangenheit und Gegenwart erscheinen Werke der klassischen Unterhaltungsliteratur, die seit vielen Jahrzehnten nicht mehr oder noch niemals in deutscher Sprache verlegt worden sind.

1. *Jules Verne / Michel Verne*
   DER HUMBUG
   Vier Erzählungen
2. *Alexandre Dumas*
   EINE AMAZONE
   Zwei Novellen
3. *Gustave Aimard*
   EINE MEXIKANISCHE RACHE
   Eine Erzählung aus dem wilden Mexiko
4. *Jules Verne*
   DER WEG NACH FRANKREICH
   Historischer Roman
5. *Friedrich J. Pajeken*
   IN STURM UND NOT
   Eine Erzählung aus dem Wilden Westen
6. *Jules Verne*
   DER GRAF VON CHANTELEINE
   Eine Episode aus der Revolutionszeit
7. *Anthologie*
   EIN DRAMA IN DEN LÜFTEN
   Erzählungen aus luftigen Höhen
8. *Alexandre Dumas*
   EL SALTEADOR
   Ein Roman aus der Zeit Karls V.
9. *Emilio Salgari*
   IN DER EISWÜSTE
   Erzählungen aus arktischen Regionen
10. *Sir John Retcliffe*
    DAS TOTE HAUS
    Eine Novelle aus Düsseldorfs Vorzeit
11. *Gustave Aimard*
    DER LÖWE DER WILDNIS
    Zwei Erzähl. aus dem wilden Mexiko
12. *Sir John Retcliffe*
    DER LETZTE WÄRINGER
    Novelle a. d. letzten Tagen Konstantinopels
13. *Emilio Salgari*
    DIE ROSE VOM DONG-GIANG
    Eine abenteuerliche Novelle aus Cochinchina
14. *François-Édouard Raynal*
    DIE SCHIFFBRÜCHIGEN
    Zwanzig Monate auf den Aucklandinseln
15. *Alexandre Dumas*
    DIE TAUBE
    Ein Briefroman
16. *Edgar Wallace*
    DER GEIST VON DOWN HILL
    Zwei Kriminalkurzromane
17. *Sir John Retcliffe*
    NACH CAYENNE!
    Eine historisch-politische Novelle
18. *Philip Francis Nowlan*
    ARMAGEDDON 2419
    Eine Science-Fiction-Erzählung
19. *Jules Verne*
    EIN LOTTERIELOS
    Eine norwegische Geschichte
20. *Max Eschner*
    AN DER PAZIFIKBAHN
    Eine Erzählung aus dem Wilden Westen
21. *Alexandre Dumas*
    EIN MASKENBALL
    Vier Novellen
22. *Max Eschner*
    DAS ZAUBERGEWEHR
    Zwei Erzählungen aus dem Wilden Westen
23. *Henry Rider Haggard*
    SMITH UND DIE PHARAONEN
    Zwei fantastische Erzählungen
24. *Anthologie*
    IN EIS UND SCHNEE
    Eisige Erzählungen
25. *Emilio Salgari*
    DER SCHATZ DES PRÄSIDENTEN …
    Eine Erzählung aus der argentinischen Pampa
26. *Jules Verne / Michel Verne*
    DIE WELT DER MESSIEURS VERNE
    Biografische und wissenschaftliche Plaudereien
27. *André Laurie / Jules Verne*
    DER FINDLING VON DER CYNTHIA
    Ein Roman
28. *Jules Verne*
    SAN CARLOS
    Zwei Schmugglergeschichten
29. *Anthologie*
    NACHRICHTEN VOM MARS
    Eine Anthologie von Mars-Geschichten
30. *Anthologie*
    IM GLANZ DES MONDES
    Eine Anthologie von lunaren Geschichten
31. *Jules Verne*
    DIE EROBERUNG ROMS
    Eine historische Erzählung
32. *Alexandre Dumas*
    PAULINE
    Ein Roman
33. *Anthologie*
    BESUCH AUS DEM GRAB
    Vampir-Balladen und -Gedichte
34. *Anthologie*
    MEHR DRAMEN IN DER LUFT
    Mehr Erzählungen aus luftigen Höhen

– Weitere Bände in Vorbereitung –

Im gleichen Verlag in der Buchreihe

Kleine Dornbrunnen Bibliothek

sind erschienen oder in Vorbereitung:

In der Reihe Kleine Dornbrunnen Bibliothek erscheinen Werke der klassischen Unterhaltungsliteratur, die seit vielen Jahrzehnten nicht mehr oder noch niemals in deutscher Sprache verlegt worden sind.

1. *Jules Verne*

   Pierre-Jean
   Eine Erzählung

2. *Alexandre Dumas*

   Der Pfarrer Chambard
   Eine Kriminalgeschichte

3. *Hippolyt Tauschinsky*

   Neues vom Doktor Ox
   Drei elektrische Geschichten

4. *Emilio Salgari*

   Die Wilden von Papua
   Zwei Seemannserzählungen

5. *Sir John Retcliffe* (H. Goedsche)

   Maria, der Ägypterin…
   Eine Novelle und zwei Gedichte

6. *Karl May*

   Nach Sibirien
   Eine Kriminalgeschichte

7. *Edgar Wallace*

   Auf der Strasse nach Witney
   Zwei weihnachtliche Kriminalgeschichten

8. *Paul Grabein*

   Der Vampir
   Eine Erinnerung

9. *Alexandre Dumas* (Sohn)

   Der Gehenkte von la Piroche
   Eine sonderbare Geschichte

10. *Hermann Meynert*

    Der Vampir und die Mumie
    Eine Erinnerung

11. *Edgar Rice Burroughs*

    D. Auferstehung d. Jimber Jaw
    Eine erstaunliche Geschichte

12. *David Wright O'Brien*

    Ein Sherlock des 25. Jh.
    Zwei Kriminalgeschichten von morgen

– Weitere Bände in Vorbereitung –